요한계시록 강해 1

계시록을 통해 바라본 한국교회

계시록을 통해 바라본 한국교회

초판 1쇄 인쇄 | 2020년 9월 17일
초판 1쇄 발행 | 2020년 9월 22일

지 은 이 | 안디바
펴 낸 이 | 박세희

펴 낸 곳 | ㈜ 도서출판 등대지기
등록번호 | 제2013-000075호
등록일자 | 2013년 11월 27일

주 소 | (153-768) 서울시 가산디지털2로 98,
　　　　2동 1110호(가산동 롯데IT캐슬)
대표전화 | (02)853-2010
팩 스 | (02)857-9036
이 메 일 | sehee0505@hanmail.net

편집 · 디자인 | 박은화

ⓒ 계시록을 통해 바라본 한국교회 2020, Printed in Seoul, Korea
　ISBN 979-11-6066-054-8
　값 12,000원

• 잘못된 책은 바꾸어 드립니다.

요한계시록 강해 1

계시록을 통해
바라본 한국교회

안디바 목사

등대지기

책을 펴내며

　현재의 교회들이 세상의 네피림을 부러워하며 이 땅의 유명 용사가 되고자 신앙(하나님)을 팔아먹고 있다. 이는 교회가 세상과 타협함으로 성경말씀에 물질의 복을 교묘하게 인용해 사람들을 교회로 유인하므로 강도의 소굴이 되어 버렸다. 그러기에 참된 목사나 신자가 교회 내에서 찾아보기가 매우 힘들어졌다. 그러므로 예수께서 주의 재림의 때에, '인자가 올 때에 세상에서 믿음을 보겠느냐.(눅18;8)' 이렇게 탄식하신 것을 보면 어쩌면 지극히 당연한 일인지 모른다.
　초대교회 때와는 달리 오늘날의 교회는 예수님과 세례요한 그리고 그동안 사도들의 전하고 간 서슬 퍼런 "회개하라 천국이 가까웠느니라"라고 외치는 우레와 같은 설교는 찾아보기 힘들다. 대신에 고객(교인)을 교회로 유인하기 위해 아첨과 아부만 난무하다. 작금의 교회들이 그럴 수밖에 없는 것이 성경의 진위를 목사가 정확하게 깨닫지 못하기 때문이다. 즉 말씀 자체가 생기이고 생령이며 은혜의 선물임에도 마음이 어두워 값없이 거저 주시는 성령을 받지 못한 때문이다.

아담은 최초에 하나님으로부터 생기를 직접 받은 생령자다. 그러기 때문에 뱀(사단)은 아담(하나님의 백성)을 꾀기 어렵다. 그러나 하와는 아담의 갈비뼈에서 축출된 여자다. 따라서 여자가 곧 교회다. 하와(여자)는 하나님으로부터 명령을 직접 받지 않았고 아담을 통해 선악과를 먹지 말라는 소리만 전해 들었다. 그러므로 하와는 하나님의 명을 직접 받지 못했기에 뱀의 유혹에 쉽게 넘어갈 수 있었다. 그래서 뱀(사단)이 아담 보다는 하와(교회)를 꾀기 쉬웠던 거다. 오늘날 교회들이 하나님의 명령(말씀)보다 하와가 그랬듯이 보암직도 먹음직도 탐스럽기만 한 것들에만 눈이 어두워 뱀의 꼬임에 쉽게 넘어간다. 하와(교회)가 자기만 넘어가면 좋은데 하나님의 백성인 아담까지 유혹하는 것이 큰 문제다.

아담 자체가 우리의 실제의 모습이다. 즉 하와(교회)가 유혹하면 교인(아담)은 흔들릴 수밖에 없다. 하나님께서는 선악과를 먹으면 정녕 죽는다고 했는데 사단은 죽는 것이 아니라 도리어 하나님 같이 된다고 꼬드겼다. 거기에 흔들리지 않을 사람(교인)들이 어디 있겠는가!

그러므로 눈앞에 보이는 선악과(사망)는 탐스러운 열매로 중앙 동산에 보기 좋게 달려 있지만, 생명나무(영생)는 두루 도는 화염검과 그룹들로 쳐져 있어 죄인들의 눈에 보이지 않는다. 따라서 생명나무의 열매 자체가 성령(말씀)이고 믿음이다.

오늘날 교회에 뱀이 들어와 사람(아담)들을 미혹하는 이유가 탐심에 눈이 멀어 그리된 거다. 그러나 하나님의 명을 받은 사람은 그 안에 하나님의 말씀(성령)이 함께 하기 때문에 사단이 이들을 꾀지 못할 뿐더러 또한 넘어가지도 않는다.

　오늘날 교회가 하나님의 천지창조의 뜻을 모르다보니 엉뚱한 행위(선교, 구제, 헌신, 봉사)로 하나님의 일을 한다고 자랑만 하고 있다. 그러나 그러한 행위에 앞서 예수 그리스도께서 왜 육신의 옷을 입고 이 땅에 오실 수밖에 없었는가를 먼저 전해야 한다. 그래야 십자가에 달리시고, 죽으시고, 부활하시어 하늘 보좌에서 성령(말씀)으로 다시 오신 그 하나님을 말씀으로 만날 수 있다.

　그러므로 사도요한을 통해 천국의 비밀을 왜 일곱 교회한테 서신 형식으로 알릴 수밖에 없었나를 깨달아야 한다. 깨달은 자만이 하늘의 비밀인 계시록을 열수 있다. 계시록은 성경 여러 곳에서 말일(마지막 때)에 열린다고 하였으니 지금이 바로 그 때다.

　이러한 성경의 근본 원리를 깨닫지 못하면 예수님의 재림의 때에 배교(하나님을 배반)의 교회가 많아져 참된 신자(하나님의 백성)가 없게 된다. 그러기에 성령께서 요한한테 네 본 것과 이제 있는 일과 장차 될 일을 기록하라 한 것이다.

　네가 본 것이 바로 계시록 전장에서 나타난 집짐승(교회)과 들짐승(이단)의 정체다. 하나님의 백성들한테는 권고와 책망을 통해 회개하고 돌아서면 구원과 영생을, 짐승들한테는 저주와 심판을 내릴 것이니, 내 백성아, 그 죄에 참예하지 말고, 그들이 받을 재앙을 제발 받지 말고, 빨리 그곳에서 피하라고 간곡하신 것이 바로 요한계시록이다. 그러므로 육신의 생각에서 회개하고 말씀 안으로 돌아설 때, 거기가 바로 십승지(십자가)임을 깨달아야 한다.

　필자가 요한계시록을 집필하면서 느낀 것이 있다면 바로 이 시대의 한국 교회를 향한 하나님의 지극한 사랑이다. 그러므로 천천만만의 하늘의 영들이 경고의 나팔을 불 때, 그 소리를 듣고 회개하여 그리스도의 옷으로 갈아입기를 간절히 소망하는 바다.

2020년 7월 어느 날
안디바 목사

차례

· 책을 펴내며 004

제1부 교회한테 전하는 계시와 명령

013 | **1장 그리스도의 계시**
| 1. 사도요한이 본 증거
| 2. 알파와 오메가의 추적
| 3. 그리스도의 명령

057 | **2장 일곱 교회의 실상**
| 1. 에베소 교회
| 2. 서머나교회
| 3. 버가모교회
| 4. 두아디라 교회

106 | **3장 일곱 교회의 형편**
| 5. 사데 교회
| 6. 빌라델비아 교회
| 7. 라오디게아 교회

제2부 천상의 보좌와 재앙의 내용

145 | **4장 삼층천의 실상**

　　1. 하늘의 열린 문
　　2. 천상의 보좌도
　　3. 영들의 예배

165 | **5장 인봉한 책과 어린양**

　　1. 일곱인으로 봉한 책
　　2. 보좌에 앉으신 어린양

187 | **6장 여섯 가지 심판의 내용**

　　1. 일곱 봉인에 담긴 심판
　　2. 재앙의 정체들

제3부 심판하는 한국교회

217 | **7장 교회의 신분과 십사만 사천**
1. 인침 받은 십사만 사천
2. 각 지파들의 경배찬송
3. 흰 옷 입은 자들이 누구인가?

236 | **8장 반시동안 고요했던 하늘**
1. 성도들의 기도와 금향로
2. 나팔 재앙의 실체

269 | **9장 누구와의 전쟁인가?**
1. 무저갱의 열쇠를 받은 사단
2. 철흉갑으로 무장한 신천지의 활약
3. 사단의 총칭인 이만만의 세력들

307 | **10장 복음 사명자(요한)의 고백**
1. 천사와 작은 책
2. 예언 사역자의 고독

323 | **11장 두 증인의 예언**
1. 두 증인은 누구인가!
2. 사명자의 죽음
3. 하나님의 성전이 열리고

· 계시록을 집필하는 과정에서 349

제1부

교회한테 전하는 계시와 명령

1장
그리스도의 계시

1. 사도요한이 본 증거

> 예수 그리스도의 계시라 이는 하나님이 그에게 주사 반드시 속히 될 일을 그 종들에게 보이시려고 그 천사를 그 종 요한에게 보내어 지시하신 것이다. 요한은 하나님의 말씀과 예수 그리스도의 증거 곧 자기의 본 것을 다 증거하였느니라.(계1;1-2)

계시록은 예수 그리스도의 계시다. 계시라는 것은 가려져 있는 것을 드러내는 것을 말한다. 우리가 이해할 수 없고 추측할 수도 없는 하늘나라에 대한 하나님의 비밀이, 하나님의 백성들한테 계시한 것이 성경이다. 아울러 하나님의 창조의 목적이 성경에 그대로 드러난 것이 바로 계시록이다. 따라서 1장 1절-8절까지 계시록의 전장이 다 들어 있고, 이를 더 압축하여 요약하면 1절-3절 안에 전부 함축되어 있다. 1절의 예수 그리스도의 계시는 예수 그리스도에 관한, 예수 그리스도께서 주신 계시라는 뜻이다.

아울러 모든 성경은 성령의 감동으로 쓴 책이다.

> 모든 성경은 하나님의 감동으로 된 것으로 교훈과 책망과 바르게 함과 의로 교육하기에 유익하니(딤후3;16)

그러므로 하늘나라와 하나님의 비밀인 예수 그리스도를 하나님의 백성들에게 나타낸 책이 성경이기에 특히 계시록은 사도요한으로 하여금 성령의 감동으로 쓰게 한 묵시록이다.

> 주의 날에 내가 성령에 감동하여 내 뒤에서 나는 나팔 소리 같은 큰 음성을 들으니(계1;10)
> 내가 곧 성령에 감동하였더니 보라 하늘에 보좌를 베풀었고 그 보좌 위에 앉으신 이가 있는데(계4;2)
> 곧 성령으로 나를 데리고 광야로 가니라 내가 보니 여자가 붉은 빛 짐승을 탔는데 그 짐승의 몸에 참람된 이름들이 가득하고 일곱 머리와 열 뿔이 있으며(계17;3)
> 성령으로 나를 데리고 크고 높은 산으로 올라가 하나님께로부터 하늘에서 내려오는 거룩한 성 예루살렘을 보이니(계21;10)

이와 같이 계시록의 원 소유자는 성령이신 예수 그리스도시다. 편지의 발신자는 성령에 감동받은 요한이고 수신자는 전체 교회다. 예수 그리스도의 계시는 교회의 마지막 때에 관한 예언을 뜻한다. 구약에서 그림자의 모형으로 보여주었던 그 하늘의 비밀이 바로 실체이신 예수께서 이 땅에 오시므로 구원이 완성되었다. 그러기에 예수 그리스도가 마지막 계시라는 의미다. 우리 구원에 관한 계시는 그게 전부이다. 하나님은 예수 그리스도를 마지막으로 계시를 완성하셨다. 그 완전한 계시, 그 홀로 충분한 예수 그리스도의 계시가 적혀있는 책이 바로 요한이 쓴 계시록이다.

> 내 아버지께서 모든 것을 내게 주셨으니 아버지 외에는 아들을 아는 자가 없고 아들과 또 아들의 소원대로 계시를 받는 자 외에는 아버지를 아는 자가 없느니라.(마11;27)

따라서 성경이 열어지려면 예수님의 소원대로 계시를 받는 자 외에는 아버지를 알 수 없다. 그러므로 계시의 영이 와야 성경이 열리고 성령에 의해 하늘의 비밀이 드러난다.

구약을 비롯하여 다른 책들이 하늘의 것들을 원형으로 이 땅의 모형을 그림자로 기록해 천상의 세계를 이해할 수 있게 기록해 놓은 것이라면, 계시록은 하늘의 모습을 직접 기록해서 교회들에게 전한 하나님의 말씀이다. 그 하나님의 말씀이 예수 그리스도에 관한 증거로서 예수님 자체가 복음이다. 그러기에 종들에게 보이시리고 그 천사를 요한에게 보내이 지시한 내용들이다.

종들은 생각이나 명령에 따라 움직이는 사람들이다. 그러므로 성도라면 예수 그리스도의 종이 되어야 한다. 그래야 예수 그리스도의 영이 인도하는 대로 따라간다. 하늘과 땅의 모든 권세를 받은 분이 예수님이다. 그분이 지금은 십자가에 달리시고 하나님 보좌에 앉아 계신다. 그러므로 모든 권세가 예수님께 달려있다.

> 옛적에 선지자들로 여러 부분과 여러 모양으로 우리 조상들에게 말씀하신 하나님이 이 모든 날 마지막에 아들로 우리에게 말씀하셨으니 이 아들은 만유의 후사로 세우시고 또 저로 말미암아 모든 세계를 지으셨느니라(히1;1-2)

따라서 구약의 그림자의 모형으로 보여주셨던 예수 그리스도의 실체가 이 땅에 직접 출현하시므로 하늘의 비밀들을 계시된 대로 전부 살아내셨다. 그리고 완성된 아들로서 우리에게 말씀하시고, 또 다시 천사의 영을 보내어 말씀하신 것이 계시록이다. 천상의 보좌에 앉아 계신 예수님은 지금도 천사들과 함께 동행하시면서 사도요한한테 천사(영)를 보내어 그 지시한 내용들을 담게 하셨다.

그러므로 요한은 성령의 감동으로 예수님의 천사(영)로부터 요한에게 보내어진 예수 그리스도의 증거와 그분이 지시한 것들과 자기의 본 것을 다 함께 증거했다. 따라서 성령이 임해 기록한 책으로 계시록의 계(啓)자는 열 계(啓)에 보일 시(示)다. 그러기에 계시록(啓示錄) 그 자체가 바로 신(하나님)께서 성령으로 인도하여 천상의 세계를 먼저 보여주고 나서 요한한테 기록하게 한 책이기에 이가 바로 정신세계를 여는 열쇠가 된다.

거짓 계시는 귀신의 가르침이고, 하나님의 가르침은 오직 성령에 의해서만 하늘의 비밀을 알게 하신다. 그러기에 그리스도의 영이 오면 한 치의 오차도 없이 요한이 그랬던 것처럼 지시한 그대로만 전하게 된다.

> 우리 주 예수 그리스도의 하나님, 영광의 아버지께서 지혜와 정신의 계시를 너희에게 주사 하나님을 알게 하시고(엡1:17)

그러므로 거짓 성령에 속지 않으려면 생각과 마음에 하나님의 법이 기록 되어야 한다.

> 또 주께서 가라사대 그날 후에 내가 이스라엘 집으로 세울 언약이 이것이니 내 법을 저희 생각에 두고 저희 마음에 이것을 기록하리라 나는 저희에게 하나님이 되고 저희는 내게 백성이 되리라. 내

가 저희 불의를 긍휼히 여기고 저희 죄를 다시 기억하지 아니하리라(히8;10.12)

이와 같이 생각과 마음에 하나님의 법이 기록되면 우리의 죄와 불의를 다시 기억하지 않으시겠다고 했다. 아울러 하나님의 법이 마음 밭에 심어진 자들은 좌로나 우로 치우치지 않고 심전(心田)에 하나님의 법을 온전히 기록할 수 있다.

기록된 바 하나님이 자기를 사랑하는 자들을 위하여 예비하신 모든 것은 눈으로 보지 못하고 귀로도 듣지 못하고 사람의 마음으로도 생각지 못하였다 함과 같으니라. 오직 하나님이 성령으로 이것을 우리에게 보이셨으니 성령은 모든 것 곧 하나님의 깊은 것이라도 통달하시느니라(고전2;9-10)

이와 같이 눈으로 보지 못하고 귀로도 듣지 못하며 사람의 마음으로도 생각지 못한 하늘의 일을 성령을 통해서 밝히 보여 주시는 것이 계시다. 따라서 예수 그리스도의 계시라는 말은 구약 전체를 통해서 예언되고 계시된 메시야가, '이는 선지자로 말씀하신바 내가 입을 열어 비유로 말하고 창세부터 감취인 것들을 드러내리라(마13;35)' 바로 예수님임을 공포하고 시작한 것이다. 따라서 창세부터 감추인 것들이 있는데 그게 바로 비밀이다. 그리고 그것을 드러내는 것이 계시다. 그러므로 이 비밀을 알려면 성령을 통해 하나님께서 우리 안에 그리스도의 영으로 침투해 들어오셔야 깨닫게 되고, 그리고 깨달아 믿는 자가 되어야 하나님의 비밀을 알 수 있다.

내 백성이여 내 교훈을 들으며 내 입의 말에 귀를 기울일찌어다.

> 내가 입을 열고 비유를 베풀어서 옛 비밀한 말을 발표하리니
> (시78;1-2)

아삽의 시다. 교훈 자체가 법이다. 하늘에서 비밀을 가르쳐 주는데 현재는 하늘이 두 군데다. 일곱별과 일곱 촛대가 있는 교회가 첫 번째 하늘(성소)이고, 내 영이 하늘로 올라간 지성소가 두 번째 하늘이다. 따라서 성소는 교회고 장막이다.

> 네 본 것을 내 오른손의 일곱 별의 비밀과 일곱 금 촛대라 일곱 별은 일곱 교회의 사자요 일곱 촛대는 일곱 교회니라(계1;20)

> 짐승이 입을 벌려 하나님을 향하여 훼방하되 그의 이름과 그의 장막 곧 하늘에 거하는 자들을 훼방하더라(계13;6)

성소는 하늘, 장막, 밖 마당, 일곱 교회와 일곱 별, 해를 입은 여자, 임금, 왕, 개, 나무, 물 샘, 떨어지는 해달별로 나타낸다. 이와 같은 성소에 니골라, 사단의 회, 자칭 유대인들로 인해 교회가 하나님을 배반했다. 그러니까 바다에서 올라온 짐승, 황충, 마병대, 무저갱의 사자들이 성소(교회)를 잠식해 버렸다. 붉은 용이 이들한테 권세를 주므로 바벨론의 음부들이 포도주에 취해 멸망으로 치닫고 있다.

> 오직 네게 이것이 있으니 네가 니골라 당의 행위를 미워하는도다 나도 이것을 미워하노라. 이와 같이 네게도 니골라 당의 교훈을 지키는 자들이 있도다(계2;6.15)

> 내가보니 바다에서 한 짐승이 나오는데 뿔이 열이요 머리가 일곱

이라 그 뿔에는 열 면류관이 있고 그 머리들에는 참람된 이름들이 있더라(계13:1)

그러므로 멸망으로 향하는 이곳에서 빨리 탈출해 나와야 구원으로 향할 수 있다. 지금은 하나님 보좌에 앉아 계신 예수 그리스도께서 하늘과 땅의 모든 권세를 갖고 성령으로 우리 안에 거하고 계신다. 하나님은 영이시며 또한 하나님이 부리는 천사도 영이다. 그 천사를 요한한테 보내어 성령의 감동에 의해 속히 될 일들을 지시한 것들을 믿고 깨어 있어야 한다.

언제부터 속히 되느냐 하면 마지막 때가 되면 이 비밀들이, 편지 보내는 자, 하늘에 올라간 자, 책 먹은 자, 아이, 예수님의 사자, 두 증인, 심판자, 대접, 하나님의 인 맞은 자, 이기는 자들에 의해 나팔 소리가 불리어질 때부터다.

여호와께서 내게 대답하여 가라사대 너는 이 묵시를 기록하여 판에 명백히 새기되 달려가면서도 읽을 수 있게 하라(합2:2)

반드시 속히 될 일이기에 마음 판에 새겨 달려가면서 읽을 수 있어야 한다. 이 일은 하나님이 경영하시기 때문에 계시록이 열어진다면 빠르게 진행된다. 따라서 지금이 그 시기다. 즉 6000년이 마무리 되고 7000년이 도래한 지금이 바로 천년이 예고된 마지막 때다. 하나님의 법칙에선 한 치의 어긋남이 없다. 따라서 속히 될 일들은 계시록 22장 전체가 하나도 빠짐없이 전부 일어나는 일들이다. 그러므로 마음 판에 계시록을 명백히 새기고 열어 보이는 그 책을 달려가면서도 읽을 수 있어야 한다.

계시록은 '그러므로 네 본 것과 이제 있는 일과 장차 될 일을 기록하라. 네 본 것은 내 오른손의 일곱 별의 비밀과 일곱 금 촛대라 일곱 별은 일곱 교회의 사자요 일곱 촛대는 일곱 교회니라(계1;19-20)' 이와 같이 일곱별의 비밀과 일곱 금 촛대사건을 발견하여야 하늘의 비밀을 깨달을 수 있다.

계시록은 전체교회를 향해 쓴 편지다보니 이 책을 읽을 때 배반자, 멸망자. 구원자가 누구를 가리키고 있는가를 먼저 알아야 한다. 그러려면 배반자가 누구이며 멸망자가 누구인가부터 파악해야 구원자를 찾아갈 수 있다.

천사가 가로되 왜 기이히 여기느냐 내가 여자와 그의 탄 바 일곱 머리의 열 뿔 가진 짐승의 비밀을 네게 이르리라(계17;7)

하나님의 심판의 비밀은 짐승의 비밀인데 그게 바로 지금 한창 벌어지고 있는 들짐승인 신천지의 심판이다. 그리고 또한 큰 성 바벨론(대형교회)이 비리와 연루되어 무너지고 있는 것도 짐승의 비밀이다.

오늘날의 교회가 하나님을 배도하고 있다 보니 교회 안에 짐승들이 침투해 들어와 바벨로 혼잡 되어 있다. 그러므로 경고의 나팔을 불 때 빨리 회개하고 돌아서라는 뜻이다. 그러려면 먼저 일곱 머리와 열 뿔 가진 짐승의 비밀을 알아야 그곳에서 빠져 나올 수 있다.

오늘날 교회에 일곱 머리, 열 뿔 가진 짐승들이 활개치고 있는 것이 바로 들짐승(이단)들의 활약상이다. 그게 17장에서 나타내는 짐승의 비밀이다.

그러므로 사도요한한테 제일 먼저 계시의 정신을 열어주어 모든 것을 보게 한 다음 그것을 기록하여 전체교회에 전하라 한 것에는, 당시나 지금이나 교회 안에 하나님을 배도한 배반자들이 많다는 경고이다.

아울러 일곱 금촛대를 보여준 것의 비밀에는, 그 안에 바벨론(혼잡)의 비밀과 바다에서 올라온 짐승의 비밀이 엄청나게 숨어있다는 뜻이다.

일곱째 천사가 소리 내는 날 그 나팔을 불게 될 때에 하나님의 비밀이 그 종 선지자들에게 전하신 복음과 같이 이루리라(계10;7)

따라서 계시록을 압축하여 요약하면 일곱별의 비밀과 일곱 금촛대사건을 기록하여 보여주므로 '가로되 너 보는 것을 책에 써서 에베소, 서머나, 버가모, 두아디라, 사데, 빌라델비아, 라오디게아 일곱 교회에 보내라 하시기로. 몸을 돌이켜 나더러 말한 음성을 알아보려고 하여 돌이킬 때에 일곱 금 촛대를 보았는데, 촛대 사이에 인자 같은 이가 발에 끌리는 옷을 입고 가슴에 금띠를 띠고(계1;11-13)' 회개하고 돌아온 자에게는 생명나무 과실을, 그렇지 않은 자에게는 심판을 한다는 내용이다. 그러므로 마지막 때에 하나님의 백성들이 회개하고 돌아올 수 있도록 뚜렷하고 분명한 나팔을 불어야 한다. 따라서 이 예언의 말씀을 깨닫는 자들만이 기록된 말씀을 지킬 수 있기에 복이 있다.

이 예언의 말씀을 읽는 자와 듣는 자들과 그 가운데 기록한 것을 지키는 자들이 복이 있나니 때가 가까움이라(계1;3)

무엇보다 복이 있는 자들이란 구원받은 하나님의 백성들이다. 그들은 단순히 읽고 듣는 것에 그치지 않고 기록한 것을 지키는 자들이다. 그러기에 그들은 경고의 나팔을 들을 때 빨리 깨닫고 돌아설 수 있다.

> 만군의 여호와께서 맹세하여 가라사대 나의 생각한 것이 반드시 되며 나의 경영한 것이 반드시 이루리라(사14;24)

반드시는 틀림없이 이루어진다는 것이며, 종들은 본 자들이고, 이들을 통해 하나님의 경영을 이루시겠다는 뜻이다. 하나님의 천사가 동행하는 자들이 바로 예수님의 제자들이고 하나님의 아들들이다. 이들한테는 믿음(성령)이 따라 다닌다.

> 믿음이 없이는 기쁘시게 못하나니 하나님께 나아가는 자는 반드시 그가 계신 것과 또한 그가 자기를 찾는 자들에게 상주시는 이심을 믿어야 할찌니라.(히11;6)

이와 같이 믿음이 있는 자들만이 하나님을 기쁘시게 할 수 있다. 하나님은 상을 베푸시는 분으로 믿으면 상(영생)이 내려온다. 따라서 믿어야 하나님께 갈 수 있다. 성령 자체가 말씀인데 말씀의 깊이가 없다보니 의심이 든다.

그러므로 우리의 심령 안에 예수 그리스도가 거하고 계시면 반드시 속히 될 일들이 깨달아 알아진다. 따라서 계시록에 예언된 계시가 누군가에 의해 완전히 풀어질 때 하나님의 구원사역도 이때부터 가속이 붙어 속(速)히 진행 된다. 아울러 일곱 인으로 봉인된 계시록의 진위가 이 시대의 또 다른 하나님의 아들(그리스도의 영)들에 의해 책이 열릴 것을 시사하고 있는 것을 알아야 한다.

따라서 계시록을 이해하려면 먼저 천사(영)의 세계를 정확하게 깨우쳐야 한다. 천사도 두 종류의 천사(영)가 있다. 지금 교회를 미혹하고 있는 하늘에서 떨어진 타락한 천사(악령)가 있는가 하면, 하나님이 부리는 천사(성령)가 있다. 하나님이 부리는 천사(영)는 천천만만인데 타락한 천사는 사단의 세력들로 이만만이라는 한정된 숫자의 악령들이다.

사도요한이 계시를 통해 본 것에 의하면 하나님의 말씀과 예수 그리스도의 증거인데 무엇보다 예수님은 이 땅에서 아버지를 증거 했다. 그리고 요한은 성령에 이끌려 자기가 본 것을 다 증거했다. 그 증거한 내용들을 밝히 풀어야 할 때가 바로 6000년이 지나고 안식의 시대인 7000년이 도래한 지금이다.

요한은 아시아에 있는 일곱 교회에 편지하노니 이제도 계시고 전에도 계시고 장차 오실 이와 그 보좌 앞에 일곱 영과(계1;4)

일곱 교회에게 편지를 쓴 것은, 어느 특정한 교회한테만 쓴 것이 아니라 모든 교회를 초월한 전체 교회한테 완전하게 써 보낸 것이 된다. 발신자는 성령이고 수신자는 교회들이다. 따라서 발신자의 편지를 깨닫는 자가 정신세계를 여는 거다. 이 사건은 그리스도의 가르침으로 성령의 계시이다.

여호와께서 내게 이르시되 선지자들이 내 이름으로 거짓 예언을 하도다 나는 그들을 보내지 아니하였고 그들에게 명하거나 이르지 아니하였거늘 그들이 거짓 계시와 복술과 허탄한 것과 자기 마음의 속임으로 너희에게 예언하도다(렘14;14)

오늘날의 목사들이 대부분 이와 같이 거짓 예언을 한다. 그리스도의 영이 거하지 않으면 누구든 그 입에 사단이 들어간 것이고 그런 입에선 전부 거짓말만 나온다.

하나님께선 교회 창조를 완성시키고 7일째 되는 날 안식하셨다. 그러므로 7은 완전. 전체. 충만. 필연의 뜻을 갖고 있는 완전수다. 이는 믿음 안에 있는 모두를 뜻하는 것으로 일곱은 처음부터 마지막을 뜻하며 충분한 것임을 암시하고 있다. 따라서 일곱 영 또한 홀로 온전하신 성령을 상징한다.

그런데 요한은 어째서 아시아 지방 전체 가운데서 에베소, 서머나, 버가모, 두아디라, 사데, 빌라델비아, 라오디게아 교회만을 선정했을까?

이 일곱 교회는 우편배달 구역의 중심지다. 그래서 이 도시들로 배달된 편지는 쉽사리 그 주변에 있는 지방에 회람이 된다. 그 당시 편지는 손으로 씌어졌던 것이라 쉽게 전달될 수 있는 중심부가 필요했다.

지금도 터키쪽 지중해를 가면 일곱 교회가 있는데 이게 다 하나의 촛대인 등불이다. 아울러 이제도 계시고 전에도 계시고 장차 오실 분은 영원부터 영원까지의 하나님 한분뿐으로 그 보좌에 일곱 영이 있다.

일곱 영은 일곱 눈이다. 즉 일곱 영은 성부와 성자와 성령을 뜻하며 일곱 눈은 온 세상(교회)에 보내어진 영들이다. 그 일을 행하시는 분이 바로 성령 하나님이신 예수 그리스도시다.

따라서 이러한 일곱 교회는 어느 특정교회만을 지칭한 것이 아니라 전체 교회에 하나님의 뜻을 부분적으로 각 교회마다 나눠 담아 심판과 구원에 관한 내용을 나타내기 위해 일곱이란 숫자를 사용한 거다. 그러므로 '일곱'이란 숫자가 계시록에 59회나 기록되어 있다.

또한 촛대나 등불은 길을 예비하는 것이지 완전한 빛이 아니다. 무엇보다 세례요한이 구약의 마지막 때에 등불 역할을 담당했다. 등불은 신랑을 맞이하는 청사초롱이다.

> 요한은 켜서 비취는 등불이라 너희가 일시 그 빛에 즐거이 있기를 원하였거니와.(요5;35)

초림 때는 세례요한이 켜서 비취는 등불의 역할이었으나 지금은 교회가 등불 역할이다. 따라서 교회가 등불을 훤히 밝히고 말씀으로 무장되어 있어야 신랑 예수를 만날 수 있다. 그런데 오늘날의 교회가 어떠한가!

　그러므로 계시록 전체의 증거의 내용이 시공간을 초월한 작금의 한국교회의 종말론적 종교 사건임을 인지해야 한다. 따라서 계시록 전체가 아시아에 있는 일곱 교회에 보낸 편지 사건으로 특히 '아시아'에 주목해 봐야 한다.

　여기서의 주된 내용이 특히 한국교회에 하나님을 배도한 배반자가 있고, 배도한 이들을 심판하기 위한 침노자가 교회에 침투해 들어와 있는 멸망자가 있으며, 또한 이들과 싸워 이길 수 있게끔 따로 피난처를 마련해 주신 구원자가 있다. 이걸 깨닫고 사단 마귀와 싸워 이기라는 요지가 계시록 전체의 내용이다.

　무엇보다 하나님이 지으신 들짐승 중에 가장 간교한 뱀족(이단)이 지금 현존하는 한국교회에 침입해 들어와 하나님의 백성들을 미혹시키고 있다. 창세기 때는 뱀이었고 초림 때는 서기관과 바리새인이었으며 지금은 바다에서 올라온 일곱 머리 열 뿔의 들짐승(신천지)과 용의 권세를 받은 짐승(이단)들과 큰 성인 음녀(대형교회)들이 이 사단 마귀의 역할을 수행해 내고 있다. 바다가 즉 세상이다.

　　뱀들아 독사의 새끼들아 너희가 어떻게 지옥의 판결을 피하겠느
　　냐(마23;33)

　간사하고 교활한 사람을 뱀(사단)이라 한다. 뱀의 사역은 간교해서 교회 사람들을 미혹하여 꾀는 사탄의 사역이다. 사탄(詐誕)은 거짓 사(詐). 거짓 탄(誕)이다. 이들이 파괴, 파멸, 분리, 이간

등을 교회에서 하고 있다.

그러나 하나님의 천사가 동행하는 자들은 바로 예수 그리스도의 제자들이기 때문에 이들한테 꾀임을 받지 않는다. 따라서 사도요한한테 보여준 계시록 13장의 짐승의 사건과 하나님의 보좌의 사건을 보여준 것은 사탄과 싸워 이기라는 뜻에서다.

하나님은 모든 진리의 근원이고 원천이시다. 그러므로 요한이 자기가 본 것을 다 증거하였다 함에는 구약에 기록된 어린양으로 오실 예수 그리스도에 관한 것들을 요한복음과 요한일서, 이서, 삼서에 기록함으로, 예수님이 바로 구원 사역의 메시야임을 증거했다는 의미이다.

당시 초대 교회 때는 그리스도의 재림을 기대하며 살고 있었다. 그럼에도 불구하고 아시아의 일곱 교회는 하나같이 문제점을 가지고 있었고, 그 문제의 핵심에는 영적 전투에 노출되어 있었다는 점이다. 고로 영적 전투에 패할 수 있는 가능성을 미리 막고자 하는데 그 목적을 두고, 편지의 마지막마다 후렴구처럼 이기는 자에게 주어지는 약속들을 등장시켰다.

그러기에 그들은 하나님의 말씀을 읽고, 듣고, 지키는 것을 축복이라 생각했고, 주 안에서 죽는 자들 또한 복이 있다고 믿었다. 이는 이 땅위에서 누리는 하늘의 축복이고 또한 어린양의 혼인 잔치에 청함을 입을 자들의 축복이다. 이렇듯 요한은 하나님의 명령을 지키는 자의 축복이 그리스도 안에 있는 모든 교회에 약속된 축복임을 밝히고자 했었음이다.

또 충성된 증인으로 죽은 자들 가운데서 먼저 나시고 땅의 임금들의 머리가 되신 예수 그리스도로 말미암아 은혜와 평강이 너희에게 있기를 원하노라. 우리를 사랑하사 그의 피로 우리 죄에서 우리를 해방하시고 그 아버지 하나님을 위하여 우리를 나라와 제사장으

로 삼으신 그에게 영광과 능력이 세세토록 있기를 원하노라. 아멘(계1;5-6)

그리스도에 대한 세 가지 위대한 칭호는 우리가 신뢰할 수 있는 증인으로, 증인은 본질적으로나 직접적으로 알고 있는 것을 눈으로 보고 귀로 듣는 것을 말한다. 또한 죽은 자들 가운데서 먼저 나신 분이 예수님이다. 이는 처음 난 것을 의미하고 부활을 의미한다. 아울러 지상의 여러 왕들의 지배자다. '내가 또 저로 장자를 삼고 세계 열 왕의 으뜸이 되게 하며(시89;27)' 그러므로 철저한 순종과 십자가를 받아들인 사랑의 예수님이야말로 온 우주의 주가 되신다.

당시는 로마가 전 세계의 패권을 쥐고 있을 때였으므로 예수만 믿지 않으면 박해를 받을 이유가 없었다. 평화와 안녕이라는 영적 생명력을 상실케 하는 사탄의 공격과, 예수를 믿음으로 가해진 핍박 속에서 은혜기 믿지를 다시 확인시켜 진짜 평강은 하나님과의 관계가 회복되어지는 하나님의 언약으로 주어짐을 나타냈다. 십자가상의 사건은 역사상의 행위인 동시에 하나님의 계속적인 사랑의 표현으로 영원하고 변치 않으며 또한 그칠 줄 모르는 하나님의 사랑이다.

성도 또한 십자가를 통해 하나님의 참 아들들이 될 수 있다. 그러므로 우리를 제사장으로 삼으셨다. 이는 제사장만이 하나님께 가까이 가는 것이 허용되었기 때문에 하나님 앞에 나아갈 수 있는 특권이 주어졌고 또한 하나님의 자녀가 갖는 왕권을 주시므로 언제나 하나님 앞으로 나아갈 수 있는 제사장의 길을 열어 주셨다.

그러한 사도요한이 일곱별과 일곱 금 촛대를 보았다. 요한이 계시록 4장에서 하나님의 이상(영계)을 보았다면 에스겔은 1장에서 유다와 예루살렘의 이상을 보았고, 다니엘은 7장에서 바벨론의 이상을 보았는데 하나같이 잘못된 종교세계의 이상을 본 거다. 즉 이들 선지자들이 본 이상은 배도와 멸망과 구원의 사건을 보았기에 사람이 거짓 선지자의 미혹을 받으면 안된다는 것을 밝혀 놓은 거다. 하나님의 말씀을 등진 게 배도다. 아담이 하나님의 말씀을 등지고 배반하니까 그곳에 뱀족이 모였다. 그 뱀족이 사망의 짐승들로 멸망자다. 그리고 나면 하나님의 은혜에 의해 노아의 세계가 온다.

이러한 성경적 조직의 구도가 전부 배도와 멸망과 구원으로 연결되어 있다. 즉 이스라엘 백성은 출애굽 할 때 하나님을 원망했다, 그런데 여호수나나 갈렙은 그러지 않았다. 이와 같이 그것을 꼭 찾아야 그 길을 따라 갈수 있고 그래야 구원의 길이 열린다.

> 볼찌어다 구름을 타고 오시리라 각인의 눈이 그를 보겠고 그를 찌른 자들도 볼 터이요 땅에 있는 모든 족속이 그를 인하여 애곡하리니 그러하리라 아멘.(계1;7)

보인다는 것은 갈 곳을 가게 하는데 보여야 갈 수 있다. 요한은 그리스도인으로 살아가는 것이 고통스러운 시대에 살고 있었다. 그 자신도 유형과 투옥과 중노동을 경험했고, 또한 많은 사람들이 몹시 잔인한 방법으로 살해 되었다. 그러므로 땅에 있는 모든 족속들이 애곡하였다. 그러므로 눈이 멀어 참 빛을 보지 못한 자들은 멸망을 당하나, 구름은 영이다. 그러나 하나님의 백성들은 구름(영)을 타고 오시는 십자가의 영광을 볼 수 있기에 심판에서 제외됨을 확신하고 있다. 구름은 영들이 모여 있는 곳으로 여기에 하나님이 계신다. 따라서 구름은 하나님의 임재를 나타내는 것으로 많은 허다한 증인(영)들이 하나님의 백성들을 지켜주고 있다.

> 이러므로 구름같이 허다한 증인들이 있으니 모든 무거운 것과 얽매이기 쉬운 죄를 벗어버리고 인내로써 우리 앞에 당한 경주를 경주하며.(히12;1)

이 땅에서 구원함을 받은 백성들은 구름 속에서 나는 소리를 들을 수 있는 자들이다. 아담이 죄를 범하므로 심판하시고 노아를 택하셨듯이 노아는 당대의 의인이요 완전한 자였다. 다른 이들은 하나님의 소리를 듣지 못했으나 노아만은 믿음에 의해 하나님의 음성을 듣고 묵묵히 실천에 옮겼다. 그로인해 노아가 하나님 앞에 구원을 받고 제물을 드리니까 하나님께서 무지개로 언약하셨다.

> 내가 내 무지개를 구름 속에 두었나니 이것이 나의 세상과의 언약의 증거니라.(창9;13)

이와 같이 구름은 영의 세계다. 하나님을 모시고 있는 자들한테는 허다한 증인들이 늘 우리를 지켜 주신다. 그러므로 예수님이 보낸 천사도 '내가 또 보니 힘센 다른 천사가 구름을 입고 하늘에서 내려오는데 그 머리 위에 무지개가 있고 그 얼굴은 해 같고 그 발은 불기둥 같으며.(계10;1)' 이와 같이 구름을 입고 오신다. 또한 무지개는 하나님의 영광의 광채다.

> 그 사면 광채의 모양은 비 오는 날 구름에 있는 무지개 같으니 이는 여호와의 영광의 형상이 모양이라 내가 보고 곧 엎드리어 그 말씀하시는 자의 음성을 들으니라.(겔1;28)

이같이 천사가 영들한테 영광의 광채로 같이 왔다. 성령을 받았으면 영들이 그들한테 함께 임한다. 성령은 진리다. 성령과 함께 계신 분이 그리스도의 영(말씀)이다. 그러므로 성도라면 그리스도가 임했는지 안했는지 각자가 알아야 한다. 그리스도는 하나님의 지혜와 하나님의 능력이 함께 동행 하시는 분이다. 따라서 구름 속으로 내 영혼이 끌어올려가야 즉 영의 차원까지 내 영혼이 도달해야 하나님의 비밀인 그리스도가 임한다. 이런 자들은 생각과 마음에 하나님의 법이 기록되어 있다.

    이는 저희로 마음에 위안을 받고 사랑 안에서 연합하여 원만한 이해의 모든 부요에 이르러 하나님의 비밀인 그리스도를 깨닫게 하게 함이라(골2:2)

내 영혼이 구름 속으로 끌어 올라가야 영의 차원에서 말씀을 받는 것이 된다. 예수님은 오실 때 육체로 오시는 것이 아니라, '그때에 인자의 징조가 하늘에서 보이겠고 그때에 땅의 모든 족속들이 통곡하며 그들이 인자의 구름을 타고 능력과 큰 영광으로 오는 것을 보리라(마24;30)' 이와 같이 구름(영)타고 오신다. 내 영이 지성소로 올라간 사람들은 하나님의 영광과 하나님의 큰 능력을 볼 수 있는 사람들로 하나님의 비밀인 그리스도를 깨닫게 되는 자들이다. 이는 마지막 시대가 도래하면 예수 그리스도로 말미암아 악한 세력들은 망하고, 하나님의 나라가 완성 되는 것을 보는 자들이 있다는 뜻이다. 이런 자들한테는 믿음이 들어 있다.

    말할 때에 홀연히 빛난 구름이 저희를 덮으며 구름 속에서 소리가 나서 가로되 이는 내 사랑하는 아들이요 내 기뻐하는 자니 너희

는 저의 말을 들으라 하는지라(마17;5)

그러려면 반드시 그리스도의 말씀 안에 거해야 한다. 그래야 변화를 받고 또 변화를 받아야 영계의 세계로 올라간다. 들으면 영혼이 산다. 들을 귀가 있으면 복 있는 자다. 하나님의 목적은 순종하는 자에게 복을 주기 위함이다. 그러나 순종치 않으면 재앙을 내린다. 그러기에 믿음이 반드시 수반되어야 하는데 순종 자체가 믿음이다.

내가 너희에게 이르노니 속히 그 원한을 풀어 주시리라 그러나 인자가 올 때에 세상에서 믿음을 보겠느냐 하시니라(눅18;8)

인자가 올 때 믿음 하나만을 보신다고 했다. 세상에서 가장 중요한 게 믿음이다. 구름 속으로 끌어 올라간 사람들한테 믿음이 있으나 세상에서는 믿음을 볼 수 없다.

2. 알파와 오메가의 추적

주 하나님이 가라사대 나는 알파와 오메가라 이제도 있고 전에도 있었고 장차 올 자요 전능한 자라 하시더라(계1;8)

알파는 희랍어로 처음글자요, 오메가는 마지막 글자다. 따라서 '이제 있는 것이 옛적에 있었고 다시 장래에 있을 것도 옛적에 있었나니 하나님은 이미 지나간 것을 다시 찾으시느니라(전3;14-15)' 이와 같이 앞으로 되어 질 일을 옛날에 이미 행하시고 우리로 하여금 과거의 사실을 미루어 앞으로 일어날 어떠한 사건들도 알라는 경고이다.

따라서 이 사건들은 아시아의 전체교회의 사건이다. 제일 먼저 계시록을 이해하려면 성경 전체를 이해해야 하는데 왜 아시아라고 못을 박느냐 하면, 계시록 7장에서 해 뜨는 곳이 밝히 명시되었기 때문이다. 하나님은 해(빛)다.

따라서 하나님은 절대적인 완전을 의미한다. 하나님은 전지전능하신 분으로 시간이 시작되기 전에 계셨으며, 지금도 계시며 시간이 끝나는 날에도 계신다. 이것은 곧 하나님의 속성을 말하는 것으로 즉 이 세상을 향하여 역사하신다는 것을 의미한다.

태초에 하나님이 동쪽 에덴에서 아담을 역사했다. 알파와 오메가를 계산하려면 반드시 이것부터 알아야 한다. 동쪽 에덴에서 아담을 만들고 창세기 11장에서 바벨탑을 쌓을 때도 동방으로 옮겨갔다. 그런데 언제 서방으로 이동했느냐 하면, 노아의 방주 때 서방인 아라랏 산으로 옮겨갔다. 서방인 이스라엘이 축복받은 땅이라 했지만 하나님의 깊은 섭리 하에서 실상은 저주받은 땅이다. 동방 사람은 항상 육적으로 고난이 따랐다. 욥도 동방의 의인이었으나 마귀의 시험을 전부 통과하고 나서야 비로소 의(義)의 나라로 향했다. 그러므로 계시록을 이해하려면 먼저 이사야 때 동방의 독수리부터 주목해 봐야 한다.

> 내가 종말을 처음부터 고하며 아직 이루지 아니한 일을 옛적부터 보이고 이르기를 나의 모략이 설 것이니 내가 나의 모든 기뻐하는 것을 이루리라 하였노라. 내가 동방에서 독수리를 부르며 먼 나라에서 나의 모략을 이를 사람을 부를 것이라 내가 말하였은즉 정녕 이룰 것이요 경영하였은즉 정녕 행하리라(사46;10-11)

이와 같이 동방에서 독수리를 불러 종말의 때에 하나님의 뜻을 이룰 것이라고 분명하게 밝혔다. 하나님께서 보시는 영원성의 개념은 하루가 천년 같고 천년이 하루 같기 때문에 계시록의 사건 역시 실상은 2000년 전이나 지금이나 똑같은 동시성의 시제를 갖고 증거 한 것임을 염두해 두어야 한다.

성경을 접할 때, 시간의 개념부터 정리하고 읽어야 하나님의 창조의 역사를 정확하게 파악할 수 있다. 이런 관점에서 볼 때, 예수님은 유대 베들레헴에서 태어났지만 결국 유대인에 의해 십자가에 달리셨다. 그러나 당시의 그리스도는 동방에 계셨다. 그랬기 때문에 예수 탄생 후 제일 먼저 동방의 박사들이 유대의 왕인 아기 예수를 경배키 위해 보배합의 예물을 들고 찾아간 것이다.

뿐만 아니라 왜 동방이 중요하느냐하면 알파와 오메가는 처음과 나중으로 즉 시작과 끝을 나타낸다. 그러기에 동방에서 창조를 시작 했다면 반드시 동방에서 회복되어야 계시록 전체가 이해가 된다. 즉 알파(처음)와 오메가(나중)는 시작한데서 다시 회복하시겠다는 하나님의 분명한 의지시다.

또한 시작이 왜 우주적이냐 하면 욥이 동방 사람이다. 그는 동방 사람 중에 가장 큰 자일 뿐 아니라 동방의 의인이었다.

> 우스 땅에 욥이라 이름하는 사람이 있었는데 그 사람은 순전하고 정직하며 하나님을 경외하며 악에서 떠난 자더라. 이 사람은 동방 사람 중에 가장 큰 자라(욥1;1.3)

동방 사람 중에 가장 큰 사람이 욥이다. 따라서 성경을 한 장으로 볼 수 있는 방법은 예수의 탄생을 알린 동방의 박사들이 오늘날 이 시대에 다시 출현해야 한다. 그래야 하늘의 비밀인 예수 그리스도께서 계시한 계시록을 열어 보일 수 있다. 서방 사람은 절대 알 수 없고 동방 사람만이 안다.

그러므로 창세기는 모든 역사의 시작과 기원을 기록한 책으로서, 신구약 계시의 발원지가 된다. 또한 전체구약의 열쇠임과 동시에 전 성경의 열쇠인 셈이다. 그런 의미에서 하나님은 우주적인 하나님이시다. 무엇보다 창세기 10장은 노아의 후손들에 의해 형성된 기원에 대한 기록이 담아 있다.

> 셈은 에벨 온 조상이요 야벳의 형이라 그에게도 자녀가 출생하였으니. 셈의 아들은 엘람과 앗수르와 아르박삿과 룻과 아람이요. 아람의 아들은 우스와 훌과 게델과 마스며. 아르박삿은 셀라를 낳고 셀라는 에벨을 낳았으며. 에벨은 두 아들을 낳고 하나의 이름을 벨렉이라 하였으니 그때에 세상이 나뉘었음이요 벨렉의 아우의 이름은 욕단이며(창10;21-25)

이는 특별히 셈의 셋째 아들 아르박삭의 손자 에벨의 혈통이 하나님께로부터 선택된 종족이라는 것이다. 창세기 9장 26절을 보면 '셈의 하느님'이라 했으니, 선택의 계통을 따져보면 셈-아르박삭-셀라-에벨의 하나님으로서, '벨렉 자손'과 '욕단 자손'의 하나님이신 것이다. 욕단의 후손은 아벨의 혈통으로 엄연히 신적 선택을 받은 하나님의 백성이다. 따라서 히브리 민족은 에벨로부터 두 가계, 곧 벨렉과 욕단 계통을 잇는 자손으로, 벨렉의 후손은 명시적 하나님의 자손이요, 육단의 후손은 '묵시적 언약 백성'임을 알 수 있다.

하나님은 어느 시대나 배교가 극심할 때 참된 믿음을 지닌 소수의 무리를 항상 남겨 두셨다. 그들은 '남은 자(the Remnant)'라고 하는데 욕단 족속이 바로 이 시대의 '남은 자'였다. 즉 셈족의 직계인 욕단이 바로 단군의 시조이다.

무엇보다 욕단은 홍수 후 함족 니므롯에 의해 강하게 흔들릴 때에도 하나님을 섬기는 믿음을 포기하지 않았고 그러기에 험준한 산악지대를 넘어가면서도 끝없이 '알이랑'을 불렀다. 그들은 유일신 신앙을 보존하고자 '알이랑 정신' 즉 신본주의 정신을 갖고서 새 땅을 찾아 알이랑 고개를 넘어 동방의 아시아로 멀리 이동했던 거다.

니므롯은 역사상 하느님을 대적하는 최초의 폭군이었다. 니므롯의 이름은 '반역하다', '배역하다'의 뜻과 같이 하나님을 대적하는 벨렉의 족속들로 그들은 동방으로 옮기다가 시날 평지를 만나 그곳서 벽돌을 만들어 돌 대신에 역청으로 진흙을 대신해 성과 대를 쌓고 거기서 정착했다.

> 또 말하되 자, 성과 대를 쌓아 대 꼭대기를 하늘에 닿게 하여 우리 이름을 내고 온 지면에 흩어짐을 면하자 하였더니(창11;4)

이와 같이 벨렉의 후손들은 동방으로 옮기디기 시날 평지를 만나 거기서 바벨탑을 쌓고 안착했지만 한국인의 선조인 욕단 족속은 '하느님과 함께' 계속해 동방으로 노래를 부르면서 이동했다. 그러기 때문에 한민족의 애환이 담긴 아리랑이 바로 욕단의 후손들이 즐겨 부른 찬송가라는 점이다. '아리랑'은 '알이랑'으로써 즉 '하느님과 함께'의 의미를 담은 하나님을 향한 애틋한 노래다.

따라서 '알이랑'은 욕단 족속의 중앙아시아와 시베리아를 거치면서 이곳 동방에 오기까지 끊임없이 불리어졌던 찬송가이다. 아울러 아리랑은 겨레의 역사적인 노래로서 우리의 먼 조상들이 이 땅에 정착하기까지 끊이지 않고 불러왔던 이별의 아픔과 작별의 슬픔을 찬송으로 승화시킨 노래였다.

아리랑 아리랑 아라리요. 아리랑 고개를 넘어간다. 나를 버리고 가시는 님은. 십리도 못가서 발병난다.

무엇보다 '알이랑'은 니므롯을 따라 서부 바벨론을 향해 떠나는 자들에게 배역의 길에서 돌이켜 하느님 품으로 돌아오라는 간절한 기원을 담은 노래였고 호소였다. 따라서 하늘민족인 욕단 가계의 이 노래만큼 기쁠 때나 슬플 때나 우리 민족의 애환을 달래온 노래도 없다. 실로 아리랑만큼 아득한 옛날부터 지금에 이르기까지 남녀노소 할 것 없이 누구나 불러도 싫증나지 않은 노래도 없을 것이다. 그러므로 아리랑의 어원을 살펴보려면 우선 성경에서 그 근원을 찾아봐야 한다.

창조주 하나님께서 동방 에덴에서 천지를 창조하셨다. 그러나 인간이 패역하여 노아 때 물로 세상을 쓸어버리시고 나서 홍수 후, 배가 정착한 곳이 바로 서방 아랏산이다.

칠월 곧 그달 십칠일에 방주가 아라랏 산에 머물렀으며(창8;4)

아라랏 산은 터키 동부 고원지대에 위치한 산인데, 터키어로 아르산은 원래 '알'에서 나온 말이다. 노아로부터 일신신앙을 계승한 셈은 자신으로부터 일신신앙을 상속한 그의 셋째 아들 이름을 아르박삭이라 지었다. 아울러 아르박삭의 증손자로서 에벨로부터 셈계의 일신신앙을 계승한 욕단은 자신의 맏아들의 이름을 알모닷이라 지었다. '알'은 주로 셈계통의 민족들에게 그들의 신을 나타내는 말로 쓰여져 지금까지 내려오고 있다. 유대인은 '엘(el)'이라고 쓰고 있는데 아랍인들은 그들이 믿고 있는 신의 이름을 '알(알라)'이라고 부른다. 특히 한국인은 아직도 창조주 하느님을 '한울님'이라 부른다.

엘(EL), '얼', '알' 과 같은 말들은 바로 이 '알'의 변음이다. 따라서 하느님은 유일신 하나님과 동일한 신이다. 우리 조상은 이와 같이 아주 오랜 옛적부터 여호와를 하느님으로 부르며 예배했던 거다.

욕단의 후손인 한민족의 선조들이 '메사'에서 '스발'을 향해 긴 여행을 시작하면서 불렀던 아리랑은 이와 같이 겨레의 노래이며 인류 최고의 가장 오래된 찬송가이다.

> 그들이 거하는 곳은 메사에서부터 스발로 가는 길의 동편 산이었더라(창10;30)

따라서 고대 한국인은 파미르고원을 지나 천산산맥을 넘고 알타이 산맥을 넘어서 동방으로 이동해 왔다. 한국인의 선조들은 바이칼 호수를 거쳐 동쪽으로 계속 이동하다가 마침내 아시아 동녘에서 제일 높고 밝은 백두산에 이르러 배달나라를 세웠다. 따라서 그들은 백두산 산정에 올라 창조주 하느님께 천제를 드렸다. 이와 같이 험준한 산악지대를 넘어오면서 부른 찬송가가 바로 아리랑이다.

> 알이랑 알이랑 알알이요. 알이랑 고개를 넘어간다.

알(EL)이랑은 '하느님과 함께' '하느님과 함께' '하느님과 함께' 하느님이요. '하느님과 함께' 고개를 넘어간다.

> 나를 버리고 가시는 님은,

'하느님을 섬기는 나를 버리고 가는 님'으로서 알이랑 고개를 넘어 간다의 바로 앞에 '하느님과 함께' 고개를 넘어간다는 뜻이다.

> 십리도 못가서 발병난다.

'십리도 못가서 발병난다'는 것은 나를 버리고 가시는 님에 대한 악담이나 저주가 아니고, 발병이 나서라도 더 떠나가지 못하고 나의 품으로 다시 돌아오라는 회귀원망의 연정을 노래한 거다.

이는 창조주 하느님에 대한 믿음을 버린 자들을 향해 다시 순수한 하느님 신앙으로 되돌아 올 것을 사랑으로 촉구한 노래이다. 이렇게 겨레의 노래 '알이랑'은 '하느님을 위한 열정'과 잃은 자를 위한 연민이 배어 있는 노래로서 하느님을 섬기든 자들의 찬송이며 믿음의 고백이다. 또한 창조주 하느님을 섬기던 고대 한국인이 이 땅에 오기까지 수많은 언덕과 산과 숱한 고원들을 넘으면서 부르고 찬양한 노래가 바로 아리랑이다.

따라서 알이랑 민족의 한국인은 늘 하느님과 함께 하는 유일신 신앙으로 민족사를 계승한 셈족의 거룩한 후손들이다. 홍수 후에 일신신앙을 갖고 동쪽의 산악지대를 넘어 아시아로 천동한 족속은 셈의 셋째 아들 아르박삭의 손자이며 에벨의 둘째 아들인 '욕단'의 가계이다.

창세기 10장 21절에 '셈은 에벨 온 자손의 조상'이라고 말씀하고 있다. 에벨은 셈의 셋째 아들 아르박삭의 손자였지만 셈의 후손들 가운데 특별히 에벨을 먼저 언급하면서 선택된 종족임을 나타내고 있다. 또한 에벨이 두 아들을 낳으면서 그때부터 세상이 둘로 나뉘었다.

> 에벨은 두 아들을 낳고 하나의 이름을 벨렉이라 하였으니 그 때에 세상이 나뉘었음이요 벨렉의 아우의 이름은 욕단이며(창10;25)

따라서 신적 선택을 받은 종족인 에벨의 온 자손으로 벨렉과 욕단이지만, 그중 벨렉의 후손으로 그의 6대손인 아브라함이 하나님의 부름을 받고 언약백성인 이스라엘로 탄생했다. 그러나 욕단의 후손은 산악 지대를 넘어 동쪽 산으로 갔다고만 창세기 10장 30절에 기록되어 있다.

따라서 욕단의 가계는 에벨의 혈통으로 셈족 중에서도 특별히 선택받은 셈족의 종가였다. 그러므로 그들은 하나님을 아는 지식이 있는 백성이었고, 신본주의 정신이 가장 확고한 족속이었다. 따라서 욕단 족속은 동방에서 가장 빛나고 가장 높은 산인 백두산에 이르러서야 산정제사를 드릴 수 있는 최적의 장소임을 깨닫고 거기서 거점을 삼았다. 또한 천국에서 가장 높은 곳이 주님의 보좌인데, 백두산의 천지가 아시아에서 가장 높고 맑은 물로 수정처럼 맑은 생명수가 그곳에서부터 강이 되어 흐르고 있다.

> 또 저가 수정같이 맑은 **생명수**의 강을 내게 보이니 하나님과 및 어린양의 보좌로부터 나서. 길 가운데로 흐르더라 강 좌우에 생명나무가 있어 열두 가지 실과를 맺히며 달마다 그 실과를 맺히고 그 나무 잎사귀들은 만국을 소성하기 위함에 있더라.(계22;1-2)

또한 천국백성들의 옷은 모조리 흰옷인데 배달민족 백성들도 백의민족답게 모두가 흰옷을 입고 살았다. 이와 같이 여호와 하나님께서는 셈족의 진정한 장자인 욕단 가계를 광명의 본원지인 동방의 땅 끝 '스발'로 탈출시켜 천국을 닮은 이상향을 세우셨던 것이다. 이것이 알이랑 민족 우리 한국인의 원형이다. 성경을 통해 살펴보면 한국이야말로 말세에 욕단계 선민 한국인을 통해 다시 회복시킬 것을 염두해 두고 남긴 소수의 남은 자라 할 수 있다. 그러기에 일곱 교회라 하지 않고 '아시아'에 있는 일곱 교회라 한 거다.

따라서 벨렉계 유대인들은 열심히 우상을 섬기고 있을 때 이와 같이 욕단계 한국인은 아시아의 동쪽에서 제천의식을 통해 열심히 유일신 하느님을 섬기고 있었다. 그래서 우리나라 제사 예복이 구약의 레위기 옷과 같을 뿐 아니라 사람이 죽으면 입는 삼베 옷 또한 계시록의 세마포와 같다.

한국인의 직계 선조인 욕단 족속은 그 숱한 고개들을 넘어갈 때마다 '알이랑' 고개인 '하느님과 함께' 넘어간다며 찬송하면서 이와 같이 믿음으로 전진했던 거다.

또한 원래 아담이 동방사람으로 알고 보면 우리나라가 바로 거시적인 동방 에덴이다. 아담이 범죄하므로 그 죄악이 노아 때까지 계속되므로 홍수 후, 방주가 아랏산에 머물면서 동방에서 서방으로 옮겨졌다. 그러므로 동방 에덴에서 교회의 창조를 시작하셨다면 동방인 한국교회에서 마지막 시대에 하나님 나라를 다시 회복해야 한다. 그게 바로 알파와 오메가다.

하나님께서는 베들레헴에서 예수가 탄생했을 때 동방의 소수의 사람을 선택해서 아기 예수 앞으로 인도하셨다. 당시의 유대인들은 밤중에 들에서 양을 지키고 있던 가난한 목자들이었다. 그렇지만 부름을 받은 동방의 현자들은 한 밤에 별을 관측하고 유대인의 왕으로 오신 예수를 만나기 위해 베들레헴까지 갔던 것이다. 그들한테는 하나님께서 주신 특별한 지혜와 계시의 영이 있었다. 그렇기에 동방박사들은 작은 계시 즉 별 하나로 구세주가 태어났음을 간파하고 올 수 있었다. 그리고는 별 하나만을 의지하고 유대인들에게 큰 기쁜 소식을 전하기 위해 먼 길을 찾아왔다.

이는 그가 모든 지혜와 총명으로 우리에게 넘치게 하사. 그 뜻의 비밀을 우리에게 알리셨으니 곧 그 기쁘심을 따라 그리스도 안에서 때가 찬 경륜을 위하여 예정하신 것이니(엡1;8-9)

따라서 2천년 전 동방의 현자들에게 예수 탄생을 알리셨다면 앞으로 말세에는 한민족을 택하사 하나님의 특별 계시를 부어, 지혜와 총명과 계시의 영으로 계시록의 비밀을 열개(開)하실 것이다. 계시록을 풀 수 있는 열쇠는 그리스도가 갖고 계시고 있기 때문에 그의 제자들 또한 그 천국열쇠를 갖고 있다.

내가 천국 열쇠를 네게 주리니 네가 땅에서 무엇이든지 매면 하늘에서도 매일 것이요 네가 땅에서 무엇이든지 풀면 하늘에서도 풀리리라 하시고(마16;19)

이사야 선지자나 사도 바울이 에베소의 편지에서 예시한 것처럼 우리 주 예수 그리스도의 하나님 영광의 아버지께서 지혜와 계시의 영으로 택함을 받은 욕단계 선민인 동방의 현자들한테 이와 같이 성령을 통해 계시록을 풀게 하실 것을 모든 성경에서 밝히고 있음을 알 수 있다.

3. 그리스도의 명령

나 요한은 너희 형제요 예수의 환난과 참음에 동참하는 자라 하나님의 말씀과 예수의 증거를 인하여 밧모라 하는 섬에 있었더니(계1;9)

요한이 밧모 섬에 간 것은 하나님의 말씀을 전하기 위해 그동안 겪었던 결과물에 의한 유형(遺刑)의 고독이다. 그러나 그에 앞서 하나님의 말씀과 계시의 환상을 받기 위해 밧모 섬에 홀로 남게 된 것을 알 수 있다. 주의 날에 요한이 밧모 섬에 있을 때 성령이 임했다. 그러므로 그는 예수님의 것을 증거하는데 육계와 영계에 있었던 모든 것을 증거 했다. 성령의 감동으로 지시를 받은 예수님의 증거 가운데 무엇이 있냐를 살펴볼 때, 요한은 예수님의 종이다. 종은 주인을 따르는 게 종이다. 그러므로 그의 소유된 백성이면 즉 예수님이 참 빛이면 성도도 빛의 자녀임을 자각해야 한다. 이를 깨달아야 성경이 보이고 그래야 기록된 예언의 말씀을 지킬 수 있다. 그런 자들이 복이 있는 자들이다.

그러나 성경말씀을 읽다보면 예언의 말씀 가운데 '일곱 우레가 발할 때에 내가 기록하려고 하다가 곧 들으니 하늘에서 소리 나서 말하기를 일곱 우레가 발한 것을 인봉하고 기록하지 말라 하더라(계10;4)' 이와 같이 일곱 우레가 발한 것을 인봉하고 기록하지 말라는 것이 있는가 하면, '보좌에 앉으신 이가 가라사대 보라 내가 만물을 새롭게 하노라 하시고 또 가라사대 이 말은 신실하고 참되시니 기록하라 하시고(계21;5)' 이와 같이 이 말은 신실하고 참되시니 기록하라 한 것이 있다. 따라서 이러한 내용을 말씀 안에서 그대로 연결해야 이해가 쉽다.

요한은 영적으로 하나님 나라를 보았다. 이미 그곳에서 하나님을 찬양하고 있는 교회의 모습을 보았고 악한 세력이 불못에 던져진 것도 보았다. 그리고 그 일은 다니엘서의 예언대로 분명히 이루어졌다.

> 그때에 네 민족을 호위하는 대군 미가엘이 일어날 것이요 또 환난이 있으리니 이는 개국 이래로 그때까지 없던 환난일 것이며 그때에 네 백성 중 무릇 책에 기록된 모든 자가 구원을 얻을 것이라.

> 땅의 티끌 가운데서 자는 자 중에 많이 깨어 영생을 얻는 자도 있겠고 수욕을 받아서 무궁히 부끄러움을 입을 자도 있을 것이며. 지혜 있는 자는 궁창의 빛과 같이 빛날 것이요 많은 사람을 옳은 데로 돌아오게 한 자는 별과 같이 영원토록 비취리라. 다니엘아 마지막 때까지 이 말을 간수하고 이 글을 봉함하라 많은 사람이 왕래하며 지식이 더하리라(단12;1-4)

그 인이 다니엘서에서 예언의 마지막 때가 이르기까지 봉함하여 두라고 한 그 인이다. 그러기에 계시록 10장에서 예언의 말씀 중에 일곱 우레가 발한 것을 인봉하고 기록하지 말라 한 것이다. 그러나 이제는 예수께서 승리의 십자가로 하나님의 아들들이 탄생되었기 때문에, 계시록 21장에서는 예수님의 말씀이 신실하고 참되시니 기록하라 한 것이다.

또한 인봉한 책을 뗄 자가 없어 울고 있던 요한에게 천사가 유대 지파의 사자 다윗의 뿌리가 이미 이기었다고 했다. 그러므로 십자가로 말미암아 하나님의 아들들이 마지막 때에 나타났기 때문에 이 책들의 예언이 그들에 의해 즉 짐승의 비밀들이 낱낱이 공개될 것을 암시한 내용이다.

> 주의 날에 내가 성령에 감동하여 내 뒤에서 나는 나팔 소리 같은 큰 음성을 들으니.(계1;10)

성령에 감동하여 요한의 뒤에서 나는 나팔 소리는 일곱 교회에 편지 보내라는 사역이다. 그리고 편지를 보내기에 앞서 먼저 영계의 세계를 보여 주었다.

이와 같이 성령의 감동을 입으면 촛대 사건이 무엇을 나타내는지를 확실하게 알 수 있다. 요한 또한 성령에 의해 영계의 세계를 보았다. 보좌는 천자의 자리로 보좌 위에 이십사 장로가 있다.

계시록 4장 자체가 영계의 조직체를 나타내고 있다. 쉽게 설명하면 요즘 장관들이 대통령이 명령대로 움직이는 것과 같다. 보좌 앞에 일곱이 있는데 지금 같으면 비서관이다. 오늘날의 미국 국가 조직체도 이와 같다. 왜냐하면 청교도들이 가서 조직을 꾸밀 때 그들이 꾸밀게 없어서 성경을 아는 랍비한테 자문을 구했더니 계시록 4장인 영계의 조직체를 천거한 거다. 그래서 백악관의 조직이 계시록 4장의 구조와 같다.

네 생물은 여기서 보내면 영적전쟁으로 나가는 거다. 하나는 사자 같고, 송아지 같으며, 인자 같고, 독수리 같다. 이를 세부적으로 표현하면 사람은 만물의 영장이고, 소는 집짐승이 왕이고 사자는 들짐승의 왕이며 독수리는 날짐승의 왕이다. 이런 보좌도의 형상이 영계의 세계다. 여기에는 천천만만의 영들이 있다. 예수께서 요한한테 이와 같은 영계의 세계를 보여 주신 거다.

> 내가 곧 성령에 감동하였더니 보라 하늘에 보좌를 베풀었고 그 보좌 위에 앉으신 이가 있는데(계4:2)

성령의 감동으로 내 영이 하늘로 올라가면 거기가 지성소가 되고 영계도 된다. 여기서 '주의 날'이란 표현은 우리가 말하는 '주의 날'과 같은 것이다. 안식일은 토요일로서 주(週)의 끝 날이지만 '주의 날'은 일요일로서 주의 처음 날이다. 안식일은 천지 창조 다음에 하나님께서 쉬신 것을 기억하는 날이요, '주의 날'은 예수께서 죽음에서 부활하신 것을 기념하는 날로서 오늘날의 '주일'을 뜻한다. 그 날에 요한한테 지시한 예수님의 천사(영)가 깨닫게 하시고 역사를 보여주신 거다.

> 모든 천사들은 부리는 영으로서 구원 얻을 후사들을 위하여 섬기라고 보내심이 아니뇨(히1;14)

이와 같이 천사의 음성을 듣기 전에 성령의 감동을 먼저 입어야 한다. 말씀에 감동 입은 사람은 성령의 신이 내려온다. 그런 사람들은 육신의 생각에서 벗어나므로 하나님의 비밀인 그리스도가 모든 걸 깨닫게 해주신다.

따라서 일곱 인으로 봉한 책이 있다. 천상천하에 뗄 자가 없는데 이 책이 어린양의 오른손에 봉인되어 있다. 즉 이 책을 뗄 자가 앞으로 누구인가를 보여 주는 거다. 이걸 알기 위해서는 6장은 심판장임을 알아야 하고, 7장은 인 맞은자 일만 이천인 144,000을 알아야 하고, 8장에서 나팔을 부는 이유를 알아야 하며 9장에서 무저갱에서 나오는 황충들이 어떤 존재들인가를 알아야 한다.

그러기 위해서 10장에서 책 받아먹는 종에게 책을 보여주고, 11장에서 굵은 베옷을 입은 두 증인한테 권세를 주면서 일천이백 육십 일을 예언하라 했다. 그리고 12장에서 해를 입은 여자가 만국을 다스릴 아들을 낳자 곧바로 광야로 피신시켜 거기서 일천일백 육십일 동안 하나님이 예비하신 곳에서 양육을 받게 하고, 13장에서 바다에서 올라온 짐승의 실체를 보여주셨다.

이 짐승들이 무엇을 뜻하는가를 가르쳐 주는 내용이 계시록의 요지다. 요한은 그것들을 하나도 빠짐없이 그가 본 그대로 증거해야 된다. 오늘날도 마찬가지다. 증거 하는 이(그리스도의 영)가 오셔야 온전한 증거가 된다.

그러려면 또한 여기서 주의 날을 정확하게 파악해야 한다. 주님의 날인데, 주의 날이 육적으로는 예배의 날로 이스라엘은 토요일이 주일이다. 그러나 동방은 일요일이 주일이다. 이스라엘은 토요일이 안식일인데 주의 날과 똑같은 날이다. 왜 같은 날이어야 하면은 계시록 11장 15절의 세상 나라가 이루어지려면 우리나라와 이스라엘이 딱 맞아 떨어져야 한다. 실상은 안식일의 일곱째 날이 주의 날이다. 일곱째 마지막나팔이 불리워질 때가 바로 주의 날이 된다.

모든 하나님의 말씀은 성령의 감동으로 봐야 한다. 따라서 너 본다는 것은, 눈이 보는 게 아니고 내 안에 들어와 있는 영의 시각으로 성령의 세계를 보는 것이다. 몸을 돌이켜 보니까 인자 같은 이의 영체가 발에 끌리는 옷을 입고 일곱 교회에 뭔가를 전하기 위해 빛의 아들들을 찾고 계신 거다.

요한은 성령에 감동되어 시간과 공간을 초월하여 황홀 상태 가운데 하늘로 이끌려 올라갔다. 그의 마음속에는 에스겔 3장 12절의 '주의 신이 나를 들어 올리시는데 내 위에 큰 소리가 들려' 나팔 소리는 하나님의 표현 수단으로 이 구절을 떠올렸을 것이다.

> 가로되 너 보는 것을 책에 써서 에베소, 서머나, 버가모, 두아디라, 사데, 빌라델비아, 라오디게아 일곱 교회에 보내라 하시기로 (계1;11)

요한한테 너 본 것을 계시록 2장과 3장의 온 교회에 하나님의 말씀을 보내라고 한 것이다. 이 땅의 자칭 선지자, 이세벨, 자칭 유대인, 니골라 당은 다 사단의 조직체다. 또한 용이나 무저갱의 사자나 황충, 전갈 등도 다 사단의 조직이다. 그들을 알라는 것이다. 그것을 알아야 사단의 꾀임에 넘어가지 않고 이 세상의 유혹에 넘어가지 않는다.

요한은 그가 본 환상을 기록하라는 명령을 받았고 그 소식을 교회들에게 전할 책임이 있었다. 남에게 전하려면 먼저 보고 들어야 한다. 아울러 그러한 환상을 접하려면 한적한 곳이 필요하다. 요한이 유배지로 있던 밧모 섬은 절벽에 바다를 내려다보는 동굴이 있고 망망한 바다의 경치와 그 소리로 가득 차 있었다.

바다라는 말은 계시록에 25회나 나온다. 일출 일몰이 이곳보다 더 장엄하게 불타는 유리바다를 이루는 곳은 없다. 그만큼 육지(백성)와 섬(조직체)을 갈라놓은 바다(세상)가 없기를 열망하는 마음이 절실했을 것이다. 그러다 보니 비록 밧모 섬에서의 쓰라린 고통과 참혹함속 일지라도 그는 성령에 감동되어 있었기에 하나님의 영광의 메시지를 빠짐없이 기억할 수 있었다. 그러기에 그리스도와의 연합(Union with Christ)만이 하늘나라의 입성에 가장 접합한 길임을 강조하고 있다.

천국문은 좁고 협착하다. 그러므로 예수께서 끝까지 참고 순종하셨던 것처럼 성도인 우리들도 참고 견디라는 것이다. 따라서 성령이 교회들에게 하시는 말씀을 들으면 즉 사단과 싸워 이기면 하늘의 깃을 준다는 것이 하나님의 약속이다.

그러므로 오늘도 영체이신 인자 같은 이가 하나님의 백성들을 찾기 위해 일곱 영들을 대동하여 찾아다니고 계신다. 그러므로 말씀을 듣지 못하면 깨닫지 못하고 그리스도의 말씀을 들으면 깨달아진다. 따라서 악한 영들은 들을 귀가 없어 사단을 따라가지만, 하나님과 함께 한 자는 들을 귀가 있어 하늘로 올라간다.

> 그러므로 내가 저희에게 비유로 말하기는 저희가 보아도 보지 못하며 들어도 듣지 못하며 깨닫지 못함이니라(마13;13)

이 교회가 혼돈되어서 들어도 무슨 말인지 모른다. 하와의 머리(생각)에는 뱀의 말이 들어갔다. 첫 사람 아담 안에 있는 사람들은 거짓말 하는 사탄(뱀)이 들어가서 전부 입만 열었다 하면 거짓말만 한다.

> 천국의 비밀을 아는 것이 너희에게는 허락되었으나 저희에게는 아니되었나니(마13;11)

이와 같이 천국의 비밀은 주야로 나뉘어져 있다. 어둠에 처하면 절대 깨닫지 못하고 빛으로 인도되어야 깨닫게 된다. 빛 자체가 지혜와 지식의 모든 보화로 예수 그리스도시다. 그러므로 그리스도의 말씀이 들어온 자들만 깨달아진다.

> 여호와께서 가라사대 이 백성에게 이르기를 너희가 듣기는 들어도 깨닫지 못할 것이요 보기는 보아도 알지 못하리라 하여. 이 백성의 마음으로 둔하게 하며 그 귀가 막히고 눈이 감기게 하라 염려컨데 그들이 눈으로 보고 귀로 듣고 마음으로 깨닫고 다시 돌아와서 고침을 받을까 하노라(사6;9-10)

이사야의 말씀에 예언해 놓은 것이 초림 때 이루어졌고, 계시록 때는 예수님이 2장과 3장에 계시해 놓은 것들이 2000년이 지난 지금에서야 그 예언의 말씀들이 이루어지고 있다.

> 몸을 돌이켜 나더러 말한 음성을 알아보려고 하여 돌이킬 때에 일곱 금 촛대를 보았는데.(계1;12)

요한은 구약에 정통하고 있었기 때문에 그의 환상의 모든 부분이 구약에서 반영되고 있다. 일곱 촛대의 환상은 성막 안에 있는 순금 촛대의 이야기에서 온 것이다.

너는 정금으로 등대를 쳐서 만들되 그 밑판과 줄기와 잔과 꽃받침과 꽃을 한 덩이로 연하게 하고. 가지 여섯을 등대 곁에서 나오게 하되 그 세 가지는 이편으로 나오고 그 세 가지는 저편으로 나오게 하며. 이편 가지에 살구꽃 형상의 잔 셋과 꽃받침과 꽃이 있게 하고 저편 가지에도 살구꽃 형상의 잔 셋과 꽃받침과 꽃이 있게 하여 등대에서 나온 여섯 가지를 같게 할찌며. 등대 줄기에는 살구꽃 형상의 잔 넷과 꽃받침과 꽃이 있게 하고. 그 꽃받침과 가지를 줄기와 연하게 하여 전부를 정금으로 쳐 만들고. 등잔 일곱을 만들어 그 위에 두어 앞을 비추게 하며.(출25;31-37)

또한 솔로몬의 성전 모양에서 온 것으로는 '좌우 양편에 각기 다섯 개의 순금 촛대가 서 있도다(왕상7;49)'와 또 하나는 스가랴의 환상에서 '순금 등대가 있는데 그 꼭대기에 주발 같은 깊은 것이 있고 또 그 등대에 일곱 등잔이 있으며, 그 등대 꼭대기 등잔에는 일곱 관이 있는 것을 보았다.(슥4;2)' 이와 같이 구약에서 전부 인용했다.

아울러 인자 같은 이는, '내가 또 밤 이상 중에 보았는데 인자 같은 이가 하늘 구름을 타고 와서(단7;13)'에서 묘사 되었다. 인자란 명칭은 예수께서 사용하신 메시야적의 호칭이다. 따라서 발까지 닿는 옷을 입는 사람은 대제사장의 옷을 가리킨다. '그들의 지을 옷은 이러하니 곧 흉패와 에봇과 겉옷과 반포 속옷과 관과 띠라 그들이 네 형 아론과 그 아들들을 위하여 거룩한 옷을 지어 아론으로 내게 제사장 직분을 행하게 할찌며(출28;4)', '의복을 가져다가 아론에게 속옷과 에봇 받침 겉옷과 에봇을 입히고 흉패를 달고 에봇에 공교히 짠 띠를 띠우고(출29;5)', '거룩한 세마포 속옷을 입으며 세마포 고의를 살에 입고 세마포 띠를 띠며 세마포 관을 쓸찌니 이것들은 거룩한 옷이라 물로 몸을 씻고 입을 것이며(레16;4).' 이와 같이 제사장의 옷은 속옷, 겉옷, 에봇. 에봇에는 12개의 보석이 박혀 있는 흉패가 있다. 흉패는 사각인데 성막 안에 있다. 그러므로 제사장은 성막을 입고 있는 것이 된다. 따라서 하나님의 백성은 예수 그리스도께서 쳐주시는 장막 아래서 보호를 받고 있다.

　제사장의 옷은 성막이고 성막은 하나님 나라의 모형이고, 하나님이라는 성전이며, 성전은 예수 그리스도다. 제사장이 성막을 입고 있다는 것은, 앞으로 왕 같은 제사장으로 불리움을 받을 하나님의 백성들이 예수 그리스도로 옷 입게 되는 것을 의미한다.

　　누구든지 그리스도와 합하여 세례를 받은 자는 그리스도로 옷 입었느니라.(갈3;27)

　그리스도와 연합된 하나님의 백성이야말로 끌리는 옷을 입은 대제사장으로 세세토록 왕의 권세를 받아 가슴에 금띠를 띤 분과 함께 영원히 왕 노릇할 자들이 된다.

　　촛대 사이에 인자 같은 이가 발에 끌리는 옷을 입고 가슴에 금띠를 띠고(계1;13)

　천사는 예수님이 보낸 사자다. 계시록은 하나님이 예수님한테 주셨고 예수님의 천사를 그 종 요한한테 보내 지시한 내용이다. 요한이 하나님의 말씀과 예수 그리스도의 증거와 깨달아 자기가 본 것을 다 증거 했다. 따라서 성경을 증거할 때 성경의 말씀과 맞지 않으면 광명한 새벽별을 만날 수가 없다.

　요한은 주님이 옷 하나로 대제사장 직책의 상징과 예언자와 왕으로 표현하고 있다. 또한 금띠는 금은 변치 않는 것이 금인데 그리스도의 말씀이 금이다.

　구약의 성물은 전부 정금으로 했는데 이는 금이 들어가면 변치 않는다는 것을 상징한 거다. 따라서 하나님 앞에 금단은 아주 귀한 곳이다. 가슴에 금띠를 두른 사람은 왕이다. 아울러 예수님은 대제사장이며 왕이시다. 그 왕이 오늘날도 성경말씀을 통해 하늘의 이야기를 하고 계신다.

　그러므로 주님의 말씀을 전하는 자나 말하는 자를 선지자라 한다. 그러한 예수님께서 일곱 촛대 사이에 서 계신다. 주님이야말로 하나님의 백성들을 향한 끝없는 사랑과 약속과 능력과 지혜의 하나님으로 교회를 지키시고 계신다는 것을 나타내고 있는 거다.

　　여호와를 경외하는 도는 정결하여 영원까지 이르고 여호와의 규례는 확실하여 다 의로우니. 금 곧 많은 정금보다 더 사모할 것이며 꿀과 송이 꿀보다 더 달도다.(시19;9-10)

　성도는 여호와의 말씀의 법을 사모해야 한다. 말씀 자체가 금이기에 성전의 모든 기물은 전부 정금으로 되어있는 것도 이 때문이다.

　　내가 너를 권하노니 내게서 불로 연단한 금을 사서 부요하게 하고 흰옷을 사서 입어 벌거벗은 수치를 보이지 않게 하고 안약을 사서 눈에 발라보게 하라.(계3;18)

　불로 연단한 백프로 순도의 금이 참 빛이신 예수 그리스도의 말씀인 정금이다. 성경에 표현하는 금과 은은, 금도 말씀이요 은도 말씀이다.

또한 만국을 진동시킬 것이며 만국의 보배가 이르리니 내가 영광으로 이 전에 충만케 하리라 만군의 여호와의 말이니라. 은도 내 것이요 금도 내 것이니라 만군의 여호와의 말이니라(학개2;7-8)

학개서는 영광의 장이다. 여기에 하나님 나라와 세상 나라가 있다. 세상 나라가 만국(교회)이다. 즉 교회가 많다는 뜻이다. 그러기 때문에 이 세상 나라는 자기들끼리의 교파가 수없이 많다. 한국교회에 들어온 교파만도 장로교, 감리교, 성결교, 안식교 등이게 만국인 세상 나라다. 그러나 학개서 2장은 새로운 성전의 이야기다. 즉 말씀 자체가 하나님의 것이다. 반면에 짐승들도 금이라 한다.

황충들의 모양은 전쟁을 위하여 예비한 말들 같고 그 머리에 금 같은 면류관 비슷한 것을 썼으며 그 얼굴은 사람의 얼굴 같고.(계9;7)

이와 같이 자기들의 말(교리) 또한 자칭 금이라고 하지만 그들의 말(거짓교리)은 거짓으로 꾸민 것이기에 면류관 비슷한 것이라 표현했다.

그 머리와 털의 희기가 흰 양털 같고 눈 같으며 그의 눈은 불꽃같고. 그의 발은 풀무에 단련한 빛난 주석 같고 그의 음성은 많은 물소리와 같으며.(계1;14-15)

눈과 흰 양털은 죄나 허물이 없는 청결을 대표한다. 다니엘의 환상에서 '내가 보았는데 왕좌가 놓이고 옛적부터 항상 계신 이가 좌정하셨는데 그 옷은 희기가 눈 같고 그 머리털은 깨끗한 양의 털 같고 그 보좌는 불꽃이요 그 바퀴는 붙는 불이며(단7;9)' 이와 같이 하나님의 순결성을 나타낸 거다.

또한 다니엘 10장 6절에서 '그 몸은 황옥 같고 그 얼굴은 번갯빛 같고 그 눈은 횃불 같고 그 팔과 발은 빛난 놋과 같고 그 말소리는 무리의 소리와 같더라' 여기서 나타낸 '그 눈은 횃불 같았다'의 한 부분이다.

흰머리는 영광, 위엄, 권위를 상징한다. 이는 예수님이 심판자로 오신다는 것을 강조한 거다. 불꽃같은 눈은 심판의 상징으로 나타내어 그 불꽃같은 눈앞에서는 감춰질 것이 없다는 것을 암시하기도 한다. 아울러 불꽃같은 눈은 심판과 함께 구원을 동시에 나타내고 있다. 여기서도 요한은 다니엘서와 에스겔서를 인용하여, '발은 빛난 놋과 같다(단10;6). '발바닥이 마광한 구리 같이 빛난다(겔1;7).' 또한 풀무에 단련된 빛난 주석은 그 자체가 힘을 상징하고 있을 뿐만 아니라 하나님의 부동하신 확실성을 나타내고 있다.

하나님의 음성은, '하나님의 음성이 많은 물소리 같고(겔43;2)'의 묘사이다. 이는 하나님의 음성야말로 주위를 압도하는 무서운 책망처럼 들릴 때가 있고, 또는 상처를 입은 사람을 쓰다듬어 주는 위로의 소리와도 같다는 의미를 담고 있다.

> 그 오른손에 일곱별이 있고 그 입에서 좌우에 날선 검이 나오고 그 얼굴은 해가 힘 있게 비취는 것 같더라. 내가 볼 때에 그 발 앞에 엎드러져 죽은 자같이 되매 그가 오른 손을 내게 얹고 가라사대 두려워 말라 나는 처음이요 나중이니(계1;16-17)

오른손이 교회인 요한에게 얹어져 있다. 이는 구원과 절대적인 소유와 보호와 권위와 통제를 상징한다. 일곱 별, 일곱 교회의 사자는 이미 승리한 천상의 교회를 대표하고 있다. 좌우의 날선 검은 말씀인데 그 말씀이 좌우로 미치지 않는 곳이 없다는 뜻이다. 따라서 믿는 자들한테는 구원의 말씀이지만 믿지 않는 자한테는 심판을 상징한다. 하늘의 전쟁이 하나님의 보호와 능력으로 승리로 완성된 것처럼 '여호와여 주의 대적은 이와 같이 망하게 하시고 주를 사랑하는 자는 해가 힘 있게 돋음 같게 하시옵소서(삿5;31)' 이와 같이 이 땅의 영적전쟁도 하나님의 보호하심과 도우심의 승리로 결론이 날 것이다.

예수님은 지금도 주석 같은 발로 교회를 지키고 계시고, 불꽃 같은 눈으로 우리를 지켜보고 계신다. 이는 책망도 하지만 보호도 하신다. 예수님의 칼날 같은 말씀이 세상을 심판하지만 또한 우리를 보호도 하고 계신다. 따라서 예수님의 나팔 같은 목소리가 우리를 격려하며 때로는 책망하며 우리를 거룩하게 만들어가고 있다. 오른 손은 구원과 절대적인 소유와 보호와 권위의 통제를 상징하고 있는데, 예수님은 그 권능인 오른손으로 교회인 우리를 붙들고 계신다. 그러므로 그리스도의 손은 하늘을 부축할 만큼 힘차고 우리의 눈물을 씻어 낼 만큼 부드러우시다.

> 곧 산 자라 내가 전에 죽었었노라 볼찌어다 이제 세세토록 살아있어 사망과 음부와 열쇠를 가졌노라. 그러므로 네 본 것과 이제 있는 일과 장차 될 일을 기록하라.(계1;18-19)

열쇠는 통치권, 권세 등을 상징한다. 그런데 주님께서 사망과 음부의 열쇠를 갖고 계신다. 누구든지 그리스도께 복종치 않는 자는 사망을 당하게 되고 음부는 저주 받은 자들이 가는 곳, 즉 지옥이다. 곧 지옥에 집어넣을 수 있는 심판 권세인 생사여탈권을 갖고 있는 만왕의 왕이시다. 즉 열쇠를 예수께서 갖고 계시기 때문에 하나님이 창세전에 구원하시기로 한 하나님의 백성들은 모두 다 그 사망의 나라인 음부에서 나오게 된다.

그러므로 죽어야 된다. 육이 죽는 것이 아니라 자기의 생각이 죽어야 한다. 육신의 생각은 사망이다. 음부는 저승이고 멸망자며 음녀도 마찬가지다. 계시록 때는 일곱 머리 열 뿔이 하나님의 백성들을 죽이는 자로 등장하고 있다.

> 또 내가 보매 천사가 무저갱 열쇠와 큰 쇠사슬을 그 손에 가지고 하늘로서 내려와서(계20;1)

무저갱을 여기다 놓고 잠가버린다. 하나님의 말씀이 들어가면 살아나는데 무저갱은 밑 빠진 독이다. 다 떠내려간다. 천사가 여기다 놓고 잠가버린다.

> 다섯째 천사가 나팔을 불매 내가 보니 하늘에서 땅에 떨어진 별 하나가 떨어져 저가 무저갱의 열쇠를 받았더라.(계9;1)

이 교회에 하늘에서 떨어진 별 하나가 있다. 떨어진 타락한 별이 무저갱의 열쇠를 받았다. 무저갱은 밑 빠진 구덩이로 음부다. 즉 사단의 세력들이 무저갱의 열쇠를 갖고 음부에서 들랑 달랑하고 있다.

> 네 본 것은 내 오른손에 일곱별의 비밀과 일곱 금촛대라 일곱별은 일곱 교회의 사자요 일곱 촛대는 일곱 교회니라.(계1;20)

이게 비밀이다. 일곱 촛대는 일곱 교회다. 성령으로 표현되고 교회로도 표현된다. 성령이 교회 안에 들어와 우리를 이끌어 가는 것이 창조의 목적이다. 그러기에 교회를 상징하는 이스라엘을 맞아 싸우는 분이 예수 그리스도시다. 그런 예수께서 천상의 승리한 교회의 모습을 보여주면서 끝까지 영적 전쟁에서 싸워 이기라고 독려하신다. 결국엔 바다에서 올라온 짐승들을 불못에 던져 버리므로 영적 전쟁은 승리로 끝난다.

 요한이 계시록을 쓸 당시는 로마의 압제 하에 핍박을 받고 있던 시절이다. 그렇지만 이미 하늘에서 승리를 거머쥔 천상의 백성임을 확인시키면서 이 시대의 교회들에게도 똑같은 경고의 나팔을 불게 하신 거다.

 그러므로 일곱 촛대는 성령의 도우심으로 탄생되어 빛을 발하는 교회다. 따라서 성경에 등장하는 촛대는 불을 밝히는 등대이다. 그러므로 성령으로 거듭난 사람은 하나님의 영광을 반사하게 된다. 빛을 발하는 삶이 하나님께 영광 돌리는 것이요, 빛 가운데 행하면 교회다. 그런데 교회가 빛(말씀)을 잃다보니 여기에 짐승(사단)들이 들어왔다. 이 짐승들이 누구인가를 분별할 줄 알아야 영적 전투에서 싸워 이길 수 있다. 이게 바로 교회들한테 내린 하늘의 비밀이다. 따라서 승리하는 빛의 열매는 아홉 가지 성령의 열매로 나타난다. 그러나 짐승(사단)들이나 바벨론(혼잡)은 타락한 악령들로 귀신의 영들이다. 이런 것들을 알라는 것이 일곱 별의 비밀이다.

2장
일곱 교회의 실상

성경이 말하는 예언은, 과거에 행했던 하나님의 사역을 해석해서 그것이 이스라엘(교회) 백성의 현재 삶에 의미가 있는지를 적용함으로써 범죄한 이스라엘을 각성시키기도 하고, 또한 과거적 예언을 통해, 앞으로 전개될 일들을 말하기도 한다.

따라서 미래에 관한 일이라 할지라도 이를 과거와 철저하게 연관 지어 하나님의 계획과 의도를 분명하게 나타낸 것이 바로 성경이다. 아울러 이사야가 40장에서 65장까지에 걸쳐 바벨론 포로 귀환을 예언하는데 출애굽 사건을 근거로 하여 그것은 반드시 일어날 것이라고 설명 했듯이, 또한 65장에 나오는 새 창조와 새 예루살렘의 회복이 첫 창조를 통한 노아의 무지개언약을 근거로 반드시 이루어질 것이라는 것을 예시하고 있다.

그러므로 성경이 말하는 예언은 단순히 미래에 대한 예견을 말하는 것이 아니다. 예언이라는 것은 구약의 선지자들이 이미 일어났던 출애굽 사건을 근거로 구속 사건을 예견한 것처럼 요한은 계시록에서 그리스도 십자가 사건을 근거로 현재의 경험되고 미

제1부 교회한테 전하는 계시와 명령

래의 완성될 하나님의 구속 사건을 설명하고 있다. 그래서 예언의 말씀이라 하는 것이다.

계시록은 천상에 계신 주님께서 아시아에 있는 일곱 교회의 실상을 정확하게 파악하시고 사도 요한을 영의 세계로 끌어올려 천상의 보좌도를 보여주시고 전체교회한테 보내라는 편지 사건이다. 따라서 계시록의 2장과 3장은 편지내용인데 검 자체가 말씀이다.

하나님의 교회는 오직 그리스도의 교회 하나뿐이다. 그러므로 그리스도와 하나된 우리의 지체들이 성전이고 교회다. 그런데 그리스도의 일군으로 가장한 교회들이 웅장한 건물을 지어 놓고 저마다 자기들의 하나님의 교회라고 자처하고 있다.

하나님의 신(영)이 없는 교회는 성경 말씀을 가장한 복을 빙자하여 설교하는 그 자체가 육신의 생각이다. 세상적인 복을 추구하여 교회로 오게끔 유도하는 것이 사단의 계략이요, 하나님(말씀)을 배도한 거짓 영들이다. 그러므로 주님께서 거짓사도들의 꾀임에 넘어가지 말고 그들과 싸워 이기라고 간곡하게 말씀하고 있다. 영적 전투에서 싸워 이기는 자들에겐 새 하늘과 새 땅인 하나님의 낙원에서 생명과실을 먹게 하고, 지는 자들에겐 저주와 심판이 있으니 각성하고 그리스도의 나라로 입성하라는 경고의 메시지가 아시아에 있는 일곱 교회에 편지 보내는 내용이다.

따라서 오늘날도 초대교회 때와 똑같이 시공간을 초월한 동시성의 말씀을 권면하고 있다. 이는 새 창조 사역에 동참하라는 회개와 권고의 말씀이다.

일곱 교회는 짐승(이단) 외에 예수교라고 지칭하는 모든 교회들을 말한다. 짐승(사단)은 음부다. 그런 교회에 짐승들이 가득 들어와 있다. 즉 일곱 교회라 지칭하는 장로교. 감리교. 성결교. 침례교. 오순절, 구원파, 안식교, 순복음교회 등 그 외도 많은 교회들이 있는데, 이곳에 짐승들이 침투해 들어와 교회를 전부 잠식하고 있다.

따라서 계시록에 나타나 있는 일곱 머리 열 뿔의 짐승들이 바로 작금의 교회(목사)들이다. 즉 철탑에 십자가를 세워 놓고 성경을 갖고 예수를 증거하는 모든 교회들이 집짐승이다. 그리고 참 하나님 교회나 전도관, 신천지, 여호와의 증인, 통일교, 대순진리교 등 등. 그곳의 우두머리(교주)들은 서로가 자신을 메시야라고 사칭하고 있다. 그들이 바로 들짐승(대표가 신천지)들이고, 계시록에서 말하는 큰 음녀가 통일교 교주인 한학자다. 지금은 바다에서 올라온 일곱 머리 열 뿔의 짐승들이 교회 안을 잠식하고 있어 교회인 집짐승들과 이단인 들짐승과의 싸움이 한창 격전을 벌어지고 있다.

> 고린도에 있는 하나님의 교회 곧 그리스도 예수 안에서 거룩하여지고 성도라 부르심을 입은 자들과 또 각처에서 우리의 주 곧 저희와 우리의 주되신 예수 그리스도의 이름을 부르는 모든 자들에게 (고전1;2)

오늘날 교회 철탑위에 세워진 십자가는 주님의 피로 세워진 십자가가 아니고, 거의 대부분 교회를 위장한 하나님 사업을 위한 십자가다. 어디든 그 교회(심령) 안에 그리스도가 거하지 않으면 하나님의 교회가 아니고 그리스도인이 아니다. 사단도 광명한 천사로 가장하여 얼마든지 하나님을 흉내를 낼 수 있다. 그들은 선교나 헌금으로 또는 어려운 자를 구제하는 봉사로 선행을 자처하며 그럴듯하게 하나님을 흉내 내고 있지만 실상은 알맹이(사랑의 본질)가 빠진 위선적인 행위에 불과하다. 이러한 위선적인 행위에 이골이 난 서기관과 바리새인들한테 주님이 가장 크게 노하셨고 또한 유대인이라 자처하는 그들이 하나님이신 예수님을 십자가에 매달았다.

오늘날도 각 교파의 집짐승인 만국의 교회들이 예수님을 십자가에 매달아 놓고 세상과 흥정하고 있다. 신천지나 통일교나 전도관 등은 아예 자기들이 참 메시야라고 자청하고 있다. 사단들이 자기들을 보혜사로 둔갑하여 얼마나 많은 영혼들을 사망으로 이끌고 있는가! 그야말로 창조주신 하나님을 철탑에 매달아 놓고 수없이 죽이고 있다.

저런 사람들은 거짓 사도요 궤휼의 역군이니 자기를 그리스도의 사도로 가장하는 자들이니라(고후11;13)

성경 갖고 거짓말 하는 것이 사탄이요, 하나님의 백성들을 죽이는 일이다. 그러기에 주님께서 요한한테 천상의 보좌도를 보여 주면서 오늘날도 똑같은 음성으로 편지를 보내라 한 것이 아니겠는가! 이게 증거다. 증거는 종이에 써서 보내는 편지의 형식이 아니라 사람 자체에 주님의 말씀을 담아 전하면 그 자체가 편지가 되고 증거가 된다.

너희가 우리의 편지라 우리 마음에 썼고 뭇 사람이 알고 읽는 바라. 너희는 우리로 말미암아 나타난 그리스도의 편지니 이는 먹으로 쓴 것이 아니요 오직 살아 계신 하나님의 영으로 한 것이며 또 돌비에 쓴 것이 아니요 오직 육의 심비에 한 것이라(고후3;2-3)

하나님의 신을 넣어 증거 하면 그게 편지가 되고 복음이 되며 전도가 된다. 마음 비석에 하나님의 말씀을 담아 보내는 편지가 초림 때나 지금이나 동일한 시대에 동일한 말씀이 되어 전할 때 그게 바로 대언의 생기가 되어 살아 숨 쉬는 생령의 말씀이 된다.

> 너는 이 모든 뼈에게 대언하여 이르기를 너희 마른 뼈들아 여호와의 말씀을 들을찌어다. 주 여호와께서 이 뼈들에게 말씀하시기를 내가 생기로 너희에게 들어가게 하리니 너희가 살리라.(겔37;4-5)

이와 같이 대언의 말씀을 들으면 뼈(교회)들의 영혼이 산다. 또한 들을 귀가 있으면 그들(뼈)이 복 있는 자다. 하나님의 목적은 순종하는 자에게 복을 주기 위함에서다. 그러나 순종치 않으면 심판을 내린다. 그러기에 요한한테 천상의 세계를 먼저 보여주고 나서 증거 하게 했다.

> 또 보좌에 둘려 이십사 보좌들이 있고 그 보좌들 위에 이십사 장로들이 흰 옷을 입고 머리에 금 면류관을 쓰고 앉았더라(계4;4)

보좌 앞에 둘러 있는 이십사 장로들은 하나님의 영들로서 이들이 바로 예수 그리스도를 증거 하는 일곱 영들이다. 하나님의 보좌에는 일곱 영이 있고 가운데 이십사 장로들과 네 생물에 각각 여섯 날개가 있어 천상의 보좌도를 구성하고 있다. 이들이 전부 하나님이 부리는 영들이다. 일곱 영에 대해서는 스가랴에서 '화석류 나무 사이에 선 자가 대답하여 가로되 이는 여호와께서 땅에 두루 다니라고 보내신 자들이니라(슥1;10)' 이와 같이 설명하고 있다.

> 만군의 여호와가 말하노라 내가 너 여호수아 앞에 세운 돌을 보라 한 돌에 일곱 눈이 있느니라 내가 새길 것을 새기며 이 땅의 죄악을 하루에 제하리라(슥3;9)

또한 한 돌에 일곱 눈이 곧 그리스도의 영을 상징하기도 한다. 예수님은 반석 즉 뜨인 돌이다. 아울러 천상의 보좌가 거룩한 나라요 주님이 계신 곳이다.

> 오직 너희는 택하신 족속이요 왕 같은 제사장들이요 거룩한 나라요 그의 소유된 백성이니 이는 너희를 어두운데서 불러내어 그의 기이한 빛에 들어가게 하신 자의 아름다운 덕을 선전하게 하려 하심이라(벧전2;9)

또한 보좌 가운데 계신 예수님이 우리의 목자가 되어 생명수 샘으로 인도하시고 우리 눈에서 모든 눈물을 씻어 주시는 분이시다. 그러므로 하늘에 계신 예수 그리스도가 우리의 목자이며 지도자시다.

> 또한 지도자라 칭함을 받지 말라 너희 아버지는 하나이시니 곧 하늘에 계신 자시니라(마23;10)

주님을 심령 안에 스승으로 삼는 자들은 계시록을 대할 때 더하거나 빼지 않는다. 왜냐하면 일곱 인으로 봉인된 하늘의 비밀인 계시록 자체를 온전히 가르쳐 주는 분이 성령 하나님이기 때문이다. 그러므로 그리스도의 영이 함께 하는 자들은 성경 말씀을 갖고 절대 거짓말 할 수 없다. 아버지의 뜻에 따라 합당하게 복음을 증거 하는 자들만이 예수님의 제자가 될 수 있고, 하나님의 아들들이 될 수 있다. 또한 그들을 위해 주님께서 늘 기도해 주시기 때문에 천국의 비밀인 성경도 열어지게 된다.

> 내가 저희를 위하여 비옵나니 내가 비옵는 것은 세상을 위함이

> 아니요 내게 주신 자들을 위함이니이다 저희는 아버지의 것이로소이다.(요17;9)

요한복음 17장은 우리를 위한 주님의 기도시다. 하나님의 택한 백성들을 지키고 보호하기 위해 드리는 기도이다. 예수께서 성전 된 우리를 위하여 악에 빠지지 않고 온전히 지켜주기를 염원하며 기도해 주시기에 고난 가운데서도 기쁨이 충만하고 역경 속에서도 은혜가 넘쳐난다.

> 내가 아버지의 말씀을 저희에게 주었사오매 세상이 저희를 미워하였사오니 이는 내가 세상에 속하지 아니함같이 저희도 세상에 속하지 아니함을 인함이니이다. 내가 비옵는 것은 저희를 세상에서 데려가시기를 위함이 아니요 오직 악에 빠지지 않게 보전하시기를 위함이니이다.(요17;14-15)

성경에서의 악은 하나님의 말씀을 버린 것과 스스로 웅덩이 파는 것으로 육신의 생각 자체가 악이다. 오늘날의 교회들이 전부 이러한 악을 서슴지 않고 자행하고 있다. 그러다보니 초대교회 때나 지금이나 교회들의 실태를 정확하게 파악하고 계신 주님께서 지금도 성도인 우리에게 칭찬과 책망을 서슴지 않고 전하는 것을 성경(성령)을 통해 깨달아야한다.

> 또 이일 후에 내가 보니 하늘에 증거 장막의 성전이 열리며. 일곱 재앙을 가진 일곱 천사가 성전으로부터 나와 밝고 빛난 세마포 옷을 입고 가슴에 금띠를 띠고.(계15;5-6)

교회에 재앙을 갖고 왔다. 이일은 14장까지의 일인데, 이일 후는 14장의 사건을 하고 나서 15장의 사건이 생긴다. 여기에 또 재앙을 갖고 왔는데 진노의 대접이다. 대접 속에는 진노의 말씀을 가득히 담아 패역한 바벨론에 쏟기 위함이다.

  이 일후에 다른 천사가 하늘에서 내려오는 것을 보니 큰 권세를 가졌는데 그의 영광으로 땅이 환하여지더라(계18;1)

이일 후에는 17장의 음녀를 본 일이 이 일이다. 음녀와 바벨론의 비밀을 보여준 사건이 17장 사건으로 그 사건을 보여준 거다.

  또 일곱 대접을 가진 일곱 천사 중 하나가 와서 내게 말하여 가로되 이리 오라 많은 물 위에 앉은 큰 음녀의 받을 심판을 네게 보이리라(계17;1)

이 음녀가 바로 종교세계다. 큰 성(대형교회)을 보여준 사건이 이 일이다. 그 중에 큰 음녀가 받을 심판은 통일교의 한학자 교주다. 이들의 심판이 멀지않았음을 이와 같이 분명하게 나타내고 있다.

  하나님이 자기 뜻대로 할 마음을 저희에게 주사 한 뜻을 이루게 하시고 저희 나라를 그 짐승에게 주게 하시되 하나님 말씀이 응하기까지 하심이니라. 또 네가 본 바 여자는 땅의 임금들을 다스리는 큰 성이라 하더라(계17;17-18)

이 교회가 음녀가 된 성(교회)들이다. 큰 성(대형교회)을 보여준 사건이 이 일이다. 진노의 대접이 있으니까 바로 심판하는 거다. 그게 18장의 역사를 하기 위한 것이다.

> 이 일후에 내가 들으니 하늘에 허다한 무리의 큰 음성 같은 것이 있어 가로되(계19;1)

이일은 바벨론의 심판이다. '이 일후에' 사건들이 계시록에 6번 나오는데 그것을 참고해야 한다.

> 이 일후에 내가 보니 하늘에 열린 문이 있는데 내가 들은 바 처음에 내게 말하던 나팔 소리 같은 그 음성이 가로되 이리로 올라오라 이후에 마땅히 될 일을 내가 네게 보이리라 하시더라(계4;1)

그러므로 심판을 받지 않으려면 반드시 열린 문을 꼭 찾아야 한다. 온전히 깨달으려면 교회 사건을 제대로 알고 깨달아야 신령한 복을 받는 사람들이 된다. 그런 사람만이 하나님이 계신 지성소로 올라갈 수 있고 또한 그런 자들이 복 받은 자들이다.

> 찬송하리로다 하나님 곧 우리 주 예수 그리스도의 아버지께서 그리스도 안에서 하늘에 속한 모든 신령한 복으로 우리에게 복 주시되(엡1;3)

그리스도 예수 안에서 신령한 복을 받아야만 하늘에서 새 노래를 부를 수 있다. 하늘의 복을 받았다면 꼭 알아야 할 것이 있는데, 성경의 말씀(성령)을 받고 거짓말 하면 그게 바로 심판이다. 따라서 신령한 복 자체가 그리스도의 복이다. 신령은 감춰 졌다. 신령 자체를 신령(神靈)으로 보면 절대 성경이 열리지 않는다. 우리는 신령(信靈) 즉 믿음의 영으로 봐야 일곱 교회에 전하는 신령(信靈)이신 예수 그리스도의 뜻을 온전히 깨달아 전할 수 있다.

따라서 일곱 교회는 전체 교회를 상징한다. 에스겔서 25장부터

32장까지의 내용을 보면 하나님께서 에스겔을 통해 암몬, 모압, 블레셋, 두로, 시돈, 에돔, 애굽의 일곱 족속에게 심판의 예언을 보내셨다. 일곱 족속은 전체 이방인을 나타낸다.

 따라서 에스겔서의 일곱 족속은 구원에서 제외된 구속사 안에서의 이방인들에게 보낸 편지였다면, 계시록에서의 일곱 교회는 전체 교회에게 보내는 편지다. 아울러 아시아에 있는 각각의 일곱 교회에게만 보내는 독립된 편지도 아니고 또한 윤리, 도덕적인 교훈을 담거나 혹은 교회의 잘못을 지적하는 경고의 편지도 아니다.

 하나님은 구약의 선지자들의 전통을 이어 받은 사도 요한을 통해 전체 하나님의 백성들인 교회에게 구속사에 관한 선지적 메시지를 전하고 있다. 주님은 전체 교회에게 장차 사탄이 교회를 어떻게 미혹할 것이며 그럴 때 교회는 거기에 어떻게 대처할 것인가를 알려 주고 있다.

 전체 교회한테 심판과 회개를 촉구하시며 종말론적 약속들을 제시하면서 교회들은 그것을 꼭 이겨내야 한다고 피력하고 있다. 그러기에 각 편지의 마지막 마다 '이기는 자에게는', '이기는 자에게는' 이 말씀을 후렴구처럼 등장시키고 있다.

 또한 계시록은 일곱 교회의 영체를 한 번에 다 쓰면 복잡하기 때문에 각 교회마다 중간 중간에 조금씩 나눠서 보여주었다.

 앞서도 언급했지만 전체 교회를 상징하는 일곱 교회들에게 성령이 하신 말씀들이 무엇인지 각 교회들의 실상과 형편을 통해 알아보기로 하겠다.

1. 에베소 교회의 실상

에베소 교회의 사자에게 편지하기를 오른 손의 일곱별을 붙잡고 일곱 금 촛대 사이에 다니시는 이가 가라사대(계2;1)

교회의 사자는 바로 교회 전체를 가리키는 교회의 대표다. '오른손에 일곱별을 붙잡고 일곱 금 촛대 사이에 다니시는 이'는 바로 그리스도시다. 주님은 지금도 교회를 위해 쉼 없이 일하고 계심을 알려주고 있다. 그러므로 어디든지 신령과 진정으로 예배하는 곳에는 항상 주님이 거하고 계신다.

금 촛대는 금으로 만든 촛대다. 구약에는 순금 등대로 한 것이 성소다. 촛대가 성소 사이로 다니시는 거다. 초림 때는 성령에 의해 켜서 비취는 등불(촛대)의 역할을 세례요한이 담당했다.

요한은 켜서 비치는 등불이라 너희가 일시 그 빛에 즐거이 있기를 원하였거니와(요5;35)

등불에 기름이 떨어지면 꺼진다. 기름은 성령(말씀)을 상징하기 때문에 기름이 떨어지면 안된다. 등대와 촛대를 잘 구분해야 한다.

너는 정금으로 등대를 쳐서 만들되 그 밑판과 줄기와 잔과 꽃받침과 꽃을 한 덩이로 연하게 하고. 가지 여섯을.(출25;31)

어떻게 보면 등대가 살구나무처럼 보이고, 세 개가 똑 같다. 가운데서 기름을 부으면 그 기름이 다 똑 같이 들어간다. 촛대는 관으로 되어있어 막힌 데가 없다. 기름이 떨어지면 불이 꺼진다.

기름이 있을 때까지만 빛이 난다. 그래서 성령(말씀)을 기름으로 비유했다.

> 우리를 너희와 함께 그리스도 안에서 견고히 하시고 우리에게 기름을 부으신 이는 하나님이시니. (고후1;21-21)

성령의 기름이다. 아멘은 아무데나 하면 안된다. 거짓된 교회는 사업 잘되게 할 때나 이 땅의 복에 관해 설교하면 아멘 한다. 그러나 성도는 하나님 앞에서 나를 잊어 가게 만드는 즉 자아가 시퍼렇게 살아 기고만장하여 펄펄 뛰던 나를 하나님 앞에 항복시켜 죽여 가게 만드는 말씀을 전할 때, 즉 그리스도의 말씀이 내 안에 스며들 때 아멘으로 화답해야 한다. 육신의 생각 자체가 곧 사망이다.

따라서 '일곱 별을 붙잡고 일곱 금 촛대 사이에 다니시는 이'라는 표현 그 자체가 5절의 '회개하지 아니하면 촛대를 옮기리라'로 연결된 책망에 관련된 내용이다. 그러므로 성도라면 기름이 떨어지면 안된다. 기름이 성령이고, 성령이 하나님의 말씀이다. 그러기에 구약의 순금등대가 일곱 관으로 연결되어 있다.

> 그가 내게 묻되 무엇을 보느냐 내가 대답하되 내가 보니 순금 등대가 있는데 그 꼭대기에 주발 같은 것이 있고 또 그 등대에 일곱 등잔이 있으며 그 등대 꼭대기 등잔에는 일곱 관이 있고. 그 등대 곁에 두 감람나무가 있는데 하나는 그 주발 우편에 있고 하나는 그 좌편에 있나이다 하고. 내가 그에게 물어 가로되 등대 좌우의 두 감람나무는 무슨 뜻이니이까. 가로되 이는 기름 발리운 자 둘이니 온 세상의 주 앞에 모셔 섰는 자니라 하더라(슥4;2-3.11.14)

여기에 두 감람나무가 있다. 하나는 우편에 있고 하나는 좌편에 있다. 나무를 알아야 하는데 나무는 감람나무, 무화과나무, 포도나무, 가시나무 크게 네 가지가 있다. 이게 깨달아져야 한다.

>이는 이 땅의 주 앞에 섰는 두 감람나무와 두 촛대니(계11;4)

두 감람나무와 촛대가 주님 앞에 선 자는 이들의 정신세계가 주님 앞에 서 있는 기름 바른 자들이다. 따라서 오른손에 일곱 별을 붙잡고 일곱 금 촛대 사이에 다니시는 이가 에베소교회의 사자에게 전하시기를 회개치 않으면 네 촛대를 옮기시겠다고 하셨다. 그 이유가 에베소 교회는 로마 소아시아에서 가장 큰 항구 도시다. 아시아에서 오는 사람들에게는 에베소는 하나의 관문이었다. 에베소는 지리적인 조건 때문에 전 아시아에서 가장 부요한 대도시로서 로미에 대한 충성과 봉사로 인정을 받은 자유로운 도시였다. 카이스터 강이 흐르고 있는데 그 강 주변에 무역을 위한 항구가 있다. 그런데 그 옆의 산들에서 침적물이 쌓여 항구가 낮아져 배들이 들어오지 못했다. 그때마다 항구를 옮겨서 도시를 재정비해야 하는 수고를 겪었다. 그러므로 그 촛대를 옮긴다고 할 때 에베소 사람들은 옮긴다는 것이 얼마나 무섭고 그 자리가 황폐하게 된다는 것을 금방 알았다.

>내가 네 행위와 수고와 네 인내를 알고 또 악한 자들을 용납지 아니한 것과 자칭 사도라 하되 아닌 자들을 시험하여 그 거짓된 것을 네가 드러낸 것과. 또 네가 참고 내 이름을 위하여 견디고 게으르지 아니한 것을 아노라.(계2;2-3)

일곱 교회의 주요내용은 칭찬도 받지만 꾸중도 듣는다. 그 꾸중의 내용은 니골라, 발람, 이세벨 같은 이단들의 가르침과 행위를 따르는 것에 대한 책망이다. 에베소 교회는 바울, 디모데, 아볼로, 브리스길라, 사도요한 같은 쟁쟁한 인물들이 목회를 할 정도의 정통 교리를 갖고 있다. 그럼에도 불구하고 어딘지 모르게 잘못된 길로 가고 있었다. 나무랄 데 없는 정통 신앙으로 유지는 하고 있는데 하나님 은혜에 대한 감격과 사랑이 없었다. 행위가 여전히 풍성했고 교리도 바르게 가지고 있었는데 그것이 형식적인 행위요, 겉만 번지르한 지식이었다. 겉으론 도덕적이고 윤리적인 바른 모습을 갖고 있어 그러한 행위로 이단들도 쫓아낼 수 있었지만, 그 중에 외적인 완벽한 모습을 하고 있는 가짜(거짓된 것)가 있었다는 것을 주님께서 오늘날의 교회한테도 똑같이 지적하고 있다.

작금의 시대는 성경에 대한 수많은 각종 지식이 수없이 쏟아져 나오고 있다. 그리고 대부분의 많은 목사들이 자신들의 필요에 의한 구절만 성경에서 인용해 설교하고 있다. 즉 십일조를 잘 내야 복에 복을 더하여준다든가, 혹은 보여주기 식의 선한 행위라든가 또는 남들로 부터 존경을 받을 만한 선교사업 등으로 설교를 대신하고 있다. 그러나 그러한 것들이 결국엔 자신들의 의만 쌓는 행위들로 이들이 가짜들임을 지적하고 있다.

그러기에 지금 이 시대의 교회들한테도 똑같은 음성으로 주님께서 회개하고 처음 사랑으로 돌아오라고 호소하고 있다. 즉 너희들이 어떻게 구원 받았는지를 상고하고 묵상하며 기억하라는 것이다. 복음에 근거하지 않은 그릇된 믿음에서 자각하고 회개하여 내(그리스도의 말씀)게로 돌아오라는 말씀이다.

그러나 네게 책망할 것이 있나니 너희 처음 사랑을 버렸느니라

(계2;4)

여기서의 처음 사랑은, 하나님은 사랑이시다. 말씀이 육신이 되어 이 땅에 오신 예수그리스도께서 십자가로 하나님의 사랑을 확증시키셨다. 그 성취가 요한복음 19장 30절에서 다 이루었다고 말씀하셨다.

> 사랑하지 아니하는 자는 하나님을 알지 못하나니 이는 하나님은 사랑이심이라(요일4;8)

이와 같이 성도가 십자가로 하나님의 사랑을 성취하신 그 본질을 깨닫지 못하고 교회(거짓)한테 끌려가는 그 자체가 처음 사랑을 버린 것이다. 그러므로 사랑을 입은 자의 입술에는 거짓이 없다.

> 사랑엔 거짓이 없나니 악을 미워하고 선에 속하라(롬12;9)

악을 미워하는 자는 하나님께 속한 자가 되므로 성경 말씀을 갖고 거짓말을 절대 하지 않는다. 왜냐하면 선은 하나님 한분밖에 안계시기 때문이다.

> 예수께서 가라사대 어찌하여 선한 것을 내게 묻느냐 선한 이는 오직 한 분이시니라 네가 생명에 들어가려면 계명들을 지키라 (마19;17)

하나님만이 선이다. 즉 이들만이 하나님께 속한 자다. 하나님께 속한 자는 하나님의 말씀만 듣고 전한다. 그러므로 '하나님께 속한 자는 하나님의 말씀을 듣나니 너희가 듣지 아니함은 하나님께 속하지 아니하였음이로다(요8;47)' 즉 하나님의 말씀을 듣지 아니하면 하나님께 속한 자가 아니다.

> 그러므로 어디서 떨어진 것을 생각하고 회개하여 처음 행위를 가지라 만일 그리하지 아니하고 회개치 아니하면 내가 네게 임하여 네 촛대를 그 자리에서 옮기리라(계2:5)

또한 에베소는 아데미 여신이외에 많은 우상을 섬기는 도시이고, 이교도가 가장 성행했던 도시이다. 이방의 미신이 만연한 곳으로 바울이 에베소에서 쫓겨날 때 우상을 만드는 사람들한테 쫓겨났다. 또한 에베소는 사도요한이 밧모 섬에서 유배되기 전까지 목회를 하던 곳이었다. 예수의 어머니 마리아는 요한을 따라서 에베소로 와서 거기서 세상을 떠났다. 에베소에서 60마일 떨어진 밧모 섬에서 예수를 만나고 예수로부터 편지를 받았다. 여기서 사도 요한은 자기가 목회를 하던 에베소교회에 편지를 보고 깜짝 놀랐을 것이다. 에베소 교회는 정통적인 교회로서 그 교회의 지도자가 모범적이었으며 지켜야 할 행위를 완벽하게 수행한 지도자들이기 때문이다.

따라서 회개치 않으면 촛대를 그 자리를 옮긴다는 것은, 즉 촛대 자체가 교회인데 이 촛대가 타인의 손으로 옮겨진다는 뜻이다. 따라서 오늘날의 교회들한테 해당하는 말씀이다. 목사가 하나님의 말씀을 버리니까 성령이 떠나고 기름부음이 떠나니까 교회에 생명이 없다. 생명이 없으니까 처처에 기근(말씀고갈)이 들어 신천지 같은 이단들한테 옮겨가는 거다.

> 믿음으로 에녹은 죽음을 보지 않고 옮기었으니 하나님이 저를 옮

기심으로 다시 보이지 아니하나니라 저는 옮기우기 전에 하나님을 기쁘시게 하는 자라 하는 증거를 받았느니라(히11;5)

우리가 해야 할 일은 한 영혼이라도 더 회개시켜서 용서함 받게 하는 것이 하나님이 기뻐하시는 일이다. 예수님은 이 땅에 오셔서 십자가에 달리시므로 하나님의 사랑을 완벽하게 이루셨다. 그 말씀 따라 역사하니까 하나님이 기뻐하셨다. 가장 귀한 게 하나님께 기뻐하심을 받은 것이고 또한 회개한 자는 사망에서 생명으로 옮겨간다.

내가 진실로 진실로 너희에게 이르노니 내 말을 듣고 또 나 보내신 이를 믿는 자는 영생을 얻었고 심판에 이르지 아니하나니 사망에서 생명으로 옮겼느니라(요5;24)

명령을 어긴데서 사망이 따르고 명령을 순종히는 데서 생명으로 옮겨지는 역사가 있다. 즉 영생을 얻은 자들이 명령에 순종한 것이고, 순종한 이들한테는 회개가 생명의 법으로 항상 따라다닌다. 그러므로 에베소 교회 사자가 처음 사랑을 버렸다는 내용 안에는 사랑. 희락. 화평, 오래 참음, 자비, 양선, 충성, 온유, 절제인 성령을 버렸다는 뜻이다. 그러므로 '어디서 떨어진 것을 생각하고 회개하라'의 속 뜻에는, 본래 떨어지는 것도 하나님이 허락하지 않으면 떨어지지 않는다.

참새 두 마리가 한 앗사리온에 팔리는 것이 아니냐 그러나 너희 아버지께서 허락지 아니하시면 그 하나라도 땅에 떨어지지 아니하리라(마10;29)

참새는 악한 영이다. 그들의 영도 아버지께서 허락하지 않으면 떨어지지 않는다. 떨어진다는 것은 그만큼 악심을 품은 것이다.

> 형제들아 너희가 삼가 혹 너희 중에 누가 믿지 아니하는 악심을 품고 살아 계신 하나님에게서 떨어질까 염려할 것이요(히3;12)

호사다마라는 것이 있다. 아담은 하나님으로부터 에덴동산이란 영생의 낙원을 선물로 받았지만 그 심중 안에는 하나님의 말씀보다 여자(교회)가 주는 유혹이 더 달콤하게 다가왔다. 그러므로 명을 어기고 사망의 나락으로 떨어졌다. 죄라는 것은 이와 같이 하나님의 말씀을 믿지 않고 거역하는 것이 죄다.

> 그러므로 사랑하는 자들아 너희가 이것을 미리 알았은즉 무법한 자들의 미혹에 이끌려 너희 굳센데서 떨어질까 삼가라(벧후3;17)

성도는 늘 말씀에서 떨어지는 것을 조심해야 한다. 따라서 어디서 떨어진 것인가를 생각하고 회개하라 하는 거다. 회개치 않으면 사단한테 이미 잡혀 먹은 것이 된다. 니골라 당은 이단의 창시자다. 즉 백성의 정복자다. 니골라 당의 행위 자체도 경계의 대상이지만 그에 앞서 우리 자신(육신의 생각)과의 싸움에서도 이겨야 한다.

> 오직 네게 이것이 있으니 네가 니골라 당의 행위를 미워하는도다 나도 이것을 미워하노라.(계2;6)

니골라 당은 세상과 타협하려고 한 사람들이었다. 그들은 양편 세상에 좋은 것을 다 얻으려 하였다. 오늘날 성경에다 육신의 생각을 첨가하여 무엇이든지 자기가 얻고자 하는 것을 서슴지 않고 행하는 교회들과 비교해 볼 때 너무나 흡사하다. 거기에 이단들은 자기들은 은혜로 보호되어 있기 때문에 무엇을 하든 은혜가운데 보호가 되어 이미 구원을 받았다고 생각했다.

이러한 교회들을 향해 주님께서 처음 사랑을 버렸노라고 책망하신 그 안에 바로 짐승의 비밀이 숨어 있음을 깨달아야 한다. 그러므로 그때나 지금이나 짐승들이 교회 안에 침투해 들어와 하나님의 백성들을 꾀는 것은 여전하다.

> 그 이마에 이름이 기록되었으니 비밀이라, 큰 바벨론이라, 땅의 음녀들과 가증한 것들의 어미라 하였더라(계17:5)

이와 같이 짐승의 비밀이 나오는데 큰 바벨론과 땅의 음녀들이라 했다. 이는 짐승의 비밀 속에는 니골라 당이 있다는 뜻이다. 에베소 교회는 니골라 당을 몰아낼 정도로 정통교리에 바로 서 있어 이단교리들을 바른 교리로 쫓아낼 수 있었다. 그럼에도 예수님은 처음 사랑을 버렸다고 그들을 책망하셨다. 처음 사랑은 에베소 1장 3절-14절에 인용한 구절로 하나님의 은혜와 구원이 무엇인지 잘 설명되어 있다.

> 곧 창세전에 그리스도 안에서 우리를 택하사 우리로 사랑 안에서 그 앞에 거룩하고 흠이 없게 하시려고. 그 기쁘신 뜻대로 우리를 예정하사 예수 그리스도로 말미암아 자기의 아들들이 되게 하셨으니. 이는 그의 사랑하시는 자 안에서 우리에게 거져 주시는바 그의 은혜의 영광을 찬미하게 하려는 것이라(엡1:4-6)

이와 같이 '주 예수 안에서 너희 믿음과 모든 성도를 향한 사랑을 나도 듣고' 주님께서 택하신 자들한테 주는 사랑이 얼마나 크고 놀라운 선물인지가 자세히 묘사되어 있는 구절이다.

 따라서 에베소 교회의 첫 사랑은 하나님의 은혜에 대한 감격과 감사를 바탕으로 한 행위였다. 그러므로 은혜를 아는 믿음에서 나온 처음 사랑을 모르는 자들은 '다 가짜다.' 라고 예수께서 일갈하신 것이다. 그리스도의 십자가에 의한 성령의 은혜와 감사에 근거하지 않은 지식과 행위는 절대 구원에 이르는 길이 될 수 없다. 촛대가 옮겨진 것 같이, 에베소 교회는 역사에서 흔적도 없이 사라졌다. 이는 즉 어디서 어떻게 구원 받았는지를 기억하고 회개해야 복음의 사랑이 나온다는 것을 고지하고 있다.

 이는 바른(성령) 교리(그리스도의 말씀) 없이 아무리 훌륭한 실천을 하며 산다고 해도 절대 구원을 얻을 수 없다. 그런 면에서 오늘날의 교회가 실생활 면에서 가장 위험한 존재들이다. 이러한 사고가 교회에 팽배하게 펼쳐져 있다. 따라서 이 편지를 통해 어떤 교회가 성경이 경고한 가짜 교회인가를 분별할 줄 알아야 한다.

> 귀 있는 자는 성령이 교회들에게 하시는 말씀을 들을 찌어다 이기는 그에게는 내가 하나님의 낙원에 있는 생명나무의 과실을 주어 먹게 하리라(계2;7)

먼저 들을 귀가 있는가, 없는가 부터 살펴야 한다. 하나님의 말씀을 들을 귀가 있는 자들은 생명나무 과실을 먹을 수 있는데 안타깝게 이 교회가 사단의 세력에 차단되어 소경이 되고 귀머거리가 되어 하나님의 말씀(성경)을 듣지도 보지도 못한다. 또한 이긴다는 것은 믿음을 가진 자다. 이들한테만 생명나무를 주어 먹게 한다. 예수 그리스도의 말씀 자체가 실상은 하나님의 낙원이다.

낙원에는 생명나무의 과실이 있고 생명나무에는 기록된 말씀이 있기 때문이다.

　계시록은 전체 교회들에게 하시는 말씀이다. 오늘날의 교파가 일곱보다 더 많기 때문에 일곱 교회 속에는 만국의 모든 교회가 다 들어있다. 아울러 사단도 마찬가지이다. 바다에서 올라온 짐승은 하나인데 여기서 계파가 무한정하게 많다. 전도관의 박태선을 비롯하여 그 뿌리에서 나온 신천지의 이만희 등의 수많은 이단들이 파생되어 있다. 예수님을 부인하는 자들은 전부 이단으로 그게 악한 자다. 하나님 외에 다른 신을 들먹이면 바다에서 올라온 들짐승들이다.

　사도바울은 이 땅에 의인이 하나도 없다고 했다. 따라서 성령의 법이 우리의 영혼을 인도할 때 하나님의 말씀이 온전히 들어온다.

　무엇보다 에베소 교회는 주님께서 칭찬할 정도로 아주 강도 깊은 실천과 지속성이 있는 인내를 하는 교회였다. 그러기에 디모데. 아볼로. 부르스길라. 사도요한 등 쟁쟁한 사람들이 목회를 하였고 또한 사도바울이 2년을 두란노 서원에서 매일 하루 5시간씩 가르쳤을 정도로 정통 있는 교회였다. 그럼에도 불구하고 그들한테 주님께서 회개하고 처음행위를 가져야 생명나무 과실을 주시겠다고 하셨다. 당시의 유대 사람들한테 생명나무 자체는 아담이 잃었던 것을 다시 회복하여 메시야가 오시므로 하늘나라로 들어간다는 것을 의미한 말이었다. 그러기에 예수님의 음성을 들을 줄 알아야 한다.

　　문지기는 그를 위하여 문을 열고 양은 그의 음성을 듣나니 그가 자기 양의 이름을 각각 불러 인도하여 내느니라(요10;3)

초림 때는 목자이신 예수께서 직접 말씀하심으로 그의 음성을 듣고 따를 수 있었으나, 지금은 십자가에 달리시고 하늘 보좌로 올라가셔서 우리에게 성령으로 완전한 문을 열어 놓으셨다.

  그 길은 우리를 위하여 휘장 가운데로 열어 놓으신 새롭고 산 길이요 휘장은 곧 저의 육체니라(히10;20)

영생의 길은 예수 그리스도께서 육체인 휘장으로 열어 놓으셨기 때문에 성도는 십자가의 도를 통과하지 않고 그 길을 갈 수 없다. 즉 지성소에 올라가는 길은 예수 그리스도의 말씀(영)뿐이다.

  내가 곧 길이요 진리요 생명이니 나로 말미암지 않고는 아버지께로 올 자가 없느니라.(요14;6)

그러므로 지성소에 올라가는 자들만이 계시록을 열 수 있는데 여기를 통과하려면 예수 그리스도의 옷을 입어야 통과할 수 있고 그게 예복이다. 여기에는 죄가 없다. 그러나 오늘날의 교회는 진지한 복음에 근거한 감사와 은혜와 사랑의 근거가 아닌 남들로부터 선행을 자랑하고픈 보여주기 식의 메마른 행위만 무성하다. 머리만 커져 있는 지식, 그런 교회(목사)가 대부분을 차지한다.
 진짜 하나님의 백성들은 성령이 심령 안에 거하기 때문에 성경을 갖고 거짓말을 하게 되거나 남을 의식한 외식적인 행위는 하지 않는다. 성령이 하시는 일은 우리 안에 영생을 주고 소망의 과실을 주는 일이기 때문이다.
 따라서 생명책에 기록된 자들은 그리스도의 말씀만 들어가니까 이들의 입에서 나오는 모든 말은 성경과 똑같을 수밖에 없다.

그리스도의 말씀을 대언만 하는 이들한테는 세상 것에 대한 욕심(탐심)이 없다. 왜냐하면 영원한 생명인 생명나무가 영생을 보장해 주는데 죽음인들 무엇이 두렵겠는가! 어차피 죽으면 동전 한 닢도 가져가지 못하는 이 땅의 것들이 무슨 의미가 있겠는가. 그러므로 말씀이 임한 자들한테는 평강과 희락만 넘쳐난다.

그러나 그리스도의 일꾼으로 가장한 교회는 사단의 위라 무저갱의 사자들이다. 이들은 아무리 말씀을 주어도 밑이 없는 웅덩이라 하나님의 말씀을 우습게 여긴다. 이들이 바로 자칭 사도라 하는 니골라 당이고, 오늘날은 바다에서 올라온 일곱 머리 열 뿔의 신천지 같은 이단들의 조직체다.

> 하나님의 나라는 먹는 것과 마시는 것이 아니요 오직 성령 안에서 의와 평강과 희락이라(롬14;17)

오직 성령 안에 있는 자들만이 하나님의 나라를 만끽하며 육신의 것을 탐하지 않고 온유와 화평으로 살아간다. 무엇보다 하나님의 말씀을 비취는 자들이 의인이 된다. 믿는 자가 하나님의 의가 되고 거기에는 차별이 없다.

2. 서머나 교회의 실상

> 서머나 교회의 사자에게 편지하기를 처음이요 나중이요 죽었다가 살아나신 이가 가라사대. 내가 네 환난과 궁핍을 아노니 실상은 네가 부요한 자니라 자칭 유대인이라 하는 자들의 훼방도 아노니 실상은 유대인이 아니요 사단의 회라.(계2;8-9)

아시아의 모든 도시 중에서 서머나가 가장 아름다운 도시이다. 당시 세계에서 몇 개 안되는 도시 계획에 의해 재건된 도시이다. 처음은 주전 1000년경에 희랍의 식민지로 시작되었다. 주전 600년경에 불행이 닥쳐왔는데 그때 루디아인들이 쳐들어와 서머나를 파멸시켰다. 400년간 서머나는 도시가 아니라 작은 촌락으로 있다가 주전 200년경에 균형 있는 도시로 재건되었다. 그러므로 죽었다가 살아나신 이로 호칭 된 것은 바로 서머나가 똑같은 경험을 겪었기 때문이다.

서머나에는 유대인들의 수효가 많았고 영향력이 컸다. 그 유대인들이 특히 기독교회에 적개심을 품고 있었는데 그 이유는 기독교로 개종을 많이 시켰기 때문이다. 유대인들은 교회에 해를 끼치는 것과 로마 관헌으로 하여금 적극적인 박해를 가하게 하기 위해 무슨 일이라도 했다. 그래서 서머나 교회는 핍박과 궁핍으로 점철된 곳이다. 사탄은 환란과 궁핍으로 교회를 좌절시키고 절망에 빠지게도 한다. 당시는 예수를 믿으면 경제적인 타격을 입는 시대였다.

당시 폴리캅이 서머나교회의 주교였다. 지방 총독이 폴리캅에게 그리스도의 이름을 저주하거나 가이사한테 제사를 드리든가 하면 죽이지 않겠다고 회유했으나, 폴리캅은 "86년간 나는 그리스도를 섬겨 왔는데 그동안 단 한 번도 나를 섭섭하게 하지 않았으니 내 어찌 나를 구속하신 내 왕을 욕하겠오" 하면서 "당신은 잠시 타다가 곧 꺼질 불로 나를 위협하나, 이는 다가올 심판 날 영원한 형벌에 악인들을 기다리고 있는 불을 알지 못함이요"라면서 산 채로 불에 타 죽었다. 그만큼 서머나에서 기독교인으로 살아가는 것이 결코 쉬운 일이 아니었음을 증명한 셈이다.

그렇다면 예수님은 왜 서머나 교회에 처음이요 나중이요 죽었다가 살아나신 이가 가라사대로 시작하셨는가? 이 말씀은 사탄이 지금 너희를 그렇게 힘들게 만들어서 너희를 좌절시키고 낙담시키고 있지만 그 모든 것도 처음이요 나중인 시작이요 끝인 나의 계획 속에 들어있는 것이니 그러니 힘을 내라. 내가 너희를 괴롭히기 위해 사탄에게 부치는 것이 아니고 이유가 있는 것이다. 그러니 내가 반드시 너희를 이기는 자리로 끌고 갈 것이다.

당시의 기독교인들은 시저를 신으로 생각하지 않았기 때문에 당연히 돈을 내지 않았다. 서머나는 소아시아에서 큰 도시 중에 하나였다. 로마에게 가장 충성을 하던 도시가 서머나였다. 이런 도시에서 어떤 한 무리의 기독교인들이 시저를 신으로 여길 수 없고 충성도 할 수 없다하면서 돈도 내지 않으므로 엄청난 박해를 받았다.

그래서 주님은 당신 때문에 가난해지고 핍박을 받는 서머나 교회에게 너희가 실상은 부요한 자라고 말씀하신 거다. 하나님은 모든 것을 소유하신 분이기에 하나님을 기업으로 받은 참 그리스도인들이야말로 진짜 부자다. 즉 예수 때문에 궁핍해진 사람이 바로 부자인 거다.

A.D 81년-91년까지 도미티안 황제가 로마를 다스렸을 때는 극심한 박해가 있었다. 도미티안은 자신을 신으로 생각했고 신처럼 숭배 받기를 원했다. 자신을 신으로 숭배하지 않는 사람은 잔인하게 죽였다. 도미티안은 베스파샨의 아들이다. 베스파샨의 아들은 예루살렘의 성전을 파괴한 타이터스하고 도미티안 두 아들이다. 도미티안은 워낙 유약한 인간이라 장군이었던 아버지와 형하고 비교가 되어 더욱 포악하게 다스렸다. 이때 기독교인들이 많이 유배되고 사형 당했다. 요한도 이때 유배된 거다.

당시 이들한테의 부(富)는 이 땅에서 소유하고 있는 물질적인 것을 말하는 것이 아닌 영생임을 누구보다 잘 알고 있었다. 그랬기에 오직 하늘 소망만을 바라보고 살아갈 수 있었다.

믿음으로 모세는 장성하여 바로의 공주의 아들이라 칭함을 거절하고. 도리어 하나님의 백성과 함께 고난 받기를 잠시 죄악의 낙을 누리는 것보다 더 좋아하고.(히11;24-25)

이와 같이 그리스도를 위하여 받는 핍박, 능욕, 환난을 애굽의 모든 보화를 다 합친 것보다도 더 큰 재물로 여겼다. 성경에서 말하는 부자는 그리스도를 위하여 핍박, 고난, 가난 등에 얽매이지 않는 사람들을 부자라 했다. 세상에서 가난한 자같이 보여도 믿음이 있는 사람들이 진짜 부요한 자다.

네가 장차 받을 고난을 두려워 말라 볼찌어다 마귀가 장차 너희 가운데서 몇 사람을 옥에 던져 시험을 받게 하리니 너희가 십일 동안 환난을 받으리라 네가 죽도록 충성하라 그리하면 내가 생명의 면류관을 네게 주리라. 귀 있는 자는 성령이 교회들에게 하시는 말씀을 들을 찌어다 이기는 자는 둘째 사망의 해를 받지 아니하리라.(계2;10-11)

서머나 교회는 시험을 받고 있는 중이었고, 더 많은 시험이 임박해 있었다. 편지에 언급한 것이 세 가지가 있는데, 고난이 있었고, 빈곤했으며, 투옥이 있었다. 요한은 10일 간의 투옥을 예언했다. 열흘이란 짧은 기간은, 다니엘서에 '청하오니 당신의 종들을 열흘 동안 시험하여 채식을 주어 먹게 하고 물을 주어 마시게 한 후에(단1;12)' 절에서 인용했다. 즉 곧 그 마지막이 도래할 짧은 기간을 말하는 것으로, 10일이란 기간은 정해진 기간을 뜻하고 하나님이 이미 정해 놓은 기간임을 뜻했다.

이는 그리스도인이 받아야 할 환난의 분량은 하나님이 정해 놓으셨기 때문에 그 분량을 다 받아야 한다는 의미다. 그 환난의 시간, 궁핍의 시간은 우리가 영원히 누릴 하늘의 삶과 비교하면 잠깐이면 된다. 그러므로 이 예언은 경고요, 영생에 대한 약속이기도 하다. 약속된 영생이 생명의 면류관이다.

충성스러운 사람에게 또 다른 약속은 둘째 사망에 대한 언급이다. 죽음에는 누구나 맛볼 육신의 사망과 그 후에 있을 하나님의 심판인 또 다른 사망이 있다고 믿었다. 그래서 많은 유대인들은 죽으면 마지막 심판 날까지 기다리는 중간 상태가 있다고 생각했다. 즉 마지막 심판 후에 죄인들이 맛 볼 영혼의 죽음이다. 여기서 요한은 충성된 자들은 둘째 사망의 해를 입지 않는다고 말한 것이다.

그러나 현재도 둘째 사망이 있다. 육신의 복 생각을 생각 안에 집어 넣어주면 사단한테 끌려간다. 즉 뱀을 손에다 집어 넣어주면 천년 후가 아니라 바로 지금이다. 지옥은 죽어서만 가는 것이 아니라 하나님의 생령이 떠난 자들이 살아내는 이 세상 자체가 지옥이며 영원한 불못이다.

그러나 하나님의 아들들은 첫째 부활에 참여했기 때문에 둘째 사망의 해를 받지 않는다. 또한 이들은 이 땅에서 하나님의 생명나무를 먹고 살기 때문에 짐승(목사)의 유혹에 미혹되지 않는다. 미혹은 하나님의 말씀과 육신의 생각으로 혼잡된 것이 교회(목사)이다.

따라서 교회는 이 땅에서 무엇을 이루어내는 집단이 아니라 나그네와 이방인으로 살아가면서 하나님의 영광을 이루어 가는 곳이다. 그러므로 교회의 최종 목적지는 하나님 나라이고 존재 목적은 거룩이다.

예수 그리스도는 교회의 머리시고, 우리의 머리다. 우리와 한 유기체가 되었다. 이 모든 만물은 하나님의 백성들을 위해 존재하기 때문에 예수께서 궁핍이 있는데도 또 장차 받을 고난이 있을 것을 피력하며 견디라 했다.
　10일 동안의 고난은 하나님이 정하신 기간이다. 완전수의 기간인 10일이란 시간을 성도는 반드시 견뎌야 한다. 환난과 궁핍의 시간은 끝이 있는 짧은 시간이다. 그 기간은 영원히 누릴 영생의 복에 비교하면 잠깐이기에, 잠깐의 고통 정도는 영원을 준비하는 훈련의 시간이라 생각하고 기꺼이 받아들여야 한다. 우리 인간은 너무 오랫동안 죄에 익숙한 삶을 살아왔다. 때문에 하나님께서 그들의 사악하고 저급한 집착, 중독, 옛 몸, 육신을 끊어내기 위해서 우리의 삶에 환난과 궁핍이라는 상황을 때때로 허락하신다. 그러므로 금보다 더 귀한 것은 믿음의 시련임을 알아야 한다.

3. 버가모 교회의 실상

　　버가모 교회의 사자에게 편지하기를 좌우에 날선 검을 가진 이가 가라사대(계2;12)

　버가모는 역사적으로 가장 위대한 도시였다. 요한이 이 편지를 쓸 무렵에는 근 400년간이나 로마의 행정수도로서의 특권을 누려왔다. 문화의 중심지였고 20만권의 양피 두루마리를 간직한 도서관으로도 유명했다. 황제의 신전이 3개나 있고 신전도 4개나 있는 우상천지의 도시다. 당연히 황제숭배와 우상숭배가 강요될 수밖에 없었고 이방 종교의 집합체인 곳에서 그리스도인으로 살아가는 것이 쉬운 일이 아니었다. 그러한 환경에서 버가모 교회는 외부적인 핍박을 잘 견뎌냈다.
　이러한 버가모 교회에 '좌우에 날선 검을 가진 이가' 여기서의 검은 주님의 예리한 말씀이다. 또한 검은 전쟁의 상징과 권위와 심판의 상징이기도 하다. 따라서 좌우의 날선 검은, 말씀 자체가 검인데 여기서의 말씀의 의미가 매우 중요하다.

> 백부장이 대답하여 가로되 주여 내 집에 들어오심을 나는 감당치 못하겠사오니 다만 말씀으로만 하옵소서 그러면 내 하인이 낫겠삽나이다(마8;8)

싸우는 것도, 먹고 마시는 것도, 병을 고치는 것도 전부 말씀이다. 성도는 이와 같이 주님의 모든 말씀으로 영이 산다.

> 네가 어디 사는 것을 내가 아노니 거기는 사단의 위가 있는 데라 네가 내 이름을 굳게 잡아서 내 충성된 증인 안디바가 너희 가운데 곧 사단의 거하는 곳에서 죽임을 당할 때에도 나를 믿는 믿음을 저버리지 아니하였도다.(계2;13)

버가모 교회는 안디바라는 순교자가 나올 정도로 기독교의 핍박이 심했던 교회다. 안디바는 성경 전체에서 어디에도 나타난 곳이 없을 정도로 그 존재가 극히 미비하지만 예수님은 그의 존재를 기억하고 딱 한번 여기서 거론하셨다. 안디바는 충성된 증인이다. 따라서 충성된 증인으로 살다 가신 분이 바로 예수님이시다. 그러한 주님께서 당신의 칭호를 안디바한테 주시면서 그의 믿음 깊음을 아낌없이 칭찬해 주셨다.

> 그러나 네게 두어 가지 책망할 것이 있나니 거기 네게 발람의 교훈을 지키는 자들이 있도다. 발람이 발락을 가르쳐 이스라엘 앞에 올무를 놓아 우상의 제물을 먹게 하였고 또 행음하게 하였느니라. 이와 같이 네게도 니골라 당의 교훈을 지키는 자들이 있도다.

제1부 교회한테 전하는 계시와 명령

(계2;14-15)

　민수기 22장을 보면 발람은 이방사람임에도 불구하고 하나님을 아는 선지자였다. 이스라엘이 모세와 함께 애굽에서 나와서 가나안으로 가는 여정에서 만나는 이방 민족을 전부 다 치고 갔다. 하나님이 함께 하는 전쟁이라 백전 전승이었다. 모압은 발락이 두려웠다. 그래서 발락이 선지자 하나를 매수해서 이스라엘을 저주하게 시키려고 했다. 그래서 발람을 찾아갔다. 발람은 가고 싶었지만 하나님이 가지 못하게 했다. 그래서 가지 않았다. 두 번째 더 큰 조건을 갖고 찾아갔다. 그때 발락이 쫓아갔다. 그런데 가다가 저주하려고 하면 그때 마다 하나님이 축복을 하셨다. 그러니까 저주를 하려다가 못하고 돌아갔다. 그러나 그게 끝이 아니었다.
　발람이 하나님이 간섭하시므로 이스라엘을 저주하지 못했을 때 그냥 포기한 게 아니라 돈이 너무 탐나 나쁜 꾀를 내서 발락한테 알려 주었다. 그들을 모압 여인하고 행음하게 해서 우상을 섬기게 하면 하나님이 그들에게 진노하셔서 그들을 칠 것이다. 그렇게 해서 거기에 넘어가 이스라엘이 혼줄이 났다. 그게 발람의 교훈이다.
　버가모 교회의 문제는 교회의 지도자들 중에 돈에 눈이 멀어 바르지 못한 교리를 가르쳤고 교인들 중에 그 교리에 넘어가 우상을 섬기고 행음하는 자들이 있었다. 당시엔 신전에 여제사자들이 많았고 그들은 창기였다. 우상을 섬기고 황제를 신으로 섬기는 자들은 제물을 바치고 그 제물을 바친 고기를 먹는 것과 동시에 그 신전에서 여제사자들과 관계를 맺으므로 그 신을 온전히 섬기게 될 수 있다고 믿었다. 그런 자들이 칭찬받는 버가모 교회 안에 있었다. 이는 하나님도 섬기고 우상도 섬기는 혼합주의(바벨)를 얘기한 것이다.

그러므로 버가모 교회는 외적인 핍박은 잘 견뎠으나 내적인 부패는 막지 못했다. 겉으로는 그럴듯하게 잘 가고 있는 것 같아 보였고 실질적으로 순교자도 나왔는데 속으로는 엉터리교리에 물든 가짜들이 득시글했다.

선지자인 발람이 돈 때문에 이스라엘 백성을 팔아먹은 것처럼 자기의 입신양명이나 자기의 명예를 위해서 교인들 등을 치는 목사들이 오늘날의 교회에 얼마나 많은가! 그 교인들의 발목을 잡기 위해 목사들의 입으로 퍼부어 주는 물질의 축복이나 성적인 쾌락의 올무를 놓아, 속고 속는 교인들이 얼마나 수두룩한가! 이들의 교회들이 다 발람의 교훈을 쫓고 있는 것이다.

니골라당은 당시 초기 영지주의 영향을 받은 무율법주의를 가르쳤던 자들이다. 우리는 이제 예수로 말미암아 구원을 받았기 때문에 마음대로 살아도 천국 간다가 무율법주의다.

영지주의는 영적인 것을 고급한 것이고 육적인 것은 저급한 것이기 때문에 저급한 것이 고급한 것에 영향을 줄 수 없다고 믿기에 육적인 것으로 죄를 지었더라도 고급한 영적인 것에 영향을 줄 수 없다고 생각했다. 오늘날도 마찬가지로 예배당에서는 신앙생활을 열심히 하는 것 같아 보이지만 교회 밖에서는 엉터리로 사는 사람들을 니골라 당이라 한다. 즉 무율법주의가 니골라 당이다.

오늘날 이단들인 구원파나 신천지나 통일교나 전도관이나 별반 차이가 없다. 그러나 거기서 남은 자만 구원을 얻는다. 남은 자는 하나님의 은혜로 건져냄을 받은 자로 영적 이스라엘을 뜻한다. 남은 자들의 자격은 하나님의 은혜로 선택받은 자다. 하나님의 은혜는 도저히 갚을 수 없는 것을 갚아주는 것이 은혜다. 구원은 은혜의 선물로 공짜로 받는 것이다.

그러므로 회개하라 그리하지 아니하면 내가 네게 속히 임하여 내 입의 검으로 그들과 싸우리라. 귀 있는 자는 성령이 교회들에게 하시는 말씀을 들을찌어다 이기는 그에게는 내가 감추었던 만나를 주고 또 흰 돌을 줄 터인에 그 돌 위에 새 이름을 기록한 것이 있나니 받는 자밖에는 그 이름을 알 사람이 없느니라(계2;16-17)

검은 그리스도의 말씀이다. 말씀에는 죄를 적발하는 힘이 있다. 주님의 말씀에는 구원의 확증이 있다. 그러므로 사단에 깊이 빠져들지 않고 거짓된 가르침에 속지 않는다. 따라서 잘못된 가르침을 받아 드리고 있는 사람과는 논쟁도 하지 말아야 한다.

오늘날 기독교가 예수를 믿으면 삶이 윤택하고, 건강해지고, 화려해지고, 번영 되어져야 하는 것으로 착각한다. 아울러 하나님이 축복하면 교회도 부흥하고 목사도 유명해진다고 생각한다. 그러나 예수를 믿는 길을 예수 그리스도를 닮아가는 길이다. 예수님은 화려한 정치적, 경제적 메시야가 아닌 초라한 십자가에서 죽으시는 것으로 순종의 삶을 살다 가신 분이다.

그러므로 우리는 항상 검(말씀)의 소유자가 되어야 한다. 이들은 구원의 투구와 성령의 검 곧 하나님의 말씀을 가진 자들로 성령이 교회들에게 하시는 말씀을 들을 줄 아는 자들이다. 따라서 '하나님의 말씀은 살았고 운동력이 있기에 좌우의 날선 그 어떤 검보다도 예리하여 혼과 영과 및 관절과 골수를 찔러 쪼개기까지 하여 마음의 생각과 뜻을 감찰하고 계심을 안다(히4;12)' 그러므로 예수님의 좌우의 날선 검의 말씀을 마음 판에 새기고 살아가게 된다.

그 오른손에 일곱별이 있고 그 입에서 좌우에 날선 검이 나오고 그 얼굴은 해가 힘있게 비취는 것 같더라(계1;16)

성도라면 그 입에서 나오는 모든 말씀들이 예리할 뿐만 아니라 변치 않는다 것을 심령 안에 새겨야 한다. 성경은 감추어져 있어 그 안에 숨겨진 비밀을 알기가 좀처럼 힘들다. 그러나 회개하여 죄사함을 받아 성령을 선물로 받으면 예수님의 말씀이 쉽게 이해된다. 그러나 회개하지 않는 자는 결국 간음하고 음행하므로 심판의 나락으로 떨어진다.

귀 있는 자는 성령이 교회들에게 하시는 말씀을 들을찌어다 이기는 그에게는 내가 감추었던 만나를 주고 또 흰 돌을 줄 터인데 그 돌 위에 새 이름을 기록한 것이 있나니 받는 자밖에는 그 이름을 알 사람이 없느니라.(계2;17)

버가모교회에게 말씀하셨지만 이는 전체교회한테 똑같이 하시는 말씀이다. 귀가 있다는 것은 영생의 말씀을 들을 수 있어 복을 받았다는 뜻이다. 그리스도의 생명의 떡은 만나로 영생의 말씀이다. 그런 사람은 성령이 교회들에게 하시는 말씀이 들어진다.

이긴다는 것은, 창세기 때는 뱀(사단)이 첫 사람 아담(교회)을 이겼다. 그러나 초림 때는 십자가의 승리로 이 세상 나라를 주님께서 이기셨다. 그러므로 우리가 예수 그리스도의 말씀 안에 거할 때 믿음으로 뱀(사탄)을 이길 수 있다. 우리의 힘으로는 사탄을 이길 수 없으나 심령 안에 하나님의 말씀이 거하면 성령이 이기게 해주신다.

대저 하나님께로서 난 자마다 세상을 이기느니라 세상을 이긴 이김은 이것이니 우리의 믿음이니라. 예수께서 하나님의 아들이심을 믿는 자가 아니면 세상을 이기는 자가 누구뇨(요일5;4-5)

믿음 속에는 그리스도의 말씀이 있다. 이 세상의 수많은 거짓 세력들을 우리 스스로가 이길 수 없다. 그러나 그리스도의 말씀이 들어오면 진리의 영이 어둠(거짓)을 밝히 가려내 주기 때문에 거짓을 분별할 능력이 생긴다. 뿐만 아니라 이들의 심령 안에 그리스도의 영이 항상 내주하기 때문에 성경을 전하는 데도 절대 육신의 생각으로 거짓말 하지 않는다. 따라서 성경에 있는 것만 대언하고 증거 한다.

이런 자들은 첫째 자기를 부인하고 예수를 좇으므로 자기란 존재가 없다. 바울처럼 날마다 죽는 것을 자랑할 때, 그때 비로소 주님께서 우리를 기억하고 사용하신다. 즉 그리스도의 말씀을 따라가니까 이기는 거다. 그러니까 자랑할 것이 하나도 없다. 내가 스스로 이기는 게 없다.

이기는 자에게 감추었던 만나를 주시는 것 자체가 하나님이 주신 비밀의 말씀이다. 성경은 일곱 인으로 봉한 책이다. 그러나 믿음이 들어가면 하나님께서 열어 주신다.

내가 보매 보좌에 앉으신 이의 오른손에 책이 있으니 안팎으로 썼고 일곱 인으로 봉하였더라(계5;1)

사도요한이 보기엔 이 땅에 봉인된 책을 펼 사람이 없었다. 계시록은 요한의 계시가 아니라 그리스도의 계시이다. 그러므로 요한은 하나님을 직접 대면할 수 없어 주님의 오른손에 취한 책을 뗄 수가 없다. 그러나 어린양 안에 들어가 속죄함을 받고 성령을 받으면 계시록의 말씀을 받을 수가 있다.

염소와 송아지의 피로 아니하고 오직 자기 피로 영원한 속죄를 이루사 단번에 성소에 들어가셨느니라(히9;12)

속죄를 성취한 그들만이 성경의 말씀이 열어진다. 이게 원리다. 다른 것에는 구원할 수가 없다. 내 영혼이 속죄함이 있어야 그 분이 계시고 말씀이 계신다. 그래야 비밀의 말씀이 열어진다. 봉한 책 속에 하나님의 비밀이 들어있다. 하나님의 비밀을 열려면 마스터키가 필요하다.

> 이는 저희로 마음에 위안을 받고 사랑 안에서 연합하여 원만한 이해의 모든 부요에 이르러 하나님의 비밀인 그리스도를 깨닫게 하려 함이라. 그 안에는 지혜와 지식의 모든 보화가 감춰어 있느니라(골2:2-3)

하나님의 비밀인 그리스도가 우리 심령 안에 들어와야 된다. 그게 바로 감추었던 만나고 마스터키다. 구약의 감추었던 만나도 주님이시다.

> 진실로 진실로 네게 이르노니 우리 아는 것을 말하고 본 것을 증거하노라 그러나 너희가 우리 증거를 받지 아니하는도다(요3;11)

구약의 모든 말씀의 성취는 주님이시다. 구약의 만나 자체도 참 떡이신 예수 그리스도께서 오심으로 성취된 거다. 따라서 성경의 모든 말씀은 예수께서 십자가에 달리시므로 온전히 다 이루셨다. 그러므로 우리가 받아야 할 것은 참 진리이신 그리스도의 떡(말씀)만 받아야 한다. 교회들이 사탕발림은 선이 아니라 독(지옥)이다. 따라서 성도라면 선한 목자이신 예수 그리스도를 우리의 지도자요 스승으로 삼고 따라가야 된다. 무엇보다 내 영혼이 먼저 살아야 주님이 원하시는 선도 행할 수 있다.

그러려면 먼저 이름이 무엇을 암시하는지부터 깨달아야 한다.

하나님의 이름은 여호와. 예수님의 이름은 그리스도, 성령의 이름은 보혜사 정도로만 안다. 그러나 성경에 나오는 이름만 제대로 깨달아도 복 받은 사람이다. 이름 속에는 이루시는 말씀이 들어있다. 이게 아주 중요하다. 아버지께서 하신 말씀과 성령이 이르신 말씀과 예수님의 말씀을 온전히 깨달아야 씻어진다.

> 이것을 너희에게 이름은 너희로 내 안에서 평안을 누리게 하려 함이라 세상에서는 너희가 환난을 당하나 담대하라 내가 세상을 이기었노라(요16;33)

주님께서의 이름은 말씀 안에 승리의 영생이 들어있으니 성경(성령)으로 세상과 싸워 이기라는 것이다. 그러기에 안디바한테 '네가 내 이름을 굳게 잡아' 즉 주님의 이르신 말씀을 끝까지 믿고 따랐음을 칭찬하신 거다.

> 네가 어디 사는 것을 내가 아노니 거기는 사단의 위가 있는 데라 네가 내 이름을 굳게 잡아서 내 충성된 증인 안디바가 너희 가운데 곧 사단의 거하는 곳에서 죽임을 당할 때에도 나를 믿는 믿음을 저버리지 아니하였도다(계2;13)

안디바도 주님의 말씀 때문에 굳게 잡을 수 있었고, 그러므로 사단을 이긴 그에게 돌 위에 새 이름을 기록해 주셨다. 반면에 짐승(사단) 따라가면 영혼이 죽는다.

> 내가 보매 청황색 말이 나오는데 그 탄자와 이름은 사망이니 음부가 그 뒤를 따르더라 저희가 땅 사분 일의 권세를 얻어 검과 흉년과 사망과 땅의 짐승으로써 죽이더라(계6;8)

말 위에 사람이 하나 탔다. 말은 사람이다. 그런데 그 말 위에 사망(사단)이 탔다. 그러므로 이 사망자(육신의 생각으로 말씀을 전하는 목사)의 말을 들으면 죽으러 가는 것임을 명심해야 된다.

4. 두아디라 교회의 실상

두아디라 교회의 사자에게 편지하기를 그 눈이 불꽃같고 그 발이 빛난 주석과 같은 하나님의 아들이 가라사대(계2;18)

두아디라 도시는 군사적 요충지다. 그래서 정치적으로나 종교적으로 안정할 수 없는 상황이라 오로지 상업을 통한 부의 축적이 전부였다. 로마는 정치적, 군사적, 경제적인 인프라를 구축하기 위해 2000Km를 구축해 났기 때문에 모든 길은 로마로 통한다.

작은 두아디라 도시까지 도로가 왜 났겠는가? 그만큼 두아디라는 아주 중요한 도시였다. 일곱 교회는 그 도로를 따라 있는 교회다. 바울이 빌립보 교회를 세울 때, 그때 만나서 도와준 여인이 자주장사 루디아다. 그 루디아가 바로 두아디라 사람이다. 염색업이 발달된 도시고, 옷을 만드는 기술과 봉제업이 같이 발달했다. 옷에 부착하는 가죽을 다루는 기술이 발달했고, 그런 것을 다루는 도구를 만드는 대장장이들의 제련기술이 발달한 도시다. 이런 도시는 상업조합 길드가 많이 생겼다. 그 조합마다 각자 섬기는 수호신이 있었다. 그 수호신을 모시는 무당들인 제사장이 매우 많았다. 그 조합들이 벌이는 축제가 아주 유명했다.

두아디라는 그런 환경적인 영향을 많이 받다보니, 교회 안에 이교적 신앙의 모습이 많이 침투해 있었다. 따라서 두 눈이 불꽃

같다는 것은 이러한 환경 속에서도 구원해 주시는 예수 그리스도의 모습을 나타내고 있다. 또한 발이 주석 같다는 것 역시 그만큼의 권위와 권세를 상징한 표현이다.

> 내가 네 사업과 사랑과 믿음과 섬김과 인내를 아노니 네 나중 행위가 처음 것보다 많도다(계2;19)

두아디아라 교회는 한 교회 안에 검은색과 흰색의 교인들이 섞여 있었다. 주님은 그렇게 잘못 가고 있는 교회는 심판하고 잘 가는 교회엔 구원을 허락하신다는 것을 암시하고 있다. 지금 두아디아교회는 뭔가 혼날 일을 하고 있는 자들이 있다. 즉 에베소교회와 대조적이다. 두아디라는 바른 복음을 근거로 한 행위가 있는 아주 훌륭한 교회다. 그런데 그런 훌륭한 교회에 엉터리 같은 목사들이 섞여 있다.

> 그러나 네게 책망할 일이 있노라 자칭 선지자라 하는 여자 이세벨을 네가 용납함이니 그가 내 종들을 가르쳐 꾀어 행음하게 하고 우상의 제물을 먹게 하는도다.(계2;20)

이세벨의 가르침을 쫓아서 행음을 하고 우상의 제물을 먹는 사람이 있음을 책망하고 있다. 열왕기서에 이세벨과 엘리야의 대결의 결과가 있다. 이세벨한데 회개할 기회를 주었는데 회개하지 않았다. 침상은 환란이고 고통이다.

이세벨은 북이스라엘의 가장 엉터리 왕 아합의 왕의 아내다. 원래 이세벨은 두로왕인 엣빨의 딸이다. 엣빠는 발위더스다. 발위더스는 임마누엘이다.

그가 이스라엘로 시집을 오면서 바알을 데리고 들어 왔다. 자신이 바알의 선지자로 이교 사상을 열심히 가르치고 바알 신앙을 전파시켰다. 하나님은 엘리야를 시켜서 이세벨이 수하에 있던 바알과 아세라 선지자 850명을 전부 죽였다. 그런데도 이세벨은 회개하지 않고 오히려 엘리야를 협박했다 결국 이세벨은 회개하지 않아 예후에게 처참하게 죽임을 당해 개의 먹이가 되었다. 그리고 예후가 그의 자녀 70명을 다 도륙했다.

여기서의 우상의 제물은 육적인 제사상을 빌려다가 주님께서 비유를 드셨듯이 그들(이단)의 교리를 먹게 하는 것이 우상의 제물이다. 성경에서 가장 주의 할 것이, '나 외에 다른 신을 섬기지 마라' 우상이 바로 탐심이다.

그러므로 우상을 섬기면 절대 안된다. 그러므로 그리스도의 영이 심령 안에 거한 사람들은 하나님의 말씀 외에 다른 것을 증거 해도 안되고 육신의 생각으로 계명을 증거 해도 안된다. 또한 사람의 계명으로 가르쳐도 안된다. 하나님의 말씀은 일점일획도 더하거나 빼면 안된다.

> 하나님이 자기 뜻대로 할 마음을 저희에게 주사 한 뜻을 이루게 하시고 저희 나라를 그 짐승에게 주게 하시되 하나님 말씀이 응하기까지 하심이니라(계17;17)

이와 같이 하나님의 뜻(말씀)에 따르는 자를 가리기 위해 짐승을 교회에 보내셨다. 그러니까 그 짐승(거짓선지자)들이 교회에서 활개를 치는 것이 어떻게 보면 당연할지 모른다. 거기에 이단(들짐승)들은 이러한 집짐승(교회)을 미혹시키기 위해 더욱더 성경의 말씀보다 주로 격암유록이나 정감록 같은 동양 사상의 예언 등을 교묘하게 인용해 교회들을 잡아먹고 있다. 이 또한 앞서의 말씀을 통해 우상의 제물을 먹고 섬기는 교회들을 심판하기 위한 하나님의 계획임을 알아차려야 한다.

> 너는 나 외에 다른 신들을 네게 있게 말찌니라(출20;3)

다른 신은, 즉 신(信) 자체가 영(말씀)이다. 이는 하나님(성경) 외에 다른 영(육신의 생각)이 들어가면 귀신(탐심)이 들어갔다는 뜻이다. 즉 다른 말로 표현하면 사단마귀의 영이다. 사람 속에 하나님의 신(信)만 들어가야 하는데 마음에 마귀가 들어갔다. 그리스도인한테는 다른 신을 넣으면 그게 우상이고 탐심이다. 하나님만 믿고 그리스도의 말씀만 들어간 게 성령이기에 교회들에게 하시는 말씀(성령)을 들어야 한다.

> 그러나 너희 눈은 봄으로, 너희 귀는 들음으로 복이 있도다
> (마13;16)

들을 귀가 있고 볼 눈이 있는 자가 복 받은 자다. 교회 안에 다른 걸 넣으면 모두 사단(귀신)의 장난질이다. 귀신들은 전부 자기가 안수해서 병을 고치고, 자기가 기도해서 사업 잘 되게 된거고, 산기도와 증보기도로 하나님께 빌고 또 빌어 암도 치유된 것이라고 큰소리친다.

이와 같이 마음에 마귀가 들어가면 정신병자가 된다. 이를 뜯어 고쳐야 한다. 정신병은 그리스도의 말씀이 들어가야 고쳐진다(信). 빛(말씀)이 들어가야 마귀(어둠)가 물러간다. 즉 그리스도의 말씀이 들어가면 내 정신이 온전히 바뀐다. 이게 바뀌어져야 이들한테 그리스도의 신령한 반석인 믿음의 주가 자리한다. 다른 신이 들어가면 결국은 사망이다.

네가 만일 네 하나님 여호와를 잊어버리고 다른 신들을 좇아 그들을 섬기며 그들에게 절하면 내가 너희에게 증거하노니 너희가 정녕히 멸망할 것이라(신8;19)

엄청난 사건이다. 자칭 선지자들이나 이세벨을 만나면 이와 같이 멸망으로 떨어진다. 지금 계시록에서 이걸 얘기하는 거다. 그러므로 사람의 생각을 넣으면 절대 안된다.

또 내가 그에게 회개할 기회를 주었으되 그 음행을 회개하고자 아니하는도다. 볼찌어다 내가 그를 침상에 던질 터이요 또 그로 더불어 간음하는 자들도 만일 그의 행위를 회개치 아니하면 큰 환난 가운데 던지고. 또 내가 사망으로 그의 자녀를 죽이리니 모든 교회가 나는 사람의 뜻과 마음을 살피는 자인 줄 알찌라 내가 너희 각 사람의 행위대로 갚아 주리라(계2;21-23)

예수 그리스도께서 열왕기서의 이세벨의 이야기를 통해 너희가 만일 거기서 회개하고 돌이키지 않으면 이렇게 될 것이라고 천명하셨다.

이세벨은 왕비였을 뿐만 아니라 바알과 아세라 신을 섬기는 이교의 선지자였다. 마술을 행하는 자들을 술사라 하고 자칭 선지라라 했다. 이세벨은 제사를 축제처럼 지냈다. 축제는 하나님을 위한 것이 아닌 사람들의 비위를 맞추는 자기들을 위한 것이다. 작금의 예배형태가 하나님을 위한 예배가 아닌 청중(교인)을 지루하지 않게 하기 위한 예배로 탈바꿈 된 것과 거의 흡사하다.

이세벨의 가르침은 죽은 신을 큰 소리로 불러, 그리고 몸을 자해해 자기가 섬기는 신한테 요구사항을 구하는 거다. 그게 진언으로 미친 듯한 예언이다.

오늘날도 교회 안에 소원을 이루기 위한 기도로 새벽기도나 금요철야예배가 성행하고 있다. 따라서 금식기도나 백일, 천일 새벽기도, 철야기도 등을 통해 자해 하는가 하면, 성령의 은사로 치유하느니, 방언으로 앞날을 예언하느니 이런 식의 이세벨의 가르침이 너무 많이 잠식해 들어와 있다. 그로인해 교회안의 음행이 난무하므로 여기서 회개하고 말씀(성경) 안으로 돌아서야 한다.

> 또 내가 그에게 회개할 기회를 주었으되 그 음행을 회개하고자 아니하는도다.(계2;21)

제일 처음 하와가 음행했다. 하나님의 말씀만 받아야 하는데 그만 사단의 말을 받았다. 사단은 이와 같이 마음 안에 보암직도 먹음직도 한 육신의 생각을 넣어주는 일을 담당한다. 사단에 미혹되어 육신의 생각이 들어가 탐심이 발동하면 탐스러운 나무만 바라보게 된다. 그 나무(목사)는 만물이 먹는 식물처럼 높고 크게 보이는 나무(교회)라서 거기에 속기 쉽다.

> 내가 침상에서 나의 뇌 속으로 받은 이상이 이러하니라 내가 본즉 땅의 중앙에 한 나무가 있는데 고가 높더니(단4;10)

만민의 식물이 될 만한 것이 오늘날의 대형 교회들이다. 이들한테는 공중 권세 잡은 영들이 마음 안에 들어 있어 탐심이 가득해 하나님의 백성들한테 우상의 제물만 먹게 한다. 따라서 성경에서의 나무는 사람을 가리킨다.

> 그 잎사귀는 아름답고 그 열매는 많아서 만민의 식물이 될 만하

고 들짐승은 그 아래 거하여 공중에 나는 새는 그 가지에 깃들이더라 하시오니(단4;21)

큰 나무 가지들을 언제 베어지느냐 하면 순찰자가 오면 즉 진리의 성령이 임한 자가 오면 그 나무들을 싹둑 잘라 버린다. 작금의 교회가 만민의 식물이 먹을 만한 교리를 만들어 사람을 꾀게 하는 것이 거지선지자(목사)와 들짐승들(이단)이다. 이게 악한 나무다. 지금 일곱 교회의 심판을 하나님께서 들짐승들을 들어 사용하고 있다. 즉 악령(이단)들이 지금 교회를 죽이고 있다. 만국은 만민이 먹는 예수님의 교회이다.

볼찌어다 내가 그를 침상에 던질 터이요 또 그로 더불어 간음하는 자들도 만일 그의 행위를 회개치 아니하면 큰 환난 가운데 던지고. 또 내가 사망으로 그의 자녀를 죽이리니 모든 교회가 나는 사람의 뜻과 마음을 살피는 자인 줄 알찌라 내가 너희 각 사람의 행위대로 갚아 주리라.(계2;22-23)

에베소 교회는 처음 행위를 버렸다고 혼이 났으나, 두아디라 교회는 오히려 나중 행위인 믿음에 근거한 사랑과 믿음과 섬김과 인내가 더 많았다고 칭찬하셨다. 그렇지만 그런 교회에 자칭 선지자라 하는 이세벨 같은 엉터리 교주가 함께 섞여 있음을 책망하셨다.

이는 초대교회 때나 지금의 교회가 똑같다는 것을 인식해야 한다. 오늘날의 교회들이 겉으로는 선교 사업이다, 구제 사업이다 등으로 하나님의 일을 하는 것 같아 보이지만 실상은 교회로서의 가장 중요한 십자가의 도가 빠진 허울뿐인 허세 투성이다. 입으로는 예수 그리스도의 이름으로 기도는 그럴듯하게 하지만, 그 교회 중심부에 암적(우상) 존재인 이세벨의 가르침이 난무하고 있음을 지적한 거다.

> 두아디라에 남아 있어 이 교훈을 받지 아니하고 소위 사단의 깊은 것을 알지 못하는 너희에게 말하노니 다른 짐으로 너희에게 지울 것이 없노라. 다만 너희에게 있는 것을 내가 올 때까지 굳게 잡으라.(계2:24-25)

초대교회 때의 두아디라 교회가 책망 받았던 것처럼, 작금의 교회도 사람들의 감정을 상하지 않게 하고 그들의 비위를 맞추기 위해 인위적인 방법으로 예배를 재미있고 감동적으로 만들려고 무던히 애쓰고 있다. 이러한 행위가 바로 이세벨의 가르침에 빠진 자들이다.

이렇듯이 두아디라 교회 안에는 검은색과 흰색의 교인들이 섞여 있었다. 예수님은 그렇게 잘못 가고 있는 교회는 심판할 것이고, 잘 가는 교회는 구원을 허락하신다고 경고하고 있다.

이세벨의 가르침이 오늘날 교회에 너무 많이 들어왔다. 교인들은 자신이 은혜 받고 있다는 것을 과시하기 위해 기도할 때 큰소리로 외친다거나, 일천번제 혹은 삼천번제 기도를 드리는 것을 자랑으로 여긴다. 은사를 받아 방언 한다면서 미래를 예언하는 행위도 이세벨의 가르침에 빠져 있다는 증거다. 또한 소원을 위해 백일, 천일의 기도를 하는 행위도 즉 자기 몸을 상하게 해서라도 금식으로 신을 협박하는 것도 이세벨의 행위이다.

이세벨의 가르침을 쫓아서 행음을 하고 우상의 제물을 먹는 사람이 있다고 책망하시나, 그런 이세벨한테 회개할 기회를 주었는데 회개하지 않았다. 이세벨은 제사를 축제처럼 지냈다. 축제는 하나님을 위한 것이 아닌 사람들의 비위를 맞추는 자기들을 위한 것이다. 오늘날의 교회가 바로 하나님 중심의 예배가 아닌 인간 중심의 예배로 전락 된 것과 매우 비슷하다. 하나님이 무엇을 요구하는지 제대로 알지 못하면서, 그저 소문으로, 혹은 풍문으로 들은 종교행위들만 한다.

사단의 깊은 것은 우리에게 성령을 통해 계시된 순전한 진리가 아닌 엉터리 가르침이 바로 사단의 깊은 것이다.

교인이 많고 운영에 열심을 내는 교회일수록 참된 교회가 아니라 사단의 집합체다. 교회에 사람을 많이 모이게 하는 것은 얼마든지 가능하다. 왜냐하면 거짓선지자가 목회하는 교회일수록 믿음으로 구원을 얻기 위해 오는 사람보다, 무언가를 배우러 오거나, 인맥을 쌓기 위해서나, 대접받기 위해 오기 때문이다. 이들은 죄의 실상을 깨달아 구원으로 은혜를 받기 보다는 위로와 헌신의 자랑과 안위를 보장받고 싶어 오는 경우가 대부분이다. 그렇게 해서 모인 큰 성인 교회들은 외적으론 매우 성공적으로 보일 수 있겠지만 실제적으로는 교회의 참 본질과는 거리가 먼 위선의 바벨탑이다.

그러므로 두아디라의 교회에 주님이 책망하시듯 오늘날도 이러한 교회에서 성도라면 회개하고 돌아서야 한다. 이세벨이나 니골라 당이 작금의 교회에 들어와 하나님의 백성들을 행음하게 하고 우상의 제물을 먹게 하므로, 귀 있는 자는 성령이 교회들에게 하시는 말씀을 들을 수 있어야 한다.

이는 들을 귀가 있으면 성령의 인도함에 따라 구름(영) 속으로 끌어올려진다. 그럴 때 그리스도의 말씀이 임한다. 성령이 임하면 거짓사도들한테 절대 미혹되지 않는다. 최초의 아담과 하와는 뱀한테 미혹 당했다. 즉 뱀이 아담을 이겼다. 그러나 지금은 예수께서 십자가로 승리하셨다. 그러므로 이 세상을 이긴 분이 바로 예수님이시다.

> 이것을 너희에게 이름은 너희로 내 안에서 평안을 누리게 하려 함이라 세상에서는 너희가 환난을 당하나 담대하라 내가 세상을 이기었노라(요16;33)

그리스도의 이름 안에 들어간 사람들은 환난을 당해도 담대하게 나아가므로 평안을 누린다. 이 세상을 완전히 이긴 분은 예수님 한 분뿐으로 하늘과 땅의 모든 권세를 갖고 계신 분한테 천국의 열쇠를 받아야 한다. 그렇지 않으면 교회들은 사단(신천지)을 이기지 못해 대부분 그리로 잡혀간다. 그러기 때문에 신천지 같은 이단들이 전부 자기가 일인자라고 큰소리를 치고 있는 것이다. 그러므로 깨닫지 못한 자들은 사단(거짓선지자)한테 끌려간다.

아울러 교회가 이세벨을 용납한다는 것은 이미 그들의 교리를 받아들였다는 것이 된다. 이세벨은 시돈 왕의 딸로 이스라엘을 꾀는 자다.

> 느밧의 아들 여로보암의 죄를 따라 행하는 것을 오히려 가볍게 여기며 시돈 사람의 왕 엣바알의 딸 이세벨로 아내를 삼고 가서 바알을 섬겨 숭배하고(열왕16;31)

니골라 당은 오늘날 거짓 목사, 거짓 그리스도, 거짓 사도, 거짓선지자라 자처하는 모든 목사나 이단의 교주들이다

> 거짓 그리스도들과 거짓 선지자들이 일어나 큰 표적과 기사를 보이어 할 수만 있으면 택하신 자들도 미혹하게 하리라(마24;24)

이들이 교회에 들어와 하나님의 백성들을 미혹하고 있다. 첫

장막(교회)에 들어와서 성경말씀에 육신의 생각을 혼합시켜 비빔밥식 설교로 사람들을 미혹시키고 있다. 그래서 예수님도 사람의 미혹을 받지 않도록 주의하라고 이르셨다.

> 예수께서 대답하여 가라사대 너희가 사람의 미혹을 받지 않도록 주의하라(마24;4)

사람 속에는 항시 마귀가 도사리고 있어 탐심에 의해 거짓한테 미혹 당한다. 따라서 참 그리스도인은 성령의 인도함에 의해 거짓을 분별할 줄 아는 영의 눈이 있어 그들을 따라가지 않지만 이세벨의 추종자들은 사단의 깊은 뜻이 뭔지 몰라 사단의 교리에 빠져들게 된다. 그러므로 아차하면 돈과 영혼과 시간 모두를 빼앗기고 만다.

따라서 두아디라 교회에 보낸 서신은 큰 경고와 약속으로 메시지를 주고 있다. 남아 있는 자들만이 유일하게 이세벨의 교훈을 받지 않았다. 그들만이 성령을 통해 계시된 순전한 진리만 담고 있는 자들이다. 그러므로 이들에게 주님께서 다른 짐을 지우지 않게 하셨다. 따라서 남은 자들이 갖고 있는 것만 굳게 잡으라는 것은 이미 우리에게 복음이 다 주어졌다는 뜻이다. 이미 주어진 사랑과 믿음과 섬김과 인내를 점점 자라나게 하라는 말씀이다. 이는 노력해서 발전시키라는 것이 아니라 주님께서 이기셨으니, 우리 안에 완성품으로 주어진 복음을 점점 밝히 확인하고 깨닫고 누리라는 말씀이다. 즉 매일 매일 주님이 오신다는 마음으로 종말론적인 신앙으로 굳게 잡으라는 가르침이다.

> 이기는 자와 끝까지 내 일을 지키는 그에게 만국을 다스리는 권세를 주리니. 그가 철장을 가지고 저희를 다스려 질그릇 깨트리는

것과 같이 하리라 나도 내 아버지께 받은 것이 그러하니라.
(계2;26-27)

끝까지 지키는 자는 하나님의 일을 온전히 수행해 낼 수 있기 때문에 분명한 나팔로 하나님의 뜻인 믿음으로 온 천하에 복음을 전하게 될 수 있다. 그러기에 남은 자들한테 예수님의 권세를 주겠다고 하신 거다. '철장을 가지고 저희를 다스릴 것이다(시편 2;9)' 이 구절을 예수께서 인용하셨다. 따라서 이 권세는 하나님이 주시지 않으면 안된다. 주님의 권세는 힘으로 오는 것이 아니라 '너희 안에 이 마음을 품으라 곧 그리스도 예수의 마음이니(빌 2;5)' 이와 같이 순종에서 나오는 한 알의 밀알로 썩어질 때 나오는 힘의 권세다.

내가 또 그에게 새벽 별을 주리라. 귀 있는 자는 성령이 교회들에게 하시는 말씀을 들을찌어다.(계2;28-29)

주님은 이기는 자들에게 예수님 자신인 새벽별을 주신다고 약속을 하셨다. 이 약속 또한 발람의 예언에서 힌트가 나온다.

하나님의 말씀을 듣는 자가 말하며 지극히 높으신 자의 지식을 아는 자, 전능자의 이상을 보는 자, 엎드려서 눈을 뜬 자가 말하기를. 내가 그를 보아도 이때의 일이 아니며 내가 그를 바라보아도 가까운 일이 아니로다 한 별이 야곱에게서 나오며 한 홀이 이스라엘에게서 일어나서 모압을 이편에서 저편까지 쳐서 파하고 또 소동하는 자식들을 다 멸하리라(민24;16-17)

새벽별은 예수 그리스도다. 우리 안에는 주님이 계신다. 그러므로 예수 그리스도의 말씀이 내 심령 안에 거한 사람은, 이 세상의 생명이 끝날 때 영생이 우리에게 주어진다. 하나님의 일을 지키는 것은 예수를 바르게 믿는 것이다. 그런 자들한테는 행위가 열매로 나오게 된다. 그러므로 교회에서 어떤 일(구제, 봉사, 선교, 헌금)을 하려고 하지 말고, 그에 앞서 예수를 바로 알고 바로 믿어야 한다. 그랬을 때 하나님께서 우리에게 만국(교회)을 다스리는 권세를 주신다. 또한 철장권세가 무엇인지 깨달아야 주님의 말씀이 들려진다.

따라서 구약 때는 육적 이스라엘한테 만나를 주셨다. 그러나 초림 때는 예수께서 감추었던 만나를 주고 또 흰돌을 주셨다. 감추었던 만나가 비밀인데, 거기엔 새로운 말씀이 담겨 있다.

특히 처음 전하는 에베소교회한테 한 내용이 떨어졌다는 것을 아주 중요시해야 한다. 어느 시대나 어느 교회를 망라하고 회개치 않으면 심판을 받게 된다. 성령이 에베소한테 말한 것 같지만 실상은 전체 교회들한테 즉 기독교라는 모든 종교한테 말한 것이다.

그러므로 교회들은 정확하게 깨달아야 한다. 하나님을 배반하는 자가 있고, 배반하는 것을 잡아먹은 이단의 조직체가 있다. 그리고 사단(이단)의 곳에서 회개하고 돌이켜 이기는 자가 있다. 이 세 부류를 분명하게 깨달아야 지금 내 소속(영)이 어디에 있는가를 알 수 있다. 그래야 사단(거짓선지자)한테 미혹 받지 않고, 신령과 진정으로 예배드릴 수 있다.

3장
일곱 교회의 형편

5. 사데 교회의 실상

사데 교회의 사자에게 편지하기를 하나님의 일곱 영과 일곱별을 가진 이가 가라사대 내가 네 행위를 아노니 네가 살았다 하는 이름은 가졌으나 죽은 자로다.(계3;1)

사데는 고원지방이다. 그래서 도시 전체가 요새화 되어 있다. 산 위에 성을 쌓고 남쪽 한군데만 입구를 만들어 놓았다. 그래서 난공불락의 요새로 이름이 난 도시이다. 그렇게 도시가 요새화 되다보니 그 성 안에 들어갈 수 있는 인원이 제한되어서 그 주변에 위성도시들이 생기게 되었다.

사데는 금이 많이 나오는 곳으로 부유한 도시다. 풍요로운 농산물이 있고, 아시아에서 가장 큰 공동묘지가 있다. 그런데 549년에 페르시아의 고레스 왕에게, 218년에는 안티우크스에 의해 점령을 당했다. 따라서 회개 하지 않으면 도적같이 임할 것이라는 것은, '그러므로 네가 어떻게 받았으며 어떻게 들었는지 생각하고 지키어 회개하라' 이와 같이 두 번의 패망이 게릴라에 의해 점령되었던 것을 일깨워 비유한 것이다.

일곱 영은 성령이고 일곱 별은 교회다. 요한이 이 서신을 썼을 당시는 사데 교회는 많은 일들을 하고 있었다. 그래서 주님께서 '네가 살았다 하는 이름을 가졌다' 이렇게 말씀하셨다. 그러나 사데는 부유한 도시였지만 그로인해 부패하고 퇴폐한 곳이었다. 그래서 주님께서 '내가 네 행위를 아노니' 라고 하셨다.

사데교회는 아무런 이단도 없었고 도시로부터 핍박도 많지 않았다. 부와 번영으로 1000명이 들어갈 수 있는 큰 교회가 있었기에 멋진 종교 활동을 일으킬 수 있었다. 따라서 사데 교회는 인기가 많았고 사람들로부터 인정을 받았다. 그래서 사람들은 사데 교회를 살아있는 교회라 불렀고 자신들도 그렇게 생각하고 있었지만 주님은 실상은 네가 죽었다고 했다.

사데가 부유한 도시였기에 시민들 전체가 도덕적으로 문란하고 방종했다. 따라서 사데 교회는 행위가 풍성했는데 죽은 행위들을 하고 있었다. 다른 교회들에 비해 사데 교회는 바람직한 교회로 인정을 받고 인기가 많아 유명했지만 사데는 타락한 도시 안에 있는 타락한 교회였기에 교인들이 교회 밖에만 나가면 문란한 생활을 했다. 그래서 그들의 행위를 겉만 번드르르한 죽은 행위라 한 것이다.

따라서 일곱 영은 성령이고 일곱별은 교회를 가리킨다. 아울러 일곱 편지의 서두에 예수님에 관한 묘사가 편지 전체의 내용과 성격을 결정짓는다. 그러므로 일곱 영과 일곱별을 가진 이가 촛대가 있는 곳을 순찰하시면서 현재의 시간을 살아가고 있는 교회들에게 메시지를 전하고 싶은 것이 있는 거다.

성경 전체가 그러하지만 특히 계시록은 천상에서의 완성된 교회와 지상에서의 역사를 살아가고 있는 교회들에게 책망과 위로를 통해 전하고자 하는 내용이 분명히 있다. 그걸 알아야 주님의 이름을 위해 고난 받고 핍박 받는 일에 위로와 격려가 될 수 있다.

그러므로 사데 교회에 대한 혹심한 평은 그 교회가 비록 살았다는 이름으로 있으나 실상은 영적으로 죽은 교회임을 깨달으라는 거다. 그래야 어떻게 구원을 받았으며 어떻게 들었는지 생각하고 회개할 수 있다. 따라서 일곱 교회에 보내는 일곱 영은 하나님이 부리는 영들이다. 그러므로 천상의 보좌에는 천천만만의 영들이 있고 이십사 장로가 있으며 네 생물들이 있다.

> 내가 곧 성령에 감동하였더니 보라 하늘에 보좌를 베풀었고 그 보좌 위에 앉으신 이가 있는데. 보좌로부터 번개와 음성과 뇌성이 나고 보좌 앞에 일곱 등불 켠 것이 있으니 이는 하나님의 일곱 영이라(계4;2.5)

이와 같이 일곱 등불 켠 것이 하나님의 영이다. 그 영들이 하나님 보좌 앞에서 영광의 광채로 빛나고 있다.

> 너는 일깨워 그 남은 바 죽게 된 것을 굳게 하라 내 하나님 앞에 네 행위의 온전한 것을 찾지 못하였노니(계3;2)

남아 있지만 죽어 가는 것처럼 사는 자들은 반드시 그들이 처음 받았던 복음을 기억하고 지키고 회개하여 깨어나야 한다. 사데는 아주 부유한 도시였기 때문에 시민들 전체가 도덕적으로 매우 문란했다. 그런 것이 어떻게 보면 사데 교회를 너무나 게으를 정도로 무기력하게 했다. 사데는 자기들의 난공불락의 성을 믿고 있다가 15명의 특공대에게 속수무책으로 하룻밤 사이에 자다가 당했다. 그래서 깨어 정신 똑바로 차리고 있으라고 한 것이다. 그러면서 주님께서 만일 잠에서 깨어 있지 않으면 도적같이 임할 것이라 경고하셨다.

사데 교회가 바람직한 교회로 인정을 받고 인기도 있었지만 교인들은 교회 밖에만 나가면 문란한 행위를 했다. '죽게 된 것' 같은 남은 자라는 표현은 겉만 번드르하게 종교행위를 하는 죽은 자들 틈 사이에, 남은 자이면서도 죽어가는 자처럼 행동하는 자들을 말한다. 그러므로 영적 괴사 상태로 죽어가고 있는 남은 자들의 믿음을 굳게 하라고 경고하셨다. 죽어 있는 자들에게 주님이 도적같이 오시지만 깨어 살아 있는 자들에게는 그 날이 도적같이 오지 않는다.

하나님 앞에서 바른 신앙에 근거한 행위를 한 것이 아닌 형식적인 행위들을 하고 있었기 때문에 주님은 네 행위가 하나님 앞에 온전하지 못하다고 책망하셨다.

오늘날에도 해당되는 애기다. 행위가 풍성했는데 죽은 행위를 하고 있다. 조금만 방심해도 금방 죽어가는 자들이 되어 버리는 것이 바로 치열한 영적 전투의 현장이다. 그래서 진정으로 생명력 있는 교회는 항상 남들로부터 공격을 받게 마련이다. 그 지역의 양심이 될 수밖에 없고, 그 이유 때문에 그 양심의 소리를 잠잠케 하고 제거하려는 반대가 자연히 생기게 된다. 주님도 '모든 사람이 너희를 칭찬한다면 화가 있도다'(눅6;26)라고 말씀하셨다. 확실한 메시지를 가지고 있는 교회는 항상 반대가 있게 마련으로, 이단으로부터 공격 받지 못하는 교회는 영적으로 죽은 무기력한 교회다. 따라서 반대를 야기 시키지 못할 정도로 소극적인 교회는 그리스도의 증거에 있어서 생명력을 상실한 거나 마찬가지다. 따라서 교회의 행위는 주님이 인정하셔야 하는 것이지 사람들이 칭찬한다고 해도 죽은 행위일 수밖에 없다. 그래서 주님께서 사데 교회에게 처방을 주셨다.

> 그러므로 네가 어떻게 받았으며 어떻게 들었는지 생각하고 지키어 회개하라 만일 회개하지 아니하면 내가 도적같이 이르리니 어느 시에 네게 임할는지 네가 알지 못하리라.(계3;3)

하나님 앞에 온전한 행위가 되게 하기 위해서는 복음을 어떻게 받았는지 어떻게 들었는지를 깨달아야 한다. 성경은 보고 듣고 깨달아 지켜야 한다. 말씀이 떠나면 심령이 어두워지고 심령이 어두우면 마음의 영이 어두워져 때를 알지 못한다. 심령이 어두운 그런 자들한테만 하나님이 도적같이 임하신다.

> 형제들아 너희는 어두움에 있지 아니하매 그날이 도적같이 너희에게 임하지 못하리니(살전5;4)

그러나 빛의 아들들은 하나님의 참 빛이 심령 안에 늘 거하고 있기 때문에 도적같이 임할 수가 없다. 그러나 이 촛대(교회)의 종교세계에 있는 사람들한테는 하나님이 늘 도적 같이 임하기 때문에 어둠에서 벗어나지 못한다. 이러한 진리가 성경 안에 숨어 있으니까 깨닫지 못한다. 그러므로 어둠(사단)의 주관자와 늘 싸우게 된다. 우리의 싸움은 혈과 육이 아니라 악한 영들과의 싸움이다.

> 우리의 씨름은 혈과 육에 대한 것이 아니요 정사와 권세와 이 어두움의 세상 주관자들과 하늘에 있는 악의 영들에게 대함이라 (엡6;12)

촛대(교회)가 있는 첫 장막이 하늘이다. 그러한 교회가 첫 장막(하늘)의 악의 영들과 싸우고 있다

> 하나님을 알되 하나님으로 영화롭게도 아니하며 감사치도 아니하고 오히려 그 생각이 허망하여지며 미련한 마음이 어두워졌나니 (롬1;21)

허망한 것이 뜬 구름 잡는 것이다. 이런 것들이 마음을 어둡게 한다. 마음이 어두워지면 바깥으로 쫓겨난다. 예수님을 제대로 깨닫지 못하면 바깥 어두운 세상으로 쫓겨난다.

> 나라의 본 자손들은 바깥 어두운 데 쫓겨나 거기서 울며 이를 갊이 있으리라(마8;12)

어두운 곳으로 쫓겨난 자들은 초림 때는 육적 이스라엘이었다. 그러나 재림 때는 이 촛대 사이에 계신 예수님을 만나지 못한 사람들이다. 이들은 전부 육신의 생각 때문에 세상 밖으로 쫓겨난다. 지금 우리나라 또한 이북과 미국사이에서 전부 정치한다고 생각하지만 그 정치 자체가 육적이스라엘 때문이다. 이 또한 하나님께서 사단의 역사를 따라 허락하신 것이기에 7000년에 들어선 지금부터 앞으로 천년동안 어떻게 종말의 역사가 이루어질지 아무도 모른다. 그건 오직 하나님만 아시는 종말의 때다. 종말로 접어든 7000년이 도래한 이 시기에 도적같이 오시는 하나님을 맞이하기 위해서 늘 기름(말씀)을 준비하고 신랑(예수 그리스도) 맞을 준비를 해야 한다. 이게 매우 중요하다.

사데 교회에 '살아있는 것 같지만 실상은 죽은 자'라고 경고하셨듯이, 오늘날에도 그러한 교회가 너무나 많다. 인간은 풍요 속

에서는 언제나 신을 버려왔다. 이는 자기를 중심으로 우주를 운행하고 싶어 하는 인간의 공통된 죄의 속성이기 때문이다. 예수를 믿는다고는 하나 신의 존재를 그냥 교리 속에 갇혀 있는 존재로 여기거나, 아니면 가끔씩 나타나 자기의 필요를 채워주는 정도로 착각하고 있다. 작금의 교회 현실을 보면 과연 살아 있는 하나님으로 인식하고 살아가고 있는가 하는 의문이 들 때가 많다. 성도라면 언제나 되풀이하여 십자가 앞에 서야하고, 하나님이 자기에게 무엇을 하셨는가를 상고하고, 늘 복음에서 깨어나 기억하고 있어야 한다. 신앙인은 언제나 깨어나 변화되지 않으면 그건 죽은 믿음에 불과하다.

> 그러나 사데에 그 옷을 더럽히지 아니한 자 몇 명이 네게 있어 흰 옷을 입고 나와 함께 다니리니 그들은 합당한 자인 연고라(계3;4)

흰옷은 깨끗한 옷인데 말씀이다. 흰 옷은 예수 그리스도의 옷이다. 그 옷이 성도의 옳은 행실이다.

> 그에게 허락하사 빛나고 깨끗한 세마포를 입게 하셨은즉 이 세마포는 성도들의 옳은 행실이로다(계19;8)

이와 같이 세마포는 성도들의 옳은 행실이다. 하나님의 백성들이라면 깨끗한 세마포로 갈아입고 하나님의 부름에 따라야 한다. 옳은 행실은 그리스도의 옷인 온전한 것을 입고 따라가는 거다. 흰옷은 구원의 옷도 되고, 피 뿌린 옷도 된다.

> 또 그가 피 뿌린 옷을 입었는데 그 이름은 하나님의 말씀이라 칭하더라(계19;13)

예수님의 정결한 피 뿌린 옷을 입은 자들이 성도다. 우리가 예수님의 말씀을 따라가는 것이 옳은 행실이다. 세마포를 입고 따라가는 것은 예수님이 그 옷을 입었기 때문에 우리도 그리스도의 옷을 입고 따라 가야 한다. 주님께서 이기는 자한테 흰 옷을 입게 하신다고 했다. 이기는 자가 바로 믿음이 있는 자다.

> 이기는 자는 이와 같이 흰 옷을 입을 것이요 내가 그 이름을 생명책에서 반드시 흐리지 아니하고 그 이름을 내 아버지 앞과 그 천사들 앞에서 시인하리라(계3;5)

이기는 자는 그리스도 안에 있는 이 사람들 밖에 없다. 이긴 자 속에는 믿음이 들어있다. 흰옷을 입은 자들이 생명책에 기록된다고 하셨다. 그렇다면 누가 흰옷을 입게 되는가?

> 다섯째 인을 떼실 때에 내가 보니 하나님의 말씀과 저희의 가진 증거를 인하여 죽임을 당한 영혼들이 제단 아래 있어. 큰 소리로 불러 가로되 거룩하고 참되신 대주재여 땅에 거하는 자들을 심판하여 우리 피를 신원하여 주지 아니하시기를 어느 때까지 하시려나이까 하니. 각각 저희에게 흰 두루마기를 주시며 가라사대 아직 잠시 동안 쉬되 저희 동무 종들과 형제들도 자기처럼 죽임을 받아 그 수가 차기까지 하시더라(계6;9-11)

하나님의 말씀과 저희가 가진 증거로 인해서 죽임을 당한 자들이 흰옷을 받는다. 즉 하나님의 말씀대로 산 사람들이 죽은 자들이다. 하나님께서 세상에서는 너희가 환난을 당하나 담대하라 하고 하신 그 말씀 자체가 바로 죽음 같은 이 땅에서의 나그네의 삶을 살아낸 자들이다.

그리스도인은 예수님의 남은 고난에 동참해야 한다. 말씀대로 그 고난을 겪어낸 자들은 세상(사단)이 우리(성도)를 미워할 것이다. 그렇더라도 하나님의 말씀대로 세상(거짓선지자)에게 당하면서도 믿음을 굳게 붙든 자들 그들이 바로 하나님의 말씀을 인하여 죽임을 당한 자들이다. 그런 삶을 살아낸 사람들만 흰옷을 입는다. 그 흰옷은 어린양의 피에 빨아서 희게 된 옷이기 때문에 자기를 부인하고 주님만 쫓게 된다.

우리는 이미 예수 그리스도로 인해 구원을 받았음에도 간혹 밤(어둠)처럼 사는 경우가 있다. 주님과 함께 죽었다가 다시 살아난 그 살아난 자로서의 감사와 감격이 나와야 하는데 여전히 죽어 있는 자들처럼 살고 있다. 주님은 지금 그런 자들한테 엄히 경고하고 있다. 남은 자들은 그 경고가 들릴 것이고 아닌 자들은 계속 그렇게 살다가, 그야말로 이름만 살아 있는 자로 살다가 지옥으로 떨어진다. 깨어 있는 하나님의 백성들은 오늘 세상을 이긴 주님이 오실지도 모른다는 설렘으로 늘 준비하고 믿음을 굳게 지켜 나가야 한다.

> 대저 하나님께로서 난 자마다 세상을 이기느니라 세상을 이긴 이김은 이것이니 우리의 믿음이니라(요일5;4)

이김 자체의 주인은 우리 주 예수 그리스도다. 또한 믿음 속에는 그리스도의 말씀이 들어 있다. 그러므로 내가 이기는 게 아니라 그리스도가 이기는 거다. 이름에는 그리스도의 말씀이 들어있다. 따라서 그리스도의 말씀을 온전히 증거하면 우리 마음이 하늘의 생명책에 기록되어 있는 것이 된다. 생명책에 기록되어 있으면 생명나무와 똑 같아진다.

> 만일 누구든지 이 책의 예언의 말씀에서 제하여 버리면 하나님이 이 책에 기록된 생명나무와 및 거룩한 성에 참예함을 제하여 버리시리라(계22;19)

그러므로 성경 말씀에 대언만 해야지, 말씀 안에 자기의 생각(탐심)이 들어가면 자기뿐 만이 아니라 무리 전체를 사망으로 이끌고 가게 된다.

> 그때에 여호와를 경외하는 자들이 피차에 말하매 여호와께서 그것을 분명히 들으시고 여호와를 경외하는 자와 그 이름을 존중히 생각하는 자를 위하여 여호와 앞에 있는 기념책에 기록하셨느니라 (말3;16)

우리의 삶속에서 거룩을 향한 전투가 없다면, 발람과 니골라 당이 주는 달콤한 유혹에 빠질 수밖에 없다. 그러나 이 세상 것보다 하나님만을 경외하고 그 이름을 존중히 여기며 주님만을 사모하는 자들한테는 하나님의 영이 늘 함께 하신다. 그러므로 예수께서 발람과 니골라 당의 교훈을 쫓는 교회의 지도자들과 그를 추종하는 자들한테 회개하라고 엄히 경고하신 거다. 그리하지 않으면 심판하시겠다고 분명한 뜻을 나타내셨다. 그러나 이기는 자에게는 그 이름을 생명책에 반드시 흐리지 않겠다고 약속하셨다.

따라서 이기는 자는 믿음이 있는 자들이고, 그리스도의 말씀이 심령 안에 거한 자들이다. 이들만이 부르심을 입고 빼내심을 받은 진실한 자들이다. 성도는 우리의 인도자가 그리스도이며 그러므로 이 이김에 대해 잊어버리면 안된다.

> 이는 아버지께서 내게 주신 자 중에서 하나도 잃지 아니하였삽나

이다 하신 말씀을 응하게 하려 함이러라(요18;9)

말씀이 곧 하나님이다. 그러므로 주님한테 가려면 말씀으로 인도함을 받아야 한다. 즉 말씀이 깨달아져야 그리스도 예수 안으로 들어갈 수 있다. 예수님의 말씀이 참 빛으로 그 말씀의 옷을 입고 따라가야 그랬을 때 하나님이 영(말씀)이 함께하신다.

이기는 자는 이와 같이 흰옷을 입을 것이요 내가 그 이름을 생명책에서 반드시 흐리지 아니하고 그 이름을 내 아버지 앞과 그 천사들 앞에서 시인하리라(계3;5)

이 말씀의 진위는 '누구든지 사람 앞에서 나를 시인하면 나도 하늘에 계신 내 아버지 앞에서 저를 시인할 것이요. 누구든지 사람 앞에서 나를 부인하면 나도 하늘에 계신 내 아버지 앞에서 저를 부인하리라' 이와 같이 똑같이 말씀하셨다. 주님이 시인하시겠다고 하는 자들은 사람들 앞에서 주님의 삶으로 입으로 시인하며 산 사람들이다. 단순히 입으로서가 아닌 삶으로도 주 예수가 나의 주인임을 고백하며 살아낸 자들이다.

그러한 자들은 생명책에서 지우지 않으시겠다고 하셨다면 그러면 생명책에서 지워지는 사람도 있다는 말인가? 그 말씀은 하나님께서 창세전에 생명책에 기록해 놓은 사람들은 무슨 일이 있어도 그에 합당한 삶을 살아내게 만드시고야 마시겠다는 결연한 표현이시다.

귀 있는 자는 성령이 교회들에게 하시는 말씀을 들을찌어다 (계3;6)

그러므로 들을 귀가 있는 자들은 복이 있다. 그들은 늘 깨어 주님 오시면 기쁘게 맞이할 수 있는 처녀들로 청사초롱의 기름(말씀)을 준비한 자들이기 때문이다.

6. 빌라델비아 교회의 실상

빌라델비아 교회에게 편지하기를 거룩하고 진실하사 다윗의 열쇠를 가지신 이 곧 열면 닫을 사람이 없고 닫으면 열 사람이 없는 그이가 가라사대(계3;7)

다윗은 왕이다. 열쇠는 지혜와 지식이다. 그리스도의 말씀 자체가 다윗의 열쇠를 받는 것이 된다. 이는 예언의 말씀을 열고 닫을 수 있는 지혜와 지식을 말함인데, 주님이 '거룩하고 진실하신 이' 라고 자신을 표현하셨다. 거룩은 하나님과 하늘의 것을 표현하는데 쓰이는 단어이다.

그러므로 거룩하신 분은 '예수께서 이르시되 네가 어찌하여 나를 선하다 일컫느냐 하나님 한 분 이외는 선한 이가 없느니라' 이와 같이 오직 한 분뿐이신 하나님을 예수께서 손수 나타내셨다. 이와 같이 묘사한 것은 주님이 바로 그 거룩의 본체시며 하나님이시라는 것을 교회에게 알게 하신 것이다. 그런 주님께서 '열면 닫을 사람이 없고 닫으면 열 사람이 없는 다윗의 열쇠를 가졌다'고 하셨다. 이 구절은 이사야서 인용된 것이다. 신약의 1600 구절이 구약에서 인용한 거고, 또한 신약의 3500 구절이 구약성경에서 나온 내용을 짜깁기 한 것이다. 그래서 구약을 모르고는 신약을 이해할 수 없다.

따라서 열면 닫을 사람이 없고, 닫으면 열사람이 없는 지혜와 지식의 열쇠를 가지신 예수 그리스도와 연합된 자만이 성경을 열 수 있다. 그렇지 않으면 평생 가도 성경이 열리지 않는다.

> 네 옷을 그에게 입히며 네 띠를 그에게 띠워 힘 있게 하고 네 정권을 그의 손에 맡기리니 그가 예루살렘 거민과 유다 집의 아비가 될 것이며. 내가 또 다윗 집의 열쇠를 그의 어깨에 두리니 그가 열면 닫을 자가 없겠고 닫으면 열 자가 없으리라(사22:21-22)

이 얘기는 히스기야 왕 시대에 있었던 얘기다, 히스기야 왕 때 셉나라는 대신이 있었는데 그는 유다의 국고를 맡은 막강한 자였다. 그런데 그가 자기의 묘실, 무덤을 파고 그것을 치장하다가 하나님께 호되게 꾸중을 듣고 저주를 받았다. 그리고 그가 가지고 있던 모든 권세를 엘리야김에게 넘겨주시겠다고 하시면서 다윗의 열쇠가 등장한 것이다. 엘리야김에게 주시겠다고 하신 것들이 전부 메시야에 관한 언어들이다. 하나님은 엘리야김을 내 종이라고 부르셨다. 그에게 옷을 입히고 띠를 띠워 힘 있게 만드시겠다고 하셨다. 옷과 띠의 개념은 구약성경에 자주 등장한다. 벌거벗은 아담과 하와에게 가죽 옷을 지어 입히시고, 성전을 상징하는 제사장의 옷과 성도들의 흰 옷, 이와 같이 성경에서는 옷을 입히고 띠를 띠게 하신다는 내용이 많이 나온다.

이는 예수 그리스도라는 의의 옷을 입게 되는 성도들을 묘사한 것이다. 따라서 우리는 예수 그리스도라는 하나님의 말씀인 전신갑주를 입고 있는 성도들이다. 에베소 6장에 나오는 하나님의 전신갑주, 즉 구원의 투구, 의의 흉배, 믿음의 방패, 평안의 복음의 예비한 신, 진리의 띠, 성령의 검 이 모든 것이 바로 예수 그리스도, 하나님 자신인 것이다.

따라서 우리는 예수 그리스도로 옷 입은 자들이다. 그래서 마귀가 우리를 건드리지 못한다. 성도는 예수라는 옷으로 덧 입혀져 있기 때문에 마귀를 이길 수 있다. 이들이 바로 믿음이 있는 자들이다. 이 믿음에 있는 자들이 말씀을 전하지 않으면 평생 가도 성경이 열리지 않는다.

> 또 네게 이르노니 너는 베드로라 내가 이 반석 위에 내 교회를 세우리니 음부의 권세가 이기지 못하리라. 내가 천국 열쇠를 네게 주리니 네가 땅에서 무엇이든지 매면 하늘에서도 열릴 것이요 네가 땅에서 무엇이든지 풀면 하늘에서도 풀리리라(마16;18-19)

반석은 그리스도다. 베드로처럼 열쇠를 받은 자가 열어주면 성경이 열어진다.

> 다 같은 신령한 음료를 마셨으니 이는 저희를 따르는 신령한 반석으로부터 마셨으매 그 반석은 곧 그리스도시라(고전10;4)

누구라도 반석이신 그리스도의 제자가 되면 예수님으로부터 신령한 음료를 마실 수 있다. 또한 그런 자들은 자기를 부인하고 십자가의 도를 따라간다.

> 곧 산 자라 내가 전에 죽었었노라 볼찌어다 이제 세세토록 살아 있어 사망과 음부의 열쇠를 가졌노라(계1;18)

그러려면 우리가 육신의 생각을 죽여야 한다. 육신의 생각은 사망이요. 음부는 저승이고 음녀는 멸망자다. 계시록 때는 일곱 머리 열 뿔들이 영혼을 죽이는 자들로 등장한다.

다윗의 뜻은 사랑 받은 자다. 사랑 받은 자는 초림 때는 예수 그리스도다. 그러므로 예수께서 열어주시면 열리고 천국의 열쇠도 그리스도께서 주시면 가질 수 있다. 그런데 마귀도 무저갱의 열쇠를 받았다.

> 다섯째 천사가 나팔을 불매 내가 보니 하늘에서 땅에 떨어진 별 하나가 떨어져 저가 무저갱의 열쇠를 받았더라(계9;1)

이 종교세계에 하늘에서 떨어진 별(타락한 천사)하나가 무저갱의 열쇠를 받았다. 무저갱은 음부다. 밑이 없는 구덩이로 아무리 말씀을 부어줘도 깨닫지 못해 거기서(이단의 조직체) 들랑 달랑 하고 있다.

> 또 내가 보매 천사가 무저갱 열쇠와 큰 쇠사슬을 그 손에 가지고 하늘로서 내려와서(계20;1)

그러나 마지막 때에는 무저갱을 여기다 놓고 잠가버린다. 하나님의 말씀이 들어가면 살아나는데 무저갱은 밑 빠진 독이다. 그러므로 다 떠내려간다. 천사가 여기다 놓고 잠가버린다. 지금 신천지(코로나)를 생각하면 된다.

> 볼찌어다 내가 네 앞에 열린 문을 두었으되 능히 닫을 사람이 없으리라 네가 네 행위를 아노니 네가 적은 능력을 가지고도 내 말을 지키며 내 이름을 배반치 아니하였도다.(계3;8)

'문을 열어 놓았다' 라는 구절을 살펴보면 이사야에서 나타내었듯이, 하나님께서 열방으로 돌아오게 될 것에 대해 즉 예수 그리스도로 말미암아 하나님의 백성들이 돌아오게 될 것을 예언한 거다.

> 네 성문이 항상 열려 주야로 닫히지 아니하리니 이는 사람들이 네게로 열방의 재물을 가져오며 그 왕들을 포로로 이끌어 옴이라 (사60;11)

새 하늘과 새 땅을 상징하는 새 예루살렘이 항상 열려 주야로 닫히지 않았다고 했는데 왜 열려 있느냐 하면 낮이라서 성문들이 모두 열려 있다.

> 그 성은 해와 달의 비침이 쓸데없으니 이는 하나님의 영광이 비취고 어린양이 그 등이 되심이라. 만국이 그 빛 가운데로 다니고 땅의 왕들이 자기 영광을 가지고 그리로 돌아오리라. 성문들이 낮에 도무지 닫지 아니하리니 거기는 밤이 없음이라.(계21;23-25)

문이 열려 있는 이유에는 새 하늘에는 다시는 밤이 없기 때문에 그렇다. 주님이 계신 곳에는 밤이 없고 낮만 있다. 따라서 '네 앞에 열린 문을 두셨다'고 하신 것은 가난하고 작고 비천한 빌라델비아 교회에게 이미 천국의 문을 열어 두었고 그 문에 열려 있음을 주지시키면서 주님께서 교회와 함께 계신다. 라는 위로의 차원이다. 그러므로 그 문은 주님께서 열어 놓으셨기 때문에 아무도 닫을 사람이 없다. 너희가 지금은 밤 같은 고난의 시간을 살고 있지만 실상은 영적으로 대낮을 살고 있다는 것을 열린 문으로 확인시켜 주신 거다.

그동안의 도시들은 아시아에서 아주 유명한 도시들이었다. 그러나 빌라델비아는 지진이 많은 도시고 뭐하나 내세울게 없는 가난한 도시라 교회 자체도 작고 보잘 것 없었다. 따라서 교회가 가난했고 다른 유대인들로부터 핍박만 받은 그런 교회지만 예수께서는 칭찬만 하셨다.

빌라델비아는 7번의 큰 지진으로 도시가 거의 황폐하다시피 되었다. AD 17년에 큰 지진 후에 도시를 다시 세워야 할 만큼 커다란 타격을 입었다. 그래서 도시를 다시 재건하게 되는데 로마 황제의 지원을 받아 재건하면서 도시의 이름을 새 이름으로 바꿨다. '(New city of Caesar-시이저에게 바치는 새로운 도시'로 30여 년간 쓰다가 다시 50년경에 빌라델비아로 고쳤다. 예수님이 살아계실 동안에 새 이름을 쓰고 있었다. 그래서 주께서 이기는 자에게는 새 이름을 기록하겠다는 표현을 쓰신 것이다.

> 보라 사단회 회 곧 자칭 유대인이라 하나 그렇지 않고 거짓말 하는 자들 중에서 몇을 네게 주어 저희로 와서 네 발 앞에 절하게 하고 내가 너를 사랑하는 줄을 알게 하리라(계3;9)

자칭 유대인이라 하는 자들이 바로 거짓말 하는 자들이라고 말씀하셨다. 그리고 그들을 사단의 회라고 하셨다. 예수님의 말씀을 배반하면 지옥이다. 사단의 회가 바로 자칭 유대인이다. 그들을 종교인이라 하는데 그들이 바로 거짓말하는 사단의 영이다.

유대인들은 율법을 철저하게 지킨 자들인데 그들이 정말 거짓말을 많이 했을까? 아니다. 그들은 거짓말을 하지 않으려고 무던히도 노력한 사람들이다. 그런데 유대인들을 모두 싸잡아서 거짓말하는 자들이라고 표현하신 것은 무슨 의미일까?

유대인들은 예수님을 메시야로 인정하지 않고 그분을 거짓 메시야로 생각하고 그리스도인들을 핍박했다. 그런 의미에서 거짓말하는 자들이라 표현한 것이다. 한 마디로 예수를 알아보지 못하는 자들은 모두 거짓말 하는 자들이며 사단의 회라고 치부하셨다.

또한 자칭 선지자가 이세벨이다. 꿈에 계시를 받았느니, 성령의 은사를 받아 치유의 능력이 있다느니 하는 모든 것은 사단의 회다. 사단의 정체가 '큰 용이 내어 쫓기니 옛 뱀 곧 마귀라고도 하고 사단이라고도 하는 온 천하를 꾀는 자라 땅으로 내어 쫓기니 그의 사자들도 저와 함께 내어 쫓기니라(계12;9)' 이와 같이 잘 나타나 있다.

첫 장막인 하늘이 교회다. 교회를 꾀는 자가 마귀고 사단이다. 이들은 교회를 꾀어 사망으로 끌고 간다. 이 땅에서의 대표적인 실예가 다단계로서 꾀어 폭삭 망하게 한다. 그러나 마귀는 영혼을 꾄다. 거짓 선지자한테 악한 영이 임하면 영혼을 무작위로 착취당한다.

> 악한 자의 임함은 사단의 역사를 따라 모든 능력과 표적과 거짓 기적과. 불의의 모든 속임으로 멸망하는 자들에게 임하리니 이는 저희가 진리의 사랑을 받지 아니하여 구원함을 얻지 못함이니라 (살후2;9)

하나님께서는 사단의 역사를 따라 거짓 것을 믿게 했다. 그 이유는 진리를 따르지 않는 자들을 심판하기 위해서다. 그러므로 가롯 유다한테 사단이 들어가게 한 것도 하나님이시다.

> 열둘 중에 하나인 가롯이라 부르는 유다에게 사단이 들어가니 (눅22;3)

초림 때는 가롯유다한테 사단이 들어갔고, 창세기 3장에서는 그 사단이 뱀으로 오늘날 교회의 거짓목사와 똑같다.

> 이것이 이상한 일이 아니라 사단도 자기를 광명의 천사로 가장하나니(고후11;14)

광명한 천사로 가장하는 것이 사단이다. 창세기 때 하와한테 뱀이 들어간 것처럼, 가운 입고 설교 단상에 선 목사들한테 마귀(탐심)가 들어가니까 먹음직도, 보암직도, 탐스럽기도 한 세상의 것들로 교인들을 꾀고 있다.

그러나 초림 때의 예수님은 사단의 조치를 알고 이를 허락하셨다. '내가 너희 열둘을 택하지 아니하였느냐 그러나 너희 중에 한 사람은 마귀니라 하시니' 이와 같이 이미 주님께서 아시고 허락하셨기 때문에 사단한테 내 영혼이 속지 않으려면 심령 안에 그리스도의 말씀이 살아 있어야 한다. 그렇지 않으면 목사의 꾀임에 다 넘어간다.

이 종교세계가 얼마나 악하냐 하면 교회에 돈 많이 바치면 사업이 잘 되고 부도날 것도 다 막는다고 꼬드긴다. 그렇게 꾀는 목사들은 손 하나 까닥하지 않고 잘 먹고 잘 산다.

자칭 유대인, 자칭 선지자, 자칭 사도들, 이들이 오늘날의 목사로 육신의 생각으로 이 세상의 복을 구하게 하는 자들이다. 부르심을 입고 빼내심을 얻은 진실한 백성이 되어야 그리스도의 영이 그들과 동행한다. 동행 자체가 지혜와 지식과 하나님의 나라의 모든 보화다. 즉 말씀이 함께 동행하는 것으로 그 말씀이 생각과 마음에 거하므로 함께 하시는 거다. 즉 진리와 동행하기 때문에 진실한 입에서는 거짓말이 나올 수가 없다.

따라서 진짜 하나님의 백성들은 예수를 믿고 있는 너희들 빌라델비아 교회라는 말씀이다. 그들 중 몇 명을 빌라델비아 교회의 발 앞에 절하게 만드시겠다고 하신 것이 바로 그 이야기다. 이 말씀도 이사야서에서 인용하셨다.

> 너를 괴롭게 하던 자의 자손이 몸을 굽혀 네게 나아오며 너를 멸시하던 모든 자가 네 발 아래 엎드리어 너를 일컬어 여호와의 성읍

이라. 이스라엘의 거룩한 자의 시온이라 하리라(사60;14)

하나님의 백성들을 괴롭히던 자들이 하나님의 백성들 발아래 엎드리었다. 그들을 가리켜 여호와의 성읍이며 이스라엘의 거룩한 자의 시온이라 하셨다. 여호와의 성읍, 거룩한 자의 시온이 곧 거룩한 성, 새 예루살렘이다. 새 예루살렘이 교회 즉 하나님의 백성들이다.

> 일곱 대접을 가지고 마지막 일곱 재앙을 담은 일곱 천사 중 하나가 나아와서 내게 말하되 가로되 이리오라 내가 신부 곧 어린양의 아내를 네게 보이리라 하고. 성령으로 나를 데리고 크고 높은 산으로 올라가 하나님께로부터 하늘에서 내려오는 거룩한 성 예루살렘을 보이니(계21;9-10)

예수를 그리스도로 인정하지 않는 거짓말 하는 자들, 사단의 회, 유대인들을 네 발 앞에 절하게 만드시겠다는 것은, 빌라델비아 교회야말로 진짜 하나님의 성전이란 뜻을 담고 있다. 지금은 작고 가난하고 보잘 것 없어 보이지만 너희야말로 '하나님의 성전이다' 라고 위로해 주신 말씀이다.

오늘날의 많은 목사들 또한 자칭 유대인과 사단의 회같이 거짓말을 그럴듯하게 꾸며 성경에서 나타내는 복의 개념을 마치 세상의 복인 양 그렇게 미혹시키고 있다. 뿐만 아니라 이들은 각 개인사의 당면 문제들을 마치 예언의 계시를 받은 것처럼 하여 하나님을 무당예수로 둔갑시키고 있다. 꿈에 무엇을 계시 받았다고 하는 그 자체가 사단의 회다. 이들이 바로 자칭 선지자로 이세벨들이다. 이들은 광명한 천사로 위장하는데 천부적인 소질을 타고 난 자들이다.

> 이것이 이상한 일이 아니라 사단도 자기를 광명의 천사로 가장하나니(고후11;14)

하늘에서 떨어진 타락한 천사가 계명성이다. 즉 광명한 천사로 가장한 사단(뱀)이다. 이 사단이 하와한테 들어간 후로 초림 때부터 지금까지 계속해 이어져 내려왔다. 그러기에 예수님도 사단의 조치를 알고 계셨지만 허락하셨다.

따라서 내 마음에 그리스도가 계시지 않으면 사람의 꾀임에 다 넘어간다. 무엇보다 내 영혼이 속지 않아야 한다. 또한 거룩의 본체가 예수님이기 때문에 우리는 항상 예수그리스도의 옷을 입고 있어야 마귀가 우리를 이기지 못한다. 마귀는 항상 우리를 시험하고 있다.

교회가 얼마나 악하냐 하면 교회에 돈(십일조나 헌금) 많이 바치면 사업이 잘 되고 실패된 사업도 부도에서 면할 수 있다고 허언 장담한다. 그들은 손 하나 까닥하지 않고 입만 갖고 잘 먹고 잘 사는 도둑님들이다. 목사는 헌금이 들어오면 영혼을 살리는 일에 써야 하는데 자기 세력을 확장시키는데 쓰고 있다. 이들이 전부 자칭 유대인이요, 거짓사도들이다.

그러므로 육신의 생각으로 이 세상의 복만 구하게 하는 자들을 멀리해야 한다. 성도라면 부르심을 입고 빼내심을 얻은 진실한 백성이 되어야 한다. 동행 자체가 지혜와 지식과 하나님의 나라의 모든 보화다. 즉 말씀이 생각과 마음에 거해야 그리스도의 영이 함께 하는 거다. 진리와 동행하기 때문에 그 입에 거짓말이 없고 진실만 말한다. 그러므로 요셉이 팔려가고 거기에 복을 준 것 또한 하나님이 함께 하신 거다. 그리스도의 옷을 입으면 그래야 한다. 변화를 받아야 분별할 수 있다.

> 네가 나의 인내의 말씀을 지켰은즉 내가 또한 너를 지키어 시험의 때를 면하게 하리니 이는 장차 온 세상에 임하여 땅에 거하는 자들을 시험할 때라(계3;10)

이 말씀을 곡해해서 '네가 나의 말을 잘 듣고 인내했으니까 내가 너를 휴거 시켜서 7년 대 환난을 면하게 해줄게' 이렇게 해석하는 목사들도 있다. 그러나 여기서 '나의 인내를 지켰다' 라는 말은 우리의 인내가 아니라 예수님의 인내이다. 예수님의 수난과 그분의 인내에 대한 복음은 유대인들을 포함한 세상 사람들에게 무시당하고 멸시를 당했다. 그러나 빌라델비아 교회의 사람들은 그 수난과 죽음과 인내와 부활을 이해하고 잘 지켰다. 그래서 예수께서 그러한 너희들을 내가 지키어 시험의 때를 면하게 해 주겠다고 말씀하신 것이다. 시험의 때를 아주 없이해주시겠다는 것이 아니고 지켜주시겠다는 뜻이다. 따라서 지금이 바로 인의 재잉, 나필 재잉, 대접 재앙의 시기이다. 하니님은 지금 일곱 인을 떼시고, 나팔을 불고 계시며 대접을 쏟고 계신다. 그러나 성도는 지금 그 환난기를 통과하고 있는 시기에 예수 그리스도의 보호하심 안에 있기 때문에 마귀가 우는 사자처럼 삼킬 자를 찾아다니는 지금 이시기에 그리스도의 말씀 안으로 숨게 해주시는 거다. 시험의 때에서 지켜주심 그 자체가 바로 전신갑주(하나님의 말씀) 때문이다.

> 내가 너를 권하노니 내게서 불로 연단한 금을 사서 부요하게 하고 흰옷을 사서 입어 벌거벗은 수치를 보이지 않게 하고 안약을 사서 눈에 발라보게 하라(계3;18)

이와 같이 그리스도의 말씀 자체가 불로 연단된 백프로 금이기에 그 금으로 흰옷을 사서 입었기 때문이다. 성경의 모든 것은 정금(말씀)이다. 따라서 성경에서의 금과 은은 모두 말씀이다.

> 또한 만국을 진동시킬 것이며 만국의 보배가 이르리니 내가 영광으로 이 전에 충만케 하리라 만군의 여호와의 말이니라. 은도 내 것이요 금도 내 것이니라 만군의 여호와의 말이니라(학개2;7-8)

학개 2장은 영광의 장이다. 하나님 나라와 세상 나라가 있는데 세상 나라가 만국(교회)이다. 즉 교회가 많다는 뜻이다. 그러기 때문에 이 세상 나라들은 자기들끼리 교파가 많다. 그러나 학개서 2장의 만국의 보배는 새로운 성전의 이야기다. 말씀 자체가 하나님의 것이기에 보배로운 것이다. 그러나 짐승들도 자기들의 말도 금이라 하지만 이들의 말은 전부 거짓으로 꾸민 금도금이다. 그러기에 금 같은 면류관 비슷한 것이라 표현했다.

> 황충들의 모양은 전쟁을 위하여 예비한 말들 같고 그 머리에 금 같은 면류관 비슷한 것을 썼으며 그 얼굴은 사람의 얼굴 같고
> (계9;7)

황충이 벌레인데 황충은, 요엘서에 잘 나타나 있다.

> 팟종이가 남긴 것을 메뚜기가 먹고 메뚜기가 남긴 것을 늦이 먹고 늦이 남긴 것을 황충이 먹었도다. 무릇 취하는 자들아 너희는 깨어울찌어다 포도주를 마시는 자들아 너희는 곡할찌어다 이는 단 포도주가 너희 입에서 끊어졌음이니. 한 이족이 내 땅에 올라왔음이로다 그들은 강하고 무수하여 그 이는 사자의 이 같고 그 어금니는 암사자의 어금니 같도다(욜1;4-6)

이 말의 본뜻은 죽어도 못 깨닫는다는 뜻이다.

내가 속히 임하리니 네가 가진 것을 굳게 잡아 아무나 네 면류관을 빼앗지 못하게 하라. 이기는 자는 내 하나님 성전에 기둥이 되게 하리니 그가 결코 다시 나가지 아니하리라 내가 하나님의 이름과 하나님의 성 곧 하늘에서 내 하나님께로부터 내려오는 새 예루살렘의 이름과 나의 새 이름을 그이 위에 기록하리라. 귀 있는 자는 성령이 교회들에게 하시는 말씀을 들을찌어다(계3;11-13)

주님은 빌라델비아 교회가 가진 것을 굳게 잡으라고 말씀하셨다. 그들이 가진 것이 예수님의 인내의 말씀을 지킨 것으로 즉 복음을 말한다. 그 정확한 복음을 잘 지키는 것이 교회가 살 유일한 길이다. 그리고 이기는 자들에게는 하나님의 성전에 기둥이 되게 하시겠다고 하셨다. 그리고 그 기둥들로 결코 다시 나가지 않는다고 하셨다. 그리고 그 기둥 위에다가 하늘로부디 내려오는 새 예루살렘의 이름, 교회의 이름과 예수님의 새 이름을 새기겠다고 말씀하셨다.

성도는 하나님의 성전의 기둥이다. 성전에는 두 개의 기둥이 있다. 그 기둥이 성전을 지탱한다. 그 기둥이 빠져 버리면 성전은 붕괴되고 만다. 예수께서 성전에 기둥이 되게 하시겠다고 하신 것은 우리가 빠진 성전은 있을 수가 없다는 것을 천명하신 거다. 우리가 없으면 하나님의 성전은 붕괴되고 말 것처럼 묘사하셨다. 성도는 그처럼 하나님께 대우를 받는 존재들이다. 그러기에 끝까지 끌고 가실 거다. 그리고 그 위에 찬란하고 영광스러운 교회의 이름과 예수 그리스도의 이름을 기록하시겠다고 하셨다. 그러므로 성도는 새 예루살렘의 완성된 교회의 모습이다.

> 크고 높은 성곽이 있고 열두 문이 있는데 문에 열두 천사가 있고 그 문들 위에 이름을 썼으니 이스라엘 자손 열두 지파의 이름들이라. 동편에 세 문, 북편의 세 문, 남편에 세 문, 서편에 세 문이니. 그 성의 성곽은 열두 기초석이 있고 그 위에 어린양의 십이 사도의 열두 이름이 있더라(계21;12-14)

새 예루살렘의 성곽과 성 문 위에 교회를 상징하는 12지파와 12사도의 이름들이 새겨져 있다. 성도는 그런 존재들이다. 이미 우리의 이름이 하나님의 생명책에 기록되어 있다. 다윗은 그 사실을 알았다. 그래서 그의 시편에 내가 사망의 음침한 골짜기로도 다니고 푸른 초장으로 다니고 여러 상황과 조건에 처해 있지만 여호와의 집에 영원히 거하는 성전의 기둥이니까 하나님과 함께 영원히 살 것을 확신했다. 그랬기에 시편 23편에 자신이 겪는 여러 가지 고난과 어려움들이 자기를 괴롭히지만 결국 자신은 여호와의 집에 영원히 살 것을 알기에 그걸 찬양한 거다. 그는 절대 포기될 수도 없고 중도에서 탈락할 수 없는 그의 이름이 하나님의 생명책에 기록되어 있는 것을 이와 같이 알고 고백한 거다. 그리스도의 영이 심령 안에 거한 자들은 그 어떤 것으로도 하나님의 사랑에서 끊어낼 수 없는 거다.

7. 라오디게아 교회의 실상

> 라오디게아 교회의 사자에게 편지하기를 아멘이시오 충성되고 참된 증인이시오 하나님의 창조의 근본이신 이가 가라사대(계3;14)

아멘의 뜻은 확실하고 참되다의 뜻이다. 그러므로 아멘은 하나님을 묘사하는데 쓰이는 단어이다.

> 이러므로 땅에서 자기를 위하여 복을 구하는 자는 진리의 하나님을 향하여 복을 구할 것이요 땅에서 맹세하는 자는 진리의 하나님으로 맹세하리니 이는 이전 환난이 잊어졌고 내 눈앞에 숨겨졌음이니라(사65;16)

이사야 65장의 내용은 하나님께서 이스라엘의 죄를 심판할 것이며 그 중 하나님의 백성들을 다른 이름으로 부르시겠다는 내용이다. 그리고 16절에서 '진리의 하나님을 향하여 복을 구할 것이요' 의 참 뜻은 '아멘' 하나님으로 맹세할 것이라는 뜻이다.

그렇다면 아멘 하나님의 의미는 무엇일까? 하나님께서 죄인을 심판하고 하나님의 백성들을 다른 이름으로 불러내시리라는 언약을 하셨으므로 복을 구하는 자들은 '아멘 하나님'께 복을 구하고 맹세를 하는 자들도 '아멘 하나님'께 맹세하라는 거다. 그러므로 주님의 말씀에 언제든지 아멘으로 화답해야 한다. 아멘에 담겨 있는 의미는 하나님은 한번 약속하시고 계획하신 것은 반드시 이루어내시는 언약의 하나님이심을 우리가 아멘으로 고백하는 거다. 하나님은 창조의 근본이시다. 아울러 아멘 다음에 충성되고 참된 증인이 붙어 있다. 이는 새 하늘과 새 땅을 창조하실 것을 아멘을 통해 이를 본질적으로 정의한 거다.

> 보라 내가 세 하늘과 새 땅을 창조하나니 이전 것은 기억되거나 마음에 생각나지 아니할 것이라. 너희는 나의 창조하는 것을 인하여 영원히 기뻐하며 즐거워할지니라(사65;17-18)

그 언약의 하나님께서 새 하늘과 새 땅을 창조하실 것에 대해

'아멘이시오'라고 묘사한 것은 그 새 하늘과 새 땅과 하나님의 백성들의 새 마음을 창조하시는 그분이 바로 예수그리스도 자신이라는 것을 알려주신 것이다. 이와 같이 말씀(약속) 자체가 언약이고 하나님의 사랑이다. 그러기에 말씀이 떨어지면 아멘으로 하나님께 영광을 돌려야 한다.

> 하나님의 약속은 얼마든지 그리스도 안에서 예가 되니 그런즉 그로 말미암아 우리가 아멘하여 하나님께 영광을 돌리게 되느니라. 우리를 너희와 함께 그리스도 안에서 견고케 하시고 우리에게 기름을 부으신 이는 하나님이시니. 저가 또한 우리에게 인치시고 보증으로 성령을 우리 마음에 주셨느니라.(고후1;20-22)

이와 같이 성령의 기름을 부으시는 이는 하나님이시다. 따라서 인간의 학문으로 가르치는 신학교(神學敎)는 글자 그대로 사람(사단)한테 배우는 거다. 따라서 사단(神)의 학(學)이다. 성경은 하나님의 말씀으로 기름부음(성령)에 의해 진리의 영으로 깨닫게 하신다. 그러기에 신학(信學)은 믿음(信)의 학(學)이다. 초림 때는 바리새인들이 신학(神學)이었으나 예수 그리스도께서 십자가에 달리시고 다시 우리의 심령 안으로 성령(말씀)이 오셨기 때문에 지금은 믿음(信學:말씀)으로 깨우쳐야 한다.

> 내가 네 행위를 아노니 네가 차지도 아니하고 더웁지도 아니하도다 네가 차든지 더웁든지 하기를 원하노라.(계3;15)

라오디게아 도시는 교통의 요충지고 상업과 무역이 발달한 부자 도시다. 인구도 많았고 은행업과 의료시설이 있는 도시다. 그 의료 시설에는 안질을 낫게 하는 안약이 전 세계에 수출을 했다.

북쪽으로 6마일 떨어진 곳에는 유명한 온천이 있었고 남쪽으로 10마일 떨어진 곳에는 골로새교회가 있는 도시가 있었다. 그런데 라오디게아 도시는 석회석 때문에 물을 마실 수가 없을 정도로 식수가 형편없었다. 그래서 이웃도시인 히에라 폴리스의 뜨거운 온천수와 골로새의 차가운 생수를 수로를 통해 먹었다. 그것이 라오디게아까지 오면서 미지근하게 식어 그 물을 먹으면 토했다. 그러므로 찬 것이나 더운 것이나 다 좋다는 것이다.

네가 이같이 미지근하여 더웁지도 아니하고 차지도 아니하니 내 입에서 너를 토하여 내치리라.(계3;16)

단지 미지근하지 말라는 거다. 즉 미지근한 신앙이 문제라는 거다. 히에라 폴리스의 온천수와 골로새의 차가운 생수를 수로를 통해 대다 먹던 라오디게아 교회 사람들한테 예수님의 말뜻이 금방 이해되었을 것이다.

네가 말하기를 나는 부자라 부요하여 부족한 것이 없다 하나 네 곤고한 것과 가련한 것과 가난한 것과 눈먼 것과 벌거벗은 것을 알지 못하도다(계3;17)

라오디게아 사람들은 자신들을 부자라고 했고 부요하여 부족한 것이 없다 했으며 실제로 부족한 것이 없는 사람이었다. 그런데 그게 왜 미지근한 신앙의 근거인가? 여기서의 부자는 물질의 풍요가 아니다. 하나님의 말씀을 많이 안다는 게 부자다. 이들의 부자는 부족한 신앙임에도 불구하고 그대로 만족하고 있었다.

지혜를 얻는 것이 금을 얻는 것보다 얼마나 나은고 명철을 얻는

것이 은을 얻는 것보다 더욱 나으니라(잠16;16)

이와 같이 주님께서는 이 땅의 있는 부자(금, 은)를 빌려다가 지혜(금)와 명철(은)이 더 귀하다는 것을 나타내셨다. 그러므로 이 땅에 있는 부자는 천국 들어가기가 어렵다고 하셨다.

예수께서 제자들에게 이르시되 내가 진실로 너희에게 이르노니 부자는 천국에 들어가기가 어려우니라(마19;23)

이 땅의 종교인들은 땅의 지식으로 부자 만들려고 애쓴다. 그러나 진정한 신학(信學)은 이 땅의 부자가 아니라 하나님의 나라의 비밀을 가진 자가 부자다. 왜냐하면 그 안에는 지혜와 지식의 모든 보화가 감추어져 있기 때문이다. 그러므로 하나님의 나라는 먹고 마시는 것이 아니요 오직 성령 안에서 의와 평강과 희락이다. 그러므로 육신의 생각으로 가면 의와 평강과 희락이 없다. 이 땅의 부자는 아무리 많이 갖고 있어도 그 마음 안에는 마귀가 끝없는 탐심을 불러일으키기에 만족을 몰라 그게 바로 지옥이다.

부자 되기에 애쓰지 말고 네 사사로운 지혜를 버릴찌어다. (잠23;4)

그러므로 부자 되기에 힘쓰지 말라고 했다. 이 땅의 사사로운 지혜를 버려야 천국의 부자로 살 수 있다. 부자의 본질을 깨달아야 미지근한 신앙이 무엇인지 그 근본을 알게 되므로 차든지 뜨겁든지 할 수 있다. 나는 부자인데 나를 부자로 만든 것이 바로 나다. 자기의 힘으로 부자가 되어 스스로 만족하고 있다. 이런 것을 갖고 미지근한 신앙이라 한다. 이는 단지 경제적인 것을 애기하는 게 아니고 신앙적인 부분에 대해서다.

> 에브라임이 말하기를 나는 실로 부자라 내가 재물을 얻었는데 무릇 나의 수고한 중에서 죄라 할 만한 불의를 발견할 자 없으리라 하거니와(호12;8)

하나님께서 에브라임이 배부르고 등 따스하니까 하나님을 잊었다고 말씀하셨다. 그러나 에브라임은 하나님께 계속해 예배를 드렸고 순교도 했다. 그런데 하나님께서는 그들이 하나님을 잊었다고 하셨다.

> 바로 내가 그에게 곡식과 새 포도주와 기름을 주었으며, 또 내가 그에게 은과 금을 넉넉하게 주었으나, 그는 그것을 전혀 모르고 그 금과 은으로 바알의 우상을 만들었다(호2;8)

우리는 얼마든지 몸과 마음을 다 바쳐 헌신할 수도 있고 왕성한 종교 활동도 할 수 있다. 그런데 그렇게 풍성하고 부요한 행위를 만들어 주신 분이 하나님이시라는 것을 놓치고 내가 순교했고 내가 열심히 종교행위 했고 내가 열심히 돈 벌어서 헌금했다고 생각하는 그 자체가 하나님을 잊었다 혹은 미지근한 신앙이라 하는 거다. 그러기에 예수께서 그런 자들이 실상은 가난하고 눈멀고 벌거벗었다 라고 말씀하셨다. 그러므로 호세아 13장 6절에서 '저희가 먹이는 대로 배부르며 배부름으로 마음이 교만하여 이로 인하여 나를 잊었느니라' 라고 했듯이 그리스도인은 배부르면 하나님을 잊는다.

비록 육적인 것은 가난하여 이 땅에서 빈곤을 겪고 있지만, 그러나 심령이 가난한 사람들은 하늘에 소망을 두고 하나님만 바라

보고 살게 되므로 도리어 그 가난이 그들의 복이 될 수 있음이다.

> 심령이 가난한 자는 복이 있나니 저희가 위로를 받을 것임이요
> (마5;3)

심령이 가난해야 예수님의 말씀이 온전히 들려온다. 그러니까 천국이 저희 것이 되어 위로를 받는다. 육적 가난을 빌려다가 심령이 가난한 자의 복된 소식을 주님께서 곤고한 자들에게 이와 같이 처방전으로 세 가지을 내려 주셨다.

> 내가 너를 권하노니 내게서 불로 연단한 금을 사서 부요하게 하고 흰옷을 사서 입어 벌거벗은 수치를 보이지 않게 하고 안약을 사서 눈에 발라 보게 하라(계3;18)

'흰옷을 사서 입어라'는 흰옷은 일러준 말로 깨끗해진 옷이다. '안약을 사서 눈에 바르라'는 안약은 실로암에서 씻는 거다. 이런 것들은 돈 없이 값없이 사는 거다. 벌거벗은 수치를 보이지 않게 하는 것은, 징계를 받는 것은 자기가 잘못 행하기 때문이다. 그러므로 회개하여 뉘우쳐 고치라는 것이다. 따라서 성경에서의 먹고 사는 모든 것은 육신의 생각이 아니라 영생의 양식(말씀)을 먹고 사는 것을 말한다.

따라서 '불로 연단한 금'을 사면 하나님이 요구하는 차든지 덥든지 하는 신앙인이 된다. 그렇다면 미지근하고 가난한 신앙이 아닌 더웁든지 차든지 하는 하나님이 요구하는 신앙은 무엇인가? 그러므로 예수님한테 금을 연단한 것을 사라의 뜻은 이와 같다.

그의 임하는 날을 누가 능히 당하며 그의 나타내는 때에 누가 능히 서리요 그는 금을 연단하는 자의 불과 표백하는 자의 잿물과 같을 것이라. 그가 은을 연단하여 깨끗케 하는 자같이 앉아서 레위 자손을 깨끗케 하되 금, 은같이 그들을 연단하리니 그들이 의로운 재물을 나 여호와께 드릴 것이라(말3;2-3)

연단된 말씀이 금이다. 예수께서 십자가에 달리시기까지 시험을 받으셨고 연단되셨다. 성도도 이와 같이 시련을 통해 연단을 받아야 믿음도 단단하게 다져진다. 따라서 연단은 제련이다. 금, 은을 제련할 때는 불순물을 제거하기 위해 불로 땐다. 주님은 금, 은(말씀)을 제련하는 것처럼 불(영)로 하나님의 백성을 연단해서 점도 없고 흠도 없는 인간으로 만들려고 오셨다. 즉 깨끗하고 의로운 자로 만들려고 오신 거다. 불로 금을 제련할 때 2000도가 넘는 불로 제련해야 불순물이 제거된다. 우리를 점도 없고 흠도 없는 하나님의 자녀로 만들어가기 위해서 반드시 그 불로 연단되어지는 과정을 통과해야 된다. 그러기에 주님은 우리의 소원을 들어주고 문제를 해결해 주시려고 오신 게 아니라 불로 연단하려 오신 것이다. 그러한 시간이 그리스도인의 삶에 반드시 필요하기 때문에 연단을 받고 시험을 통과하고 나면 그때부터 하늘의 백성이 된다. 따라서 하나님의 자녀가 되면 그때부터 시험의 때 또한 끝났다. 왜냐? 불로 연단한 금은 주님으로부터 사야 하는 것으로, 그 시험과 고난은 이미 주님께서 겪으셨기 때문에 연단된 금(말씀)으로 흰옷을 사서 벌거벗은 수치를 가릴 수 있는 거다. 따라서 흰옷을 사서 입으라는 것은 십자가와 부활의 의미를 바로 이해하고 그 십자가의 삶이 영광스런 부활로 가는 길임을 깨달아 알라는 충고의 말씀이다. 마태복음에서 주님께서 죽으셔야 한다고 하자 제자들이 낙심하고 있었다. 그때 제자들을 데리고 변화산으로 가셨다. 그때 제자들의 영이 하늘로 끌어 올려 천상의 세계를 보았다. 그리고 주님의 모습이 저희 앞에 변형되사 그 얼굴이 해같이 빛나며 옷이 빛과 같이 희어졌다. 그런 연후, 예수께서 모세와 엘리야가 더불어 말씀을 나눈 것을 지켜본 베드로가 천상의 세계가 너무 좋아 그냥 여기서 초막 셋을 짓고 주님과 함께 살겠다고 고백했다. 제자들을 위로하기 위해 변화산에 올라간 그 사건 자체가 예수님의 죽음이 영광스런 부활로 가는 길임을 깨달아 참된 부요의 삶을 살라는 충고였다.

진실로 너희에게 이르노니 여기 섰는 사람 중에 죽기 전에 인자가 그 왕권을 가지고 오는 것을 볼 자도 있느니(마16;28)

그러므로 벌거벗은 수치를 보이지 않게 하라는, 십자가의 부활의 의미를 깨닫지 못했다는 것을 나타낸 것으로 부실한 교리를 지적했다. 따라서 깨닫는 사람이 흰옷을 사서 입은 사람들이 된다. 아울러 안약을 사서 바르라는 것의 또 다른 의미에는 안약으로 유명했던 라오디게아 교회 사람들에게 쉽게 이해가 되는 부분이다. 예수께서 안약이 되어 소경을 고친 사건이 성경 곳곳에 많이 나타나 있다. 이는 빛이신 예수께서 흑암에 갇혀 있는 죄인들을 부르셔서 눈을 뜨게 하시는 새 창조의 장면을 상징한 것이다. 예수께서 안약이 되셔서 소경의 눈을 뜨게 하는 사건이 바로 하나님의 하시는 일을 나타내신 것으로 하나님의 새 창조를 예고하신 것이다.

무릇 내가 사랑하는 자를 책망하여 징계하노니 그러므로 네가 열심을 내라 회개하라(계3;19)

이렇게 심하게 라오디게아를 책망하시면서도 또 사랑하신다고 하셨다. 책망은 관심 있는 대상한테 하는 거지, 그렇지 않으면 무관심해 버린다. 사랑하니까 책망도 하고 징계도 하신다. 그러므로 하나님의 책망과 징계가 우리 삶에 있다는 것은 그만큼 하나님께서 패역한 우리를 포기 하지 않고 끝까지 지키고 계시다는 열심의 증거다. 성도는 그러한 하나님의 사랑을 끝까지 믿고 우리를 포기하지 않고 끌고 가시는 주님의 사랑에 확신을 갖고 회개해야 한다.

> 볼찌어다 내가 문밖에 서서 두드리노니 누구든지 내 음성을 듣고 문을 열면 내가 그에게로 들어가 그로 더불어 먹고 그는 나로 더불어 먹으리라(계3;20)

라오디게아 교회는 많은 책망을 받았지만 실은 하나님이 사랑하는 교회였다. 여기서 주님이 두드리는 문은 천국 문인 주님의 문이다. 정말 우리가 문을 열면 주님이 들어오시는가? 그렇다면 구원의 주도권이 우리에게 있는 것이 된다. 그러나 구원은 하나님께서 우리 안에 뚫고 들어오셔야 구원이 된다. 주님의 문 두드리는 소리를 듣고 우리가 문을 열었기 때문에 구원을 받은 것이 아니다.

> 너희는 마치 그 주인이 혼인집에서 돌아와 문을 두드리면 곧 열어 주려고 기다리는 사람과 같이 되라. 주인이 와서 깨어 있는 것을 보면 그 종들은 복이 있으리로다 내가 진실로 너희에게 이르노니 주인이 띠를 띠고 그 종들을 자리에 앉히고 나아와 수종하리라 (눅12;36-37)

라오디게아 교회는 재림의 주님을 기다리는 교회였다. 누가복음 12장도 바로 재림하시는 주님을 기다려야 하는 제자들에게 하신 말씀이다. 그러므로 주님께서 두드리는 문은 우리 집 문이 아니라 주님 집의 문이다. 왜냐하면 너희는 그 주인이 혼인집에서 돌아와 문을 두드리면 곧 열어 주려고 기다리는 사람과 같이 되라고 기록되어 있다. 주인이 자기 집 문을 두드리는 것이다. 그리고 주권적으로 들어가시는 거다. 이는 주님의 음성을 듣는 사람은 열게 되어 있다는 뜻이다. 내가 문을 열건지 말건지 내가 판단하는 것이 아니라 주님께서 주권적으로 열고 들어오시는 것을 나타낸 말이다. 그런데 그들은 주님의 음성을 알아듣는 자들이라는 거다. 그래서 당연히 문을 열게 된다. 우리가 정말 구원받은 하나님의 백성이라면 우리는 주님의 음성을 들을 수 있어야 한다. 주님의 음성을 듣고 문을 여는 자는 주님이 함께 해 주신다. 그런 사람은 주님이 이끄는 데로 따라간다. 그러한 자들과 주님께서 함께 식사를 나누시겠다고 하셨다. 함께 식사를 한다는 것은 아무하고나 한 상에서 식사를 하지 않기 때문에 나의 모든 것을 함께 나눌 수 있는 친밀한 관계를 말하는 거다. 문을 연 자들은 우리 주님과 그러한 관계 속으로 들어가게 되는 거다.

> 이기는 그에게는 내가 내 보좌에 함께 앉게 하여주기를 내가 이기고 아버지 보좌에 함께 앉은 것과 같이 하리라. 귀 있는 자는 성령이 교회들에게 하시는 말씀을 들을찌어다(계3;21-22)

이와 같이 예수께서 대접을 해주시겠다는 약속이다. 우리는 불가능하고 연약하여 책망만 받아 마땅한 자지만 그런 우리를 하나님께서 주님의 사랑으로 감싸고 책망하시며 때로는 징계하시지만 결국은 하나님의 귀한 자녀로 만들고야 마시겠다는 하나님의 열심을 나타내신 거다. 우리는 이 구절에서 하나님의 깊은 사랑을 읽을 수 있어야 한다.

따라서 계시록에 일곱별의 비밀이 있다는 것은 감추어진 게 있다는 뜻이다. 그러므로 비밀을 열려면 열수 있는 도구가 있어야 한다. 그 도구가 바로 그리스도 예수시다. 천국 문을 열려면 반드시 열쇠가 있어야 하는데 그 열쇠 자체가 바로 그리스도시다. 그러므로 우리가 그리스도의 소유가 되려면 믿음 안으로 들어가야 한다. 즉 그리스도의 말씀 안에 들어가면 이들한테 성경의 비밀들이 열어진다.

성경은 창세전에 하나님께서 택정한 백성들한테만 알려주기 위해 사단마귀가 알 수 없도록 그룹(하나님의 영)들과 두루 도는 화염검(말씀)으로 막아 놓으셨다. 그게 성경의 비밀이다. 또한 하나님의 비밀이 바로 예수 그리스도다. 비밀이신 예수 그리스도 안(말씀)으로 들어가면 그 안에 지혜와 지식 모든 보화가 가득 담겨 있다. 그야말로 하나님의 능력이 그 안에서 열려진 것을 봤을 때 그때 비로소 성경이 열어진다. 그러려면 천국 열쇠를 갖고 계신 예수님의 제자가 되어야 한다. 그야말로 천국(하나님) 열쇠(제자)를 갖게 되면 새것(신약)과 옛것(구약)을 마음대로 갖다 쓸 수 있다. 이들이 천국의 제자다.

> 예수께서 가라사대 그러므로 천국의 제자된 서기관마다 마치 새것과 옛것을 그 곳간에서 내어오는 집주인 같으니라(마13;52)

예수님 자체가 천국으로, 천국은 좋은 씨(말씀)를 제 밭에 뿌린 것과 같은 것이기에 마음 밭에 그리스도의 말씀을 심어야 한다.

제2부 천상의 보좌와 재앙의 내용

4장
삼층천의 실상

1. 하늘의 열린 문

사도요한은 기록만 했고 여는 것은 예수 그리스도시다. 아담 안에 있는 자는 전부 죄인이고 반대로 그리스도 안에 있는 자들은 의인이다. 여기는 하늘의 사환이다. 여기서 사도 요한이 성령에 감동해서 하나님 보좌가 계신 영계로 올라갔다. 영의 세계를 보여준 게 계시록 4장이다. 올라가려면 '열린 문' 자체가 이 땅에 말씀으로 오신 예수님이시다. 이걸 깨달아 알아야 계시록의 진위를 파악할 수 있다. 따라서 앞으로 성취될 일들을 요한한테 보이는 사건이 4장과 5장이다. 요한처럼 영이 하늘로 끌어 올라간 사람들만이 마지막 시대에 분명한 나팔을 불 수 있다.

> 이 일 후에 내가 보니 하늘에 열린 문이 있는데 내가 들은 바 처음에 내게 말하던 나팔 소리 같은 그 음성이 가로되 이리로 올라오라 이후에 마땅히 될 일을 내가 네게 보이리라 하시더라.(계4;1)

계시록에 '이 일 후'란 말이 6번 나온다. '주의 날에 내가 성령에 감동하여 내 뒤에서 나는 나팔 소리 같은 큰 음성을 들으니.(계1;10)' 이와 같이 나팔소리 같은 큰 음성을 들은 것이 첫 번째고, 그리고 4장 1절의 '이 일 후'는 2-3장에 일곱 교회에 편지 보내고 난 후의 일이다. 따라서 1장 10절부터 계시록 3장까지에 기록된 첫 번째 환상을 본 이후에 요한이 하늘로 올라가서 두 번째 환상을 본 것이 천상의 보좌도다.

요한은 밧모섬에서 성령에 이끌리어 천상의 세계를 보았지만, '말할 때에 홀연히 빛난 구름이 저희를 덮으며 구름 속에서 소리가 나서 가로되 이는 내 사랑하는 아들이요 내 기뻐하는 자니 너희는 저의 말을 들으라 하는지라(마17;5)' 이와 같이 그 전에도 주님과 함께 변화산에 올라가서도 베드로, 야고보와 같이 천상의 세계를 보았다.

1장에서 3장까지는 이 땅의 지상적인 교회를 그리고 있다면 4-5장은 이미 완성된 천상의 교회를 보여주고 있다. 따라서 '하늘'하면 이걸 생각해야 한다. 2-3장의 교회는 처음 장막인 하늘이고, 그리고 그 교회들이 말씀을 깨달아 영이 부활하여 올라가면 그게 둘째 장막인 지성소다. 그리고 하나님이 계신 천상의 보좌도가 셋째 하늘이다. 따라서 요한의 육체는 여기 그대로 있고 그의 정신(영)이 하늘로 끌어올려져 영계의 세계를 본 것이 계시록 4장과 5장이다.

하늘에 '열린 문'이 3장 8절에 나와 있는데 4장 1절에도 열린 문이 나온다. 또한 초림 때는 예수께서 십자가에 달리실 때 하늘의 문이 열렸다. 이와 같이 계시록은 반복적이며 점층적인 기법으로 기술되어 있다.

계시록을 알려면 먼저 열린 문을 꼭 찾아야 한다. '하늘에 열린 문'은 예수님이 하늘의 열린 문이다. 누구든 예수님의 제자가 되면 우리도 요한처럼 성령에 감동을 입어 영의 세계로 올라 갈 수 있다. 그래야 온전히 깨닫고 지성소(영의 세계)로 올라갈 수 있다. 그런 사람만이 복 받은 사람으로 신령한 복으로 주님께 예배 드릴 수 있고 찬송도 절로 나온다.

> 찬송하리로다 하나님 곧 우리 주 예수 그리스도의 아버지께서 그리스도 안에서 하늘에 속한 모든 신령한 복으로 우리에게 복 주시되(엡1;3)

따라서 그리스도 예수 안에 있어야 하늘에 속한 자가 되고 그래야 새 노래를 부를 수 있다. 하늘에서 신령한 복을 받은 사람들은, 신령한 복이 그리스도의 복이므로 성경 말씀을 갖고 절대 거짓말을 할 수가 없다. 왜냐하면 신령은 하늘의 비밀이라 감추어져 있기 때문이다. 그러기에 신령(神靈)으로 열면 절대 성경이 열리지 않는다. 그러다보니 오늘날 대부분의 많은 목사들이 신령(神靈)으로 성경을 대하니까 전부 자기들이 하나님의 영을 받아 기도의 은사를 받았느니, 성령의 도움으로 치유의 은사를 받았느니, 기도하고 교회가 크게 부흥되었느니 이런 헛소리를 많이 한다. 성경을 조금만 깨우쳐도 할 수 없는 거짓말들을 목사들이 너무나 천연덕스럽게 하고 있다.

주님은 '내 이름을 위하여 증거하면 너희가 모든 민족(교회)에게 핍박받으리라(마24;9)' 이렇게 분명하게 말씀하셨다. 그런데 도리어 그걸 자랑하고 있으니 참으로 무식한 노릇이다.

따라서 성도는 신령(信靈)이 되어야 그리스도를 만날 수 있다. 그리스도의 영(말씀)이 내 안에 거하면 진리의 영이 모든 성경을 깨우쳐 알게 하시므로 구약의 선지자들처럼 영계의 세계를 볼 수 있다. 노아도 구원을 받고 하나님께서 무지개의 언약을 맺기 위해 구름(영)을 타고 오셨듯이, 아브라함도, 모세도 전부 그리스도를 만났다. 하나님은 영이시다. 따라서 예수 그리스도도 영이시요, 천사도, 성령도 전부 영이다.

그러므로 이 땅에 말씀으로 오신 예수 그리스도와 우리가 하나로 연합되려면, 예수님의 음성(말씀)을 들을 수 있어야 한다. 예수 그리스도의 문을 통과하지 않고는 성경은 절대 열리지 않는다. 즉 천국(열린 문)의 문을 통해야 하늘의 비밀을 깨닫게 된다는 뜻이다.

> 문지기는 그를 위하여 문을 열고 양은 그의 음성을 듣나니 그가 자기 양의 이름을 각각 불러 인도하여 내느니라(요10;3)

성도라면 예수님의 말씀을 들을 줄 알아야 인도함을 받을 수 있다. 그러기 때문에 예수께서도 '나는 양의 문이니 나보다 먼저 온 자는 다 절도요 강도니 양들이 듣지 아니하였느니라(요10;8)' 이렇게 말씀하셨다. 이는 살아계실 때의 말씀이고, 우리에게 완전한 문을 열어 놓으신 때는 십자가에 달리시고 나서다.

> 그 길은 우리를 위하여 휘장 가운데로 열어 놓으신 새롭고 산 길이요 휘장은 곧 저의 육체니라(히10;20)

그러므로 '내가 곧 길이요 진리요 생명이니 나로 말미암지 않고는 아버지께로 올 자가 없느니라.' 하셨다. 이와 같이 지성소로 올라가는 길은 오직 예수 그리스도의 제자가 되어 그 도(道;십자가)를 따라가는 길 밖에 없다. 그러려면 자기를 부인하고 예수 그리스도의 옷을 입고 좇아야 한다. 그게 천국잔치에 초대받은 자의 예복이다. 따라서 예복 입은 자는 죄가 없다.

염소와 송아지의 피로 아니하고 오직 자기 피로 영원한 속죄를 이루사 단번에 성소에 들어가셨느니라(히9;12)

지성소는 죄가 없는 사람만 올라가는 곳이다. 죄란 예수 그리스도를 믿지 않음이 죄다. 따라서 믿음을 가진 자만이 올라간다. 그리스도 예수 안에는 지혜와 지식과 모든 보화의 열쇠가 믿음 속에 담겨 있다. 그러므로 믿음만 갖고 있으면 그리스도의 말씀의 열쇠를 통해 계시록을 열수 있는 하늘의 비밀들을 알 수 있다.

또 가라사대 진실로진실로 너희에게 이르노니 하늘이 열리고 하나님의 사자들이 인자 위에 오르락내리락 하는 것을 보리라 하시니라(요1;51)

사자나 천사는 하나님이 부리는 영들이다. 이 영들이 천계와 육계를 오르내리면서 전부 주님께 보고하므로, 지성소에 올라간 하나님의 백성들은 주님의 영과 함께 동행 하는 거나 마찬가지다.
아울러 나팔은 증거의 소리다. 개인의 음성은 몇 사람만 듣는데 많은 사람들을 동시에 듣게 하는 것이 나팔이다. 또한 먼데 있는 곳까지 들리게 하는 게 나팔이다. 그러나 그 나팔 부는 시기도 정해져 있기 때문에 아무 때나 부는 것이 아니다.

보라 내가 너희에게 비밀을 말하노니 우리가 다 잠잘 것이 아니요 마지막 나팔에 순식간에 홀연히 다 변화하리니. 나팔 소리가 나매 죽은 자들이 썩지 아니할 것으로 다시 살고 우리도 변화하리라.(고전15;51-52)

여기서 '죽은 자'들은 '아담 안에서 모든 사람이 죽은 것같이 그리스도 예수 안에서 모든 사람이 삶을 얻으리라(고전15;22)'를 생각하면서 읽어야 한다. 그리고 이 나팔이 불리워질 때가 '세상 나라가 우리 주와 그 그리스도의 나라가 되어 그가 세세토록 왕 노릇 하시리로다' 계시록 11장 15절에 이루어질 때 불린다. 나팔은 일곱 개 밖에 없다. 마지막 나팔을 불 때, 그 나팔소리를 들을 수 있어야 한다.

> 우리가 주의 말씀으로 너희에게 이것을 말하노니 주 강림하실 때까지 우리 살아남아 있는 자도 자는 자보다 결단코 앞서지 못하리라. 주께서 호령과 천사장의 소리와 하나님의 나팔로 친히 하늘로 좇아 강림하시리니 그리스도 안에서 죽은 자들이 먼저 일어나고 (살전4;15-16)

강림은 임한다는 뜻으로 그리스도의 영이 강림하셔야 그 나팔소리를 듣고 죽었던 영이 살아난다. 또한 나팔을 부는 목적 자체가 하나님이 택하신 자를 모으기 위해서다. 이게 증거의 나팔이다.

> 저가 큰 나팔 소리와 함께 천사들을 보내리니 저희가 그 택하신 자들을 하늘 이 끝에서 저 끝까지 사방에서 모으니라(마24;31)

처음하늘(교회)에 있는 택하신 자들을 모으기 위해 나팔을 부는 거다. 그런데 '짐승이 입을 벌려 하나님을 향하여 훼방하되 그의 이름과 그의 장막 곧 하늘에 거하는 자들을 훼방하더라(계13;6)' 교회에 있는 자들을 짐승(사단)들이 해방하고 있다. 짐승(사단마귀)들은 주의 나라가 오면 자신들이 불못에 던져질 것을 알기 때문에 어떡해서든 첫 장막에 있는 하나님의 백성들이 깨닫지 못하게 훼방한다.

그러나 일곱째 나팔이 불리워질 때는 순식간에 홀연히 이루어진다. 그게 창조의 목적이고 계시록 성취의 목적이다. 마지막 때가 되면 모든 하나님의 백성들이 그 나팔 소리를 듣고 어느 날 자기도 모르게 홀연히 변화를 받아 죄가 없어진다. 내 정신(영)이 변화를 받아야 예수 그리스도의 말씀이 들어오고, 그 말씀이 내 심령 안에 거해야 내 영혼도 영생한다. 그러므로 이 모든 것을 믿게 하려면 성령의 감동을 입어야 한다. 성령은 진리의 말씀이고 성령에 감동되어야 영계의 보좌도 깨달을 수 있다.

이제 일이 이루기 전에 너희에게 말한 것은 일이 이룰 때에 너희로 믿게 하려 함이라(요14;29)

이와 같이 성경의 말씀을 깨달으려면 먼저 성령의 감동을 입어야 한다. 성령은 진리고, 진리는 하나님의 말씀이다. 따라서 성령에 감동해야 영계의 보좌도인 4장을 깨달을 수 있다. 먼저 계시록 4장 1절을 이해하려면 '주의 날에 내가 성령에 감동하여 내 뒤에서 나는 나팔 소리 같은 큰 음성을 들으니(계1;10)' 이와 같이 감동해야 깨달아 듣는다.

하나님 자체가 말씀이고 말씀 자체가 성령(영)이다. 말씀을 깨달아야 영의 세계를 볼 수 있고 그래야 하늘의 비밀을 알 수 있다. 성도가 성령(말씀)에 감동하여 보는 거나, 사명자(예수님의 제자)한테 신의 감동하여 보는 거나 하늘의 비밀을 아는 것은 다 똑같다. 따라서 '내가 곧 성령에 감동하였더니 보라 하늘에 보좌를 베풀었고 그 보좌 위에 앉으신 이가 있는데.(계4;2) 이를 또 다른 각도에서 보면 에스겔 1장 2절-3절과 같다.

말씀하실 때에 그 신이 내게 임하사 나를 일으켜 세우시기로 내가 그 말씀하시는 자의 소리를 들으니. 내게 이르시되 인자야 내가 너를 이스라엘 자손 곧 패역한 백성, 나를 배반하는 자에게 보내노라 그들과 그 열조가 내게 범죄하여 오늘날까지 이르렀나니 (겔2;2-3)

왜 일으켜 세웠느냐 하면 하나님의 신(영)이 임하면 두려워 죽은 자 같이 된다. 오늘날의 사명자(주님의 말씀을 대언하는 자)들 또한 신(영)이 임하면 그대로 전해야 한다. 그러므로 주의 종들은 말씀(信) 따라 살아가야하므로 세상을 살아내기가 그만큼 어렵다. 따라서 성경을 많이 안다고 자랑할 것이 못된다. 믿음(信音)은 생명이다. 그리스도의 말씀 자체가 생명이다.

교회가 하나님의 배반하므로 다 범죄 했다. 그런 자들한테 종교는 다 거짓이니 오직 예수 그리스도의 말씀만 찾아가라고 나팔부는 증거 자체가 교회로부터의 핍박이다.

'더 이상 목사한테 속지마라', '종교는 사기다', '아직도 목사한테 속고 있느냐', '이제는 계시록을 밝힐 때다', '계시록을 통해 바라본 한국교회', '신천지의 정체가 계시록에 예고되다!' 등의 책이 바로 마지막 때의 증거의 나팔이고 진노의 대접임을 교회들은 깨달아야 한다. 기독교인이라면 거짓목사한테 속지 않기 위해서라도 반드시 읽어보라고 권하는 싶은 책이다.

내가 곧 성령에 감동하였더니 보라 하늘에 보좌를 베풀었고 그 보좌 위에 앉으신 이가 있는데.(계4;2)

주님께서 사도요한한테 교회에게 계시될 중요한 사건들을 보여주기 위해 먼저 성령으로 찾아오셨다. 그리고 그것을 보고 기록하여 교회들에게 하나님의 말씀을 전하라는 선지자의 역할을 부여하셨다. 그러기에 요한은 성령 안에서 주님께서 보여주신 천상의 세계를 다 보았다. 무엇보다 보좌위에 앉으신 예수 그리스도를 보았다. 이를 믿게 하려면 성령의 감동을 입어야 한다. 성령은 진리이고 말씀에 감동해야 영계의 보좌를 깨달을 수 있다.

> 이제 일이 이루기 전에 너희에게 말한 것은 일이 이룰 때에 너희로 믿게 하려 함이라(요14;29)

성경을 쓸 때도 마찬가지다. 모든 것을 믿고 쓰려면 먼저 성령의 감동을 입어야 하는데 성령 자체가 하나님의 말씀이다. 그러므로 성령에 감동해야 영계의 보좌를 깨달을 수 있고 또한 감동하면 저절로 깨달아 알게 된다. 하나님 자체가 말씀이고, 말씀 자체가 영이다. 요한한테 모든 것을 믿게 하기 위해 먼저 영의 세계를 보여 주신 것이다.

2. 천상의 보좌도

> 앉으신 이의 모양이 벽옥과 홍보석 같고 또 무지개가 있어 보좌에 둘렸는데 그 모양이 녹보석 같더라(계4;3)

요한은 주님의 모습을 벽옥과 홍보석과 그리고 녹보석으로 천상의 하나님을 이와 같이 보석으로 표현했다. 이 보석들이 동시에 등장하는 곳이 계시록 21장에도 있다

> 그 성의 성곽의 기초석은 각색 보석으로 꾸몄는데 첫째 기초석은 벽옥이요 둘째는 남보석이요 셋째는 옥수요 넷째는 녹보석이요. 다

섯째는 홍마노요 여섯째는 홍보석이요 일곱째는 황옥이요 여덟째는 녹옥이요 아홉째는 담황옥이요 열째는 비취옥이요 열한째는 청옥이요 열둘째는 자장이라(계21;10-20)

또한 출애굽 28장에 교회를 상징하는 대제사장의 에봇 위에 거는 정사각형의 흉패에 박힌 똑같은 보석들이 등장하고 있다.

그것에 네 줄로 보석을 물리되 첫줄은 홍보석 황옥 녹주옥이요. 둘째 줄은 석류석 남보석 홍마노요. 셋째줄은 호박 백마노 자수정이요. 넷째줄은 녹보석 호마노 벽옥으로 다 금테에 물릴찌니. 이 보석들은 이스라엘 아들들의 이름대로 열둘이라 매 보석에 열두지파의 한 이름씩 인을 새기는 법으로 새기고(출28;17-21)

이와 같이 우리 교회는 하나님의 영광을 입은 자들이라는 거다. 천지를 창조하신 만유의 주재이신 하나님의 영광을 고스란히 그리스도의 옷으로 입고 있는 존귀한 자들임을 성도라면 깨달아 알아야 한다.

또 보좌에 둘려 이십사 보좌들이 있고 그 보좌들 위에 이십사 장로들이 흰옷을 입고 머리에 금 면류관을 쓰고 앉았더라(계4;4)

하늘 보좌에는 천천만만의 수많은 영들이 있다. 이십사 장로들 또한 하늘의 영들로 이들이 흰옷을 입고 머리에 금 면류관을 쓰고 앉았다. 그러므로 하나님이 임재하시는 모든 곳에는 하나님이 부리는 영들이 따라 다닌다. 모세 역시도 하나님께서 시내산에서 모세를 만날 때 천천만만의 영이 함께 했고, 계시록 때도 하나님의 영이 요한과 함께 하셨다.

성소가 하늘이고 두 번째 하늘이 지성소다. 내 영이 지성소로 올라가면 하나님의 영이 늘 함께 하신다. 그리고 셋째 하늘이 계시록 4장에서의 하나님이 계시는 영계의 보좌이다. 그러기에 사도 바울 또한 환상을 통해 증거 한 것에 의하면 예수 그리스도 안에 있는 어떤 한 사람이 하늘에 올라간 것을 보고 이렇게 밝혔다.

내가 부득불 자랑하노니 주의 환상과 계시를 말하리라. 내가 그리스도 안에 있는 한 사람을 아노니 십사 년 전에 그가 셋째 하늘에 이끌려 간자라(그가 몸 안에 있었는지 몸 밖에 있었는지 나는 모르거니와 하나님은 아시느니라). 그가 낙원으로 이끌려 가서 말할 수 없는 말을 들었으니 사람이 가히 이르지 못할 말이로다.
(고후12;1-4)

사도바울도 영계에 올라간 사람이다. 이는 육체가 올라간 것이 아니고, 그 안에 있는 영이 올라간 거다. 그러므로 오늘날도 하나님의 사역을 하는 자들한테는 하나님께서 부리시는 많은 영들이 따라 다닌다. 이러한 현상들은 하나님만이 아시지 누가 알겠는가?

그러기에 요한이 성령 안에서 본 하나님 나라의 모습은, 예수 그리스도의 피로 말미암아 정결케 된 흰옷을 입고 승리의 면류관을 쓰고 있는 하나님 백성들을 본 거다. 흰옷을 입고 면류관을 쓸 수 있는 사람들이 예수님의 신부인 교회다. 24장로는 열두지파의 이름과 열두 사도의 이름이 새겨져 있는 하나님의 백성인 교회를 뜻한다. 그러므로 계시록 21장에서 예수님의 신부 교회가 하늘에서 내려오는데 거기에 그 둘을 합한 수가 24장로들이다. 바로 교회를 상징한 거다.

> 보좌로부터 번개와 음성과 뇌성이 나고 보좌 앞에 일곱 등불 켠 것이 있으니 이는 하나님의 일곱 영이라.(계4;5)

그리고 흰옷 입고 면류관을 쓴 24장로가 그 보좌 주위에 앉아 있었고 보좌 앞에 일곱 등불과 일곱 영이 있다. 번개와 음성과 뇌성은 여호와의 강림과 현현을 상징적으로 나타내는데, 이러한 표현이 모세 때도 '나팔 소리가 점점 커질 때에 모세가 말한즉 하나님이 음성으로 대답하시더라(출19;19)' 그러므로 하나님의 임재도 엿볼 수 있다.

아울러 번개, 뇌성, 나팔 소리 같은 음성과 불, 이러한 하나님의 현현 앞에서는 죄는 심판과 저주를 받는다. 그러나 거룩한 자들에게는 하나님과 함께 천국백성으로 살아갈 수 있기에 더할 수 없는 복이 된다. 그래서 일곱 나팔의 재앙이나 일곱 대접의 재앙이 일어날 때도 똑같이 번개와 뇌성과 음성이 등장했다. 그 재앙이 하나님의 백성들에게는 은혜로 부르시는 구원이 되지만 죄인들에게는 무시무시한 심판이다.

그러므로 하나님의 현현과 강림 앞에서 하나님의 백성들은 음성을 듣고 빨리 회개하고 나와야 구원이 된다. 일곱 등불은 하나님의 일곱 영이다. 그 영이란 모든 교회 안에서 역사하시는 성령의 말씀들이다.

아울러 번개와 음성과 뇌성은 하나님께서 하나님 백성들한테 회개하고 하나님 앞으로 돌아오라는 회개의 촉구지만 죄인들한테는 무시무시한 심판의 경고이다.

> 보좌 앞에 수정과 같은 유리 바다가 있고 보좌 가운데와 보좌 주위에 네 생물이 있는데 앞뒤에 눈이 가득하더라.(계4;6)

보좌 앞에 수정과 같은 유리바다가 나온다. 하나님의 보좌 앞에는 항상 청명한 바다 같은 하늘이 펼쳐져 있다. 성막에서 하나님의 보좌인 지성소로 들어가는 길에는 번제단과 성소 사이에 물두멍이 있다. 그 보좌 앞에 물두멍이 '그가 놋으로 물두멍을 만들고 그 받침도 놋으로 하였으니 곧 회막 문에서 수종드는 여인들의 거울로 만들었더라(출38;8)' 이와 같이 잘 설명되어 있다. 또한 유리바다와 거울로 만든 물두멍이 솔로몬 성전의 물을 담는 기구를 만드는 장면에서도 나온다.

또 바다를 부어 만들었으니 그 직경이 십 규빗이요 그 모양이 둥글고 그 고는 다섯 규빗이요 주위는 삼십 규빗 줄을 두를만하며. 그 가장자리 아래에는 돌아가며 박이 있는데 매 규빗에 열 개씩 있어서 바다 주위에 둘렸으니 그 박은 바다를 부어 만들 때에 두 줄로 부어 만들었으며(왕상7;23-24)

물두멍처럼 물을 담는 기구를 '바다를 부어 만들었다'라는 표현을 썼다. 아울러 보좌 주위에 네 생물이 있는데 앞뒤에 눈이 가득하다는 표현도 에스겔서에 '그 생물의 머리 위에는 수정 같은 궁창의 형상이 펴 있어 보기에 심히 두려우며. 그 궁창 밑에 생물들의 날개가 서로 향하여 펴 있는데 이 생물은 두 날개로 몸을 가리웠고 저 생물도 두 날개로 몸을 가리웠으며.(겔1;22)' 똑같은 네 생물로 등장하고 있다. 그 생물들의 머리 위로 창공 즉 하늘 모양의 덮개 같은 것이 있는데 수정과 같이 빛난다. 계시록과 똑같이 수정, 유리바다, 네 생물 같은 단어들이 등장하고 있는 모습이다.

하나님이 가라사대 물 가운데 궁창이 있어 물과 물로 나뉘게 하리라 하시고. 하나님이 궁창을 만드사 궁창 아래의 물과 궁창 위의 물로 나뉘게 하시매 그대로 되니라.(창1;6-7)

창세기의 창조사건은 복음의 원형이다. 혼돈과 공허와 흑암의 물뿐이었던 곳에 빛이 들어오니까 어둠과 분리되었다. 어둠을 몰아내면 하늘 아래의 물이 사라지고 하늘 위의 물만 남게 된다. 그 물이 물러가고 뭍이 드러나는 첫째 날에서 셋째 날의 사건이 예수 그리스도 안에서의 재창조의 사역이다. 그리고 넷째 날부터 그 공허함을 채우시고 일곱 째 날에는 안식에 들어가는 것이 바로 구속사요, 복음이다.

그 둘째 날 바로 궁창(하늘) 위의 물과 궁창 아래의 물로 나누어지는 장면이 나온다. 궁창 아래의 물은 바다(세상)라고 부른다. 또한 궁창 위의 물, 하늘 위의 물은 하늘에 있는 바다, 하나님의 보좌 앞에 있는 유리바다이다. 그러니까 짐승이 올라오는 마지막 때에 없어져 버리는 그 바다와는 차원이 다른 것이다.

땅이 혼돈하고 공허하며 흑암이 깊음 위에 있고 하나님의 신은 수면에 운행하시니라(창1;2)

땅은 백성이다. 이러했던 죄인들에게 찾아오셔서 그 혼돈과 공허와 흑암의 수면을 가르시고 새롭게 창조해 내시는 것이 바로 재창조인 구원이다. 폭풍의 바다, 혼돈의 바다, 광란의 바다를 몰아내시고 수정같이 맑고 아름다운 유리바다로 만드는 것이 구원이다. 따라서 바다가 세상이다.

예수께서 이르시되 어찌하여 무서워하느냐 믿음이 적은 자들아 하시고 곧 일어나서 바람과 바다를 꾸짖으신대 아주 잔잔하게 되거

늘(마8;25-26)

하늘의 구원의 새 창조가 완성되어 있는 모습이 폭풍의 바다를 가르시는 천지의 주재이신 왕의 모습이 바로 유리바다이다. 성경에서 나오는 바다는 저주와 심판을 상징한다. 그러나 완성된 하늘나라에서의 유리바다는 사탄과는 다른 바다이다. 솔로몬도 궁 안에 바다와 꼭 같은 유리 마루를 가지고 있었다. 이곳이 바다 같아서 스바 여왕도 유리 마루를 걸을 때 물을 건너듯 치마를 걷고 걸었다고 했다.

요한은 이와 같이 유리가 깔린 솔로몬의 궁전을 하나님이 보좌로 표현하고 싶었을 수도 있고, 이 세상에서 가장 부요한 군주나 가질 수 있는 호화스런 궁전을 유리바다의 모형으로 하늘로 옮겨 표현하고 싶었을 수도 있다.

따라서 유리바다, 보좌, 네 생물 같은 단어들은 하나님이 계신 하늘을 묘사하는 그곳에 항상 묘사되어 있다. 그리고 앞뒤에 눈이 가득한 네 생물들이 각각의 모형으로 교회들한테 하늘의 복음을 전하고 있다

3. 영들의 예배

그 첫째 생물은 사자 같고 그 둘째 생물은 송아지 같고 그 셋째 생물은 얼굴이 사람 같고 그 넷째 생물은 날아가는 독수리 같은데 (계4;7)

똑같은 네 생물이 에스겔 1장에 '그 속에 네 생물의 형상이 나타나는데 그 모양이 이러하니 사람의 형상이라. 그 얼굴의 모

양은 넷의 앞은 사람의 얼굴이요 넷의 우편은 사자의 얼굴이요 넷의 좌편은 소의 얼굴이요 넷의 뒤는 독수리의 얼굴이니(겔 1;5.10) 이 네 생물이 에스겔 10장에서 바로 그룹이라 설명해 주고 있다.

> 그룹들은 각기 네 면이 있는데 첫 면은 그룹의 얼굴이요 둘째 면은 사람의 얼굴이요 셋째는 사자의 얼굴이요 넷째는 독수리의 얼굴이더라. 그룹들이 올라가니 그들은 내가 그 발 강가에서 보던 생물이라(겔10;14-15)

이사야 6장에도 생물이 등장하고 있다.

> 스랍들은 모셔 섰는데 각기 여섯 날개가 있어 그 둘로는 그 얼굴을 가리었고 그 둘로는 그 발을 가리었고 그 둘로는 날며.(사6;2)

네 생물은 위와 같이 이사야 6장 2절과 에스겔 10장 14절에서 생물들이 그룹으로 표현되고 있다. 그룹이 처음 등장한 곳이 창세기 3장에 있는 '이같이 하나님이 그 사람을 쫓아내시고 에덴동산 동편에 그룹들과 두루 도는 화염검을 두어 생명나무의 길을 지키게 하시니라(창3;24)' 이 그룹들로 에덴동산을 지키게 하셨는데 원래는 '여호와 하나님이 그 사람을 이끌어 에덴동산에 두사 그것을 다스리며 지키게 하시고(창2;15)' 아담한테 지키게 하셨다.

아담은 에덴동산의 제사장으로 임명이 되었다. 제사장은 다른 이의 죄를 짊어지고 자신이 하나님 앞으로 나아가서 용서를 받은 직분이다. 그리고 성전을 지키고 깨끗케 해야 하는 자다. 그런데 아담은 하와의 죄를 짊어지고 하나님 앞에서 사죄를 하기는 커녕 그 여자에게 모든 죄를 뒤집어 씌웠다. 그러므로 그 모든 직분에서 실패해 버렸다. 아담의 죄로 말미암아 에덴에서 쫓겨나므로, 그룹(하나님의 영)들이 에덴을 지키게 되었다. 이와 같이 에덴은 하나님 나라의 모형이다.

> 네 생물이 각각 여섯 날개가 있고 그 안과 주위에 눈이 가득하더라 그들이 밤낮 쉬지 않고 이르기를 거룩하다 거룩하다 거룩하다 주 하나님 곧 전능하신 이여 전에도 계셨고 이제도 계시고 장차 오실 자라하고(계4;8)

왜 여섯 날개냐 하면, 네 생물에 각각에 여섯 날개가 있어야 이십사 장로가 되어 담당한다. 하나님의 보좌 앞의 그 생물들이 바로 그룹, 스랍들을 가리킨다. 스랍은 영계다. 그룹이나 천사나 스랍은 다 같은 내용이다.

그러므로 이사야에 입에 '그것을 내 입에 대며 가로되 보라 이것이 네 입에 닿았으니 네 악이 제하여졌고 네 죄가 사하여졌느니라(사6;2,6-7)' 이는 지성소에 있는 말씀이 심령에 닿으면 악이 제하여지고 죄가 사하여 진다. 즉 예수 그리스도의 말씀이 입(복음전파)에 닿으니까 악이 없어졌다. 이 땅에 있는 사람들은 다 악이다. 그러므로 지금부터는 입을 열어야 한다. 마음 밭에 하나님의 영이 심어져 있으면 '나는 너를 애굽 땅에서 인도하여 낸 여호와 네 하나님이니 네 입을 넓게 열라 내가 채우리라 하였으나(시81;10)' 이와 같이 입을 열어 하나님의 말씀을 증거해야 한다.

그러기 위해서는 성도의 그릇에 하나님의 지혜와 지식을 담아야 하고 담았으면 이 세상의 모든 지혜와 지식이 거저 들어온다. 그러려면 자기의 생각이 죽어야 한다. 자기생각이 죽었을 때 비로소 이 땅에 만왕의 왕으로 오신 그리스도의 말씀이 온전히 들어온다. 그러기에 네 생물의 표현에서 사자는 들짐승의 왕이요, 소는 집짐승의 왕이요, 독수리는 날 짐승 중에 왕이며, 인간은 만물의 영장으로 표현했다. 아울러 주위에 눈이 가득함은 눈 자체가 하나님이 부리는 천사(영)다. 따라서 내 심령 안에 그리스도의 말씀(영)이 거할 때 하나님께 영광의 찬송을 드리게 되고 경배의 찬송을 올리게 된다.

> 그 생물들이 영광과 존귀와 감사를 보좌에 앉으사 세세토록 사시는 이에게 돌릴 때에. 이십사 장로들이 보좌에 앉으신 이 앞에 엎드려 세세토록 사시는 이에게 경배하고 자기의 면류관을 보좌 앞에 던지며 가로되(계4;9-10)

네 생물은 자연계의 모든 살아 있는 것들의 대표가 되고, 24장로는 예수 그리스도 안에서 연합한 교회를 뜻한다. 이십사 장로는 구약의 십이지파와, 신약의 십이사도를 합한 수다. 새 예루살렘에는 십이지파의 이름이 열두 대문에 씌어져 있고, 십이사도의 이름은 성벽의 기초석에 씌어져 있다. 12지파와 12사도는 교회의 기초이므로 따라서 24장로는 하나님의 충성스런 백성을 대표한다. 그러므로 네 생물과 장로가 합하여 찬양하면 모든 자연계와 교회가 다 함께 하나님을 향해 찬양하는 것이 된다. 따라서 면류관을 보좌 앞에 던지는 것은 완전한 승복을 의미한다. 그러므로 새 창조는 이미 이루어졌고, 또한 이루어져 가고 있으며 반드시 이루어 질 것이다.

당시 도미티안 황제치하에서 고통을 받고 있던 초대교회 성도들은 그 환난과 핍박 속에서 하늘 위에 완성된 하나님 나라를 기대하고 있었다. 그 보좌가 비워있지 않고 영광의 모습으로 주님이 앉아계신 것을 보면서, 지금 이 역사를 운행하고 우주를 통치해 경륜해 가시는 하나님의 계획과 섭리를 보고 위로가 되었을 것을 미루어 짐작할 수 있다.

> 우리 주 하나님이여 영광과 존귀와 능력을 받으시는 것이 합당하오니 주께서 만물을 지으신지라 만물이 주의 뜻대로 있었고 또 지으심을 받았나이다 하더라(계4;11)

이와 같이 요한이 본 완성된 하늘나라에 보좌 앞에 네 생물과 그룹들이 있었고 그들이 이사야서 6장의 스랍들의 찬양과 똑같은 찬양을 하고 있었다. 아울러 천상의 세계에서 이십사 장로가 창조주이신 하나님을 찬양하고 있었다는 것은 그 재창조가 완성되었음을 시사하고 있다.

그러기에 성막 그 자체가 예수 그리스도로 말미암아 이루어질 재창조의 모습을 그대로 그려 놓은 것이다. 번제단, 물두멍, 떡상, 향단, 촛대가 모두 그러한 의미가 담겨 있다. 예수 그리스도로 인해 완성될 하나님 나라를 둘러싸는 성막의 천에 그룹을 새겨 넣은 것도 그렇거니와 지성소 안의 법궤 위에도 그룹이 있다.

언약궤, 법궤는 하나님의 임재가 있는 성막과 성전 전체의 축소판이다. 그리고 법궤 자체도 예수 그리스도의 재창조를 상징한 것이다. 인간의 실패를 상징한 아론의 싹 난 지팡이나 만나 항아리, 그리고 십계명 돌판을 감싸 안은 법궤 위에 피가 뿌려짐으로 하나님께서는 그 실패와 실수를 보지 않으시고 그 위에 뿌려진 피를 보시고 용서하시는 예수 그리스도의 십자가를 상징한다. 이렇게 재창조와 관계된 하나님의 임재의 현장에는 언제나 그룹들이 등장했었다.

성경에 나오는 가장 최악의 교회가 고린도 교회이다. 그들은 어줍지 않은 성령의 외적 은사에 광분했고 은사를 받지 못한 사람들을 무시했으며, 자기들은 성령을 받았기 때문에 이제 안전하다고 무 율법주의로 흘렀다.

그러므로 도덕적으로나 사회적으로 아주 문란한 삶을 살았고, 또한 이방인들이 많았기 때문에 이방 종교와의 혼합으로 교리도 바로 서지 못했다. 그들은 도덕적으로 열심히 살아가려는 사람들을 오히려 지혜 없는 자라고 몰아세웠던 엉터리 교회였다. 그래서 고린도전서를 읽어보면 책망과 권고의 말씀이 태반이다. 그런 고린도 교회에 사도 바울이 어떻게 편지를 시작하는가?

> 고린도에 있는 하나님의 교회 곧 그리스도 예수 안에서 거룩하여지고 성도라 부르심을 입은 자들과 또 각처에서 우리의 주 곧 저희와 우리의 주되신 예수 그리스도의 이름을 부르는 모든 자들에게. 하나님 우리 아버지와 주 예수 그리스도로 좇아 은혜와 평강이 있기를 원하노라. 주께서 너희를 우리 주 예수 그리스도의 날에 책망할 것이 없는 자로 끝까지 견고케 하시리라(고전1;2-3.8)

고린도 전서는 거의 대부분 교회의 엉터리 같은 신앙을 지적하는 내용이다. 그렇게 엉터리일지라도 일단 예수 그리스도의 손에 잡혀 있으면 그들은 반드시 하나님의 열심에 의해 주의 날에 점도 없고 흠도 없고 책망할 것이 없는 자로 끝까지 견고케 하실 것을 이와 같이 교회들에게 보여주고 있다.

5장
인봉한 책과 어린양

 성경은 2000년 전에 예수님이 이 땅에 오셔서 우리의 죄와 허물을 십자가로 도말하시고 우리를 사망에서 생명을 옮겨 놓고, 지금은 하늘의 보좌에 계시면서 우리를 위하여 쉬지 않고 긴구하고 계신다. 또한 예수님 자체가 여호와 하나님의 신으로 지혜와 모략의 신이다. 그러므로 여호와의 신이 강림해야 예수님 오른손에 있는 계시록 5장의 봉인된 책을 우리도 열수 있다.

1. 일곱인으로 봉한 책

> 내가 보매 보좌에 앉으신 이의 오른 손에 책이 있으니 안팎으로 썼고 일곱인으로 봉하였더라.(계5;1)

 5장에서 일곱 인으로 봉한 책이 나오는데, 그 책이 주님의 오른손에 안팎으로 써져 있다. 이는 두루마리가 양면에 쓰여졌다는 것은 그만큼 많은 것이 기록되었다는 것을 나타낸다. 그러므로 봉인된 책은 어린양만 뗄 수 있다. 예수 그리스도는 '보라 세상 죄를 지고 가는 하나님의 어린 양이로다(요1;29)' 이와 같이 속죄양으로 오셨다. 따라서 어린양 안에 들어가 속죄함을 받아야 계시의 말씀을 받을 수 있다.

염소와 송아지의 피로 아니하고 오직 자기 피로 영원한 속죄를 이루사 단번에 성소에 들어가셨느니라(히9;12)

속죄를 성취한 그들만이 계시의 말씀이 열어진다. 이게 원리다. 다른 것에는 구원할 수가 없다. 내 영혼의 속죄함이 있어야 그 분이 계시고 말씀이 계신다. 그래야 비밀의 말씀이 열어진다.

이는 저희로 마음에 위안을 받고 사랑 안에서 연합하여 원만한 이해의 모든 부요에 이르러 하나님의 비밀인 그리스도를 깨닫게 하려 함이라. 그 안에는 지혜와 지식의 모든 보화가 감추어 있느니라 (골2;2-3)

하나님의 비밀인 그리스도가 들어와야 된다. 그게 바로 감추었던 만나다. 구약의 감추었던 만나도 주님이시다.

진실로 진실로 네게 이르노니 우리 아는 것을 말하고 본 것을 증거하노라 그러나 너희가 우리 증거를 받지 아니하는도다(요3;11)

구약의 모든 말씀의 성취는 주님이시다. 구약의 만나 자체가 참 떡이신 예수 그리스도시다. 그러므로 모든 성경은 기록된 대로 예수께서 이 땅에 오셨고, 기록된 대로 십자가에 달리시므로 기록된 모든 말씀을 예수께서 다 성취시키셨다. 그러므로 우리가 받아야 할 것은 참 진리이신 예수 그리스도의 떡만 받아야 한다. 인간들이 사탕발림의 복은 아무것도 아니다. 선한 목자이신 예수 그리스도의 말씀만 따라가는 게 가장 큰 일이다. 내 영혼이 먼저 살아나고 나서 구제를 하든, 선교를 하든 해야 한다.

> 또 보매 힘 있는 천사가 큰 음성으로 외치기를 누가 책을 펴며 그 인을 떼기에 합당하냐 하니. 하늘 위에나 땅 위에나 땅 아래에 능히 책을 펴거나 보거나 할 이가 없더라(계5;2-3)

힘센 천사는 10장에서 다시 나타난다. 따라서 계시록은 그리스도의 계시이다. 그러므로 사도요한은 계시의 책을 뗄 수가 없다. 아울러 일곱 인으로 봉인된 책은 예수 그리스도의 말씀(성령)을 받은 사람만이 뗄 수 있다. 따라서 일곱 인으로 봉인한 책의 내용은 하나님의 계시에 관한 것으로 패역한 백성한데 내려질 심판에 관한 것이다. 인봉된 책에 관한 구체적인 내용은 다니엘서에 잘 나타나 있다.

> 그때에 네 민족을 호위하는 대군 미가엘이 일어날 것이요 또 환난이 있으리니 이는 개국 이래로 그때까지 없던 환난일 것이며 그때에 네 백성 중 무릇 책에 기록된 모든 자가 구원을 얻을 것이라. 땅의 티끌 가운데서 자는 자 중에 많이 깨어 영생을 얻는 자도 있겠고 수욕을 받아서 무궁히 부끄러움을 입을 자도 있을 것이며. 지혜 있는 자는 궁창의 빛과 같이 빛날 것이요 많은 사람을 옳은 데로 돌아오게 한 자는 별과 같이 영원토록 비취리라. 다니엘아 마지막 때까지 이 말을 간수 하고 이 글을 봉함하라 많은 사람이 빨리 왕래하며 지식이 더하리라.(단12;1-4)

하나님께서 다니엘에게 마지막 때에 관한 예언을 하시고 그 말을 간수하고 마지막 때까지 봉함하라 하셨다. 마지막 때가 되어야 이 책의 내용이 밝혀질 것이다. 봉한 책 속에 하나님의 비밀이 들어있다. 하나님의 비밀을 열려면 마스터키가 반드시 필요하다. 그런데 다니엘서에 언급되고 있는 봉인된 책의 내용은 메시야로 말미암아 이루어질 심판과 구원에 관한 내용이다.

다니엘서에 마지막까지 봉함하란 책이 계시록 10장에서 펴져 있는 것은, 유언은 죽어야 그 유언장의 효력이 발생한다. 이는 예수 그리스도의 십자가의 죽음을, 당시의 시대 상황을 비춰어 암시했다고 볼 수 있다.

> 이 책을 펴거나 보거나 하기에 합당한 자가 보이지 않기로 내가 크게 울었더니. 장로 중에 하나가 내게 말하되 울지 말라 유대지파의 사자 다윗의 뿌리가 이기었으니 이 책과 그 일곱 인을 떼시리라 하더라(계5;4-5)

요한은 이 책을 펴거나 보거나 할 합당한 자가 보이지 않아 울었다. 그런데 일곱 인으로 봉인한 그 책을 어린양께서 인봉을 하나하나 떼셔서 계시록 10장에서 그 책이 전부 펴져 있는 것으로 등장한다. 즉 5장에서 일곱 인으로 봉인한 책이 6장에서 드디어 일곱 인이 하나하나 떼어져서 여섯째 인의 재앙까지 나왔다. 그리고 6장 마지막은 '그 하나님의 무시무시한 심판 앞에 누가 능히 서리요'의 의문으로 끝을 냈다. 그리고는 7장에서 6장 마지막의 질문에 대한 해답으로 그 무시무시한 심판 가운데서도 건져 올려진 하나님의 백성들이 있는데 그들이 바로 144,000, 흰옷 입은 큰 무리, 하나님의 교회라는 것을 설명했다. 따라서 하나님의 백성이 144,000명의 숫자만 있는 것을 나타낸 게 아니고 하나님의 창조 목적아래에 있는 12(12사도)×12(12지파)×1000(완전수)인 숫자로 이미 창세전에 구원을 받은 하나님의 모든 백성들을 나타낸 것이다. 그리고 그들을 제외한 죄인들로 전부 무시무시한 하나님의 진노의 심판 아래로 떨어지게 된다는 것을 7장에서 읽을 수 있다.

그리고 8장과 9장에서 또 하나님의 진노의 심판인 나팔 심판이 나온다. 그리고 9장에서 '그들이 여전히 우상에게 절하고 또 살인과 복술과 음행과 도둑질을 회개하지 아니 하더라'로 끝이 났다. 그렇다면 그렇게 회개하는 자들이 없는데 어떻게 해서 하나님의 교회는 회개하게 되었는가? 그에 따른 답이 10장이다. 거기에 작은 책이 나오는데 그 책을 요한이 받아먹었다. 그리고 11장에서 두 증인이 나온다. 따라서 작은 책과 두 증인이 하나님의 백성들을 회개하게 만들었다.

> 이 재앙에 죽지 않고 남은 사람들은 그 손으로 행하는 일을 회개치 아니하고 오히려 여러 귀신과 또는 보거나 듣거나 다니거나 하지 못하는 금, 은, 동과 목석의 우상에게 절하고. 또 살인과 복술과 음행과 도적질을 회개치 아니하더라(계9;20-21)

그 무서운 나팔 재앙 뒤에도 죄인들이 회개치 않았다. 그런데 그 작은 책을 먹은 요한과 두 증인의 이야기가 10장과 11장에 삽입되고 11장 13절에 대 반전이 일어난다.

> 그 시에 큰 지진이 나서 성 삼분의 일이 무너지고 지진에 죽은 사람이 칠천이라 그 남은 자들이 두려워하여 영광을 하늘의 하나님께 돌리더라(계11;13)

그렇다면 일곱 인으로 봉한 책은 어떤 책인가? 그 책은 회개하지 않는 자들을 회개케 하는 책이다.

> 하늘에서 나서 내게 들리던 음성이 또 내게 말하여 가로되 네가 가서 바다와 땅을 밟고 섰는 천사의 손에 펴 놓인 책을 가지라 하기로. 내가 천사에게 나아가 작은 책을 달라한즉 천사가 가로되 갖다 먹어버리라 네 배에는 쓰나 네 입에는 꿀 같이 달리라 하거늘. 내가 천사의 손에서 작은 책을 갖다 먹어 버리니 내 입에는 꿀같이 다나 먹은 후에 내 베에서 쓰게 되더라. 저가 내게 말하기를 네가 많은 백성과 나라와 방언과 임금에게 다시 예언하리라 하더라(계10;8-11)

그 책을 요한이 10장에서 받아먹었고 입에서는 달았으나 배에 들어가니 썼다고 했다. 책을 먹은 후 요한은 많은 백성과 나라와 방언과 임금에게 다시 예언해야 할 것을 요구받았다. 즉 책을 먹은 요한한테 복음 전파의 명령이 떨어진 것이다. 그 장면은 에스겔서 3장에서 에스겔이 똑같은 작은 책을 받아먹고 이스라엘 족속에게 하나님의 말을 전하도록 요구받는 장면과 동일하다.

> 그가 또 내게 이르시되 인자야 너는 받는 것을 먹으라 너는 이 두루마리를 먹고 가서 이스라엘 족속에게 고하라하시기로. 내가 입을 벌리니 그가 그 두루마리를 내게 먹이시며. 내게 이르시되 인자야 내가 네게 주는 이 두루마리를 네 배에 넣으며 네 창자에 채우라 하시기에 내가 먹으니 그것이 내 입에서 달기가 꿀 같더라(겔3;1-3)

이 장면은 에스겔이 이스라엘에게 하나님의 말씀을 전하도록 명령을 받는 장면이다. 그러니까 계시록의 작은 책과 에스겔서에 나오는 그 책은 같은 내용을 담고 있다. 따라서 그 내용은 하나님의 계시에 관한 것이다.

또한 에스겔 1장에서 그발 강가에서 에스겔이 환상을 본 것과 계시록 4장의 하나님 보좌에 대한 환상이 거의 흡사하다. 그리고 에스겔에게 '내가 너를 패역한 백성, 나를 배반하는 자에게 보내노라' 하고 말씀하셨다.

> 내게 이르시되 인자야 내가 너를 이스라엘 자손 곧 패역한 백성, 나를 배반하는 자에게 보내노라 그들과 그 열조가 내게 범죄하여 오늘날까지 이르렀나니. 이 자손은 얼굴이 뻔뻔하고 마음이 강퍅한 자니라 내가 너를 그들에게 보내노니 너는 그들에게 이르기를 주 여호와의 말씀이 이러하시다 하라. 내가 보니 한 손이 나를 향하여 펴지고 그 손에 두루마리 책이 있더라. 그가 그것을 내 앞에 펴시니 그 안팎에 글이 있는데 애가와 애곡과 재앙의 말이 기록되었더라 (겔2;3-4.9-10)

사도요한은 4장에서 어린양한테 전부 경배하는 모습을 보았지만 그때까지도 이 책이 있는지 생각지 못했다. 따라서 4장과 5장은 하나로 읽어야 이해가 쉽다. '유대 지파의 사자 다윗의 뿌리가 이기었으니'에서 유다지파의 사자는 창세기 49장 9절에서 야곱이 죽기 전 아들들에게 마지막으로 한 축복에서 유다를 사자의 새끼라고 불렀다.

> 유다는 사자 새끼로다 내 아들아 너는 움킨 것을 찢고 올라갔도다(창49;9)

그리고 다윗의 뿌리는 이사야 11장 1절과 10절에서 '이새의 줄기에서 한 싹이 나와서 만민의 기호로 설 것이라'. 즉 이새는 다윗의 부친으로 예수 그리스도께서 다윗의 줄기에서 나올 것을 기록한 약속된 메시야다. 그가 일곱 인의 책을 떼신다고 했다. 그러므로 이 책이 하나님의 권한에 있다. 이 내용은 하나님 밖에 열 수 없도록 비밀에 속해 있는 하늘의 비밀이다.

여기서의 하늘은 첫 장막(교회)이다. 땅 위에나 땅 아래나 이 책을 펴거나 볼 자가 보이지 않아 울었더니 이십사 장로 중에 하나가 울지 마라 했다. 여기서의 이십사 장로는 천사들이다. 중요한 핵심은 이긴 자가 떼신다고 했으니 반드시 이겨야 된다. 진자는 이 책을 뗄 수가 없다. 이긴 자는 십자가로 승리하신 예수 그리스도시다. 따라서 예수님의 말씀을 받은 자가 이긴 자에 속하며 그런 사람들이 믿음이 있는 자다.

> 내가 또 보니 보좌와 네 생물과 장로들 사이에 어린양이 섰는데 일찍 죽임을 당한 것 같더라 일곱 뿔과 일곱 눈이 있으니 이 눈은 온 땅에 보내심을 입은 하나님의 일곱 영이더라. 어린 양이 나아와서 보좌에 앉으신 이의 오른 손에서 책을 취하시니라.(계5;6-7)

하늘의 장면에서 어린양이 출현했다. 어린 양의 개념은 인간이 죄를 대신하여 십자가에 달리시므로 가장 완전한 사랑을 보이신 속죄양이다. 아울러 뿔은 명예와 권세를 나타내므로 일곱 뿔은 완전한 승리의 상징이다. 일곱 뿔, 일곱 눈, 일곱 영으로 표현된 일곱이란 숫자는 완전과 충만함을 의미한다. 네 생물과 장로들 사이에 어린양이 서 계시고 있다. 여기서 예수님이 서신 것을 보는 게 신앙의 핵심이다. '또 보니'에서 눈으로 사물을 보는 것 같지만 눈은 창문 역할이고 실상은 뇌(정신)에서 보는 것이다. 듣는 것도 마찬가지다. 그러므로 온 땅에 보내진 가득 찬 영들을 볼 수 있어야 한다.

> 말하되 보라 하늘이 열리고 인자가 하나님 우편에 서신 것을 보
> 노라 한 대(행7;56)

'하늘이 열리고'는 즉 영계가 열린 것이다. 스데반이 예수님을 증거하다 돌로 맞아 죽을 때, 성령이 충만하여 하늘을 우러러 봤더니 예수께서 하나님 우편에 서신 것을 보았다. 그랬기에 그는 죽어가면서도 담대하게 '주여 이 죄를 저들에게 돌리지 마옵소서' 이러한 위대한 신앙 고백을 그대로 보여주고 갔다. 아울러 일곱 눈은 모든 교회로 보냄을 받은 성령을 뜻한다. 또한 어린양께서 '보좌에 앉으신 이의 오른 손에서 책을 취하고 계시다'고 했으므로 책이 지금 예수님한테 있다. 기록된 성경 이외에 계시록 책이 예수님한테 있다는 게 매우 중요하다. 왜냐하면 책은 심판이기 때문이다. 즉 이 책이 법전이라 구원과 심판이 계시록 안에 다 담겨있다. 따라서 창세기 2장 2절이 이 책 안에서 다 이루어지는 거다.

> 천지와 만물이 다 이루니라 하나님의 지으시던 일이 일곱째 날이
> 이를 때에 미치니 그 지으시던 일이 다하므로 일곱째 날에 안식하
> 시니라(창2;2)

이 책을 예수께서 취하시매 지금 우주 만물의 모든 권한은 예수 그리스도께서 갖고 계신다. 따라서 하나님의 안식년일 때 예수님은 안식일의 주인이 되셨다. 그러므로 지금부터 우주만물의 주인이신 하나님께서 그리스도로 구원과 심판을 함께 갖고 계신다. 따라서 계시록은 악한 사람한테는 형벌이지만 하나님의 백성한테는 구원이 된다.

2. 보좌에 앉으신 어린양

이 책이 일곱 인으로 봉해졌다. 그러나 이 책이 어린양의 오른손에 있으므로 우리가 예수 그리스도 안에 있으면 내 영이 지성소로 올라가므로 성경의 비밀들이 열려진다. 그러기 위해선 먼저 다윗 샘에서 깨끗케 씻어야 한다. 지성소는 죄로 얼룩진 죄인들은 갈수가 없다. 그러므로 내 영이 지성소로 옮겨진 자들은 아버지 앞에 가져갈 죄가 하나도 없게 된다. 이들이야말로 하나님의 명을 온전히 지킨 자들이기에 세상 것에 마음을 빼앗기지 않고 오직 하늘 소망만을 바라보고 산다. 그러나 세상 사람들은 '이는 세상에 있는 모든 것이 육신의 정욕과 안목의 정욕과 이생의 자랑이니 다 아버지께로 좇아 온 것이 아니요 세상으로 좇아 온 것이라(요일2;16)' 이와 같이 세상에 있는 자들은 육신의 정욕과 안목의 정욕과 이생의 자랑뿐이다.

따라서 그리스도의 말씀으로 행한 자들은 '네가 보거니와 믿음이 그의 행함과 함께 일하고 행함으로 믿음이 온전케 되었느니라(약2;22)' 이와 같이 믿음과 행함이 일치하므로 온전케 된 자들이다. 또한 믿음이 온전케 되어야 그리스도 예수 안으로 들어갈 수 있다. 그렇게 되어야 하늘의 복(영생)이 이루어져가는 거다. 육신의 생각 자체가 사망이다. 그러나 생명 속에는 어린양의 생명의 말씀이 들어있다.

> 책을 취하시매 네 생물과 이십사 장로들이 어린 양 앞에 엎드려 각각 거문고와 향이 가득한 금 대접을 가졌으니 이 향은 성도의 기도들이라.(계5;8)

거문고가 말씀이다. 향에 대한 묘사는 계시록 8장 3절에서 '또 다른 천사가 와서 제단 곁에 서서 금향로를 가지고 많은 향을 받았으니 이는 모든 성도의 기도들과 합하여 보좌 앞 금단에 드리고자 함이라' 이와 같이 성도들의 기도를 향이라 표현했다. 그러므로 우리한테서 향기가 나면 이는 그리스도 앞에서의 향기가 된다. 이스라엘의 향 제물은 보통 숯불을 담은 냄비 안에서 만들어졌다. 그래서 그 숯불에서 나오는 연기가 향과 섞여진 형태가 기도를 상징했다.

> 나의 기도가 주의 앞에 분향함과 같이 되며 나의 손드는 것이 저녁 제사 같이 되게 하소서(시141;2)

성도들의 기도는 우리의 거룩과 그로 말미암아 이루어질 하나님의 의를 염원하는 기도이다. 그래서 우리 성도들의 기도를 향기가 나는 향이라 표현했다. 하나님의 의를 간절히 열망하는 자들이 '의에 주리고 목마른 자'다.

그러기에 어린양께서는 지금도 자기 백성들이니까 하늘 보좌에서 우리를 위해 '내가 저희를 위하여 비옵나니 내가 비옵는 것은 세상을 위함이 아니요 내게 주신 자들을 위함이니이다 저희는 아버지의 것이로소이다.(요17;9)' 이렇게 기도해 주시고 계신다.

천국이나 하나님 나라가 같은 말이다. 우리가 육신의 생각에서 빨리 벗어나야 그리스도 앞으로 내 영혼이 사로잡혀 갈수 있다. 내 영혼이 천국(지성소)에 머물러야 범사에 잘된다. 그렇지 않고 기도하면 전부 허공에다 중언부언만 하게 된다.

무엇보다 거문고(하나님의 말씀)와 향(성도들의 기도)을 금대접(사람)에 담아야 하나님께 새 노래를 부를 수 있다. 우리가 벧엘로 가기 위해 반드시 보김을 지나야 한다. 보김은 이스라엘이 통곡한 곳이다.

> 새 노래를 노래하여 가로되, 책을 가지시고 그 인봉을 떼기에 합당하시도다 일찍 죽임을 당하사 각 족속과 방언과 백성과 나라 가운데서 사람들을 피로 사서 하나님께 드리시고.(계5;9)

새 노래는 하나님의 사랑을 확실히 증거 하는 그것이다.

> 우리가 아직 죄인되었을 때에 그리스도께서 우리를 위하여 죽으심으로 하나님께서 우리에게 대한 자기의 사랑을 확증하셨느니라 (롬5;8)

그러므로 예수님의 피로 죄사함을 받고 회개해야 죄에서 벗어날 수 있다. 죄를 해결하고 나야 그 시대에 의롭다 하는 자가 되어 하나님이 만나주신다. 그런 자들만이 찬양을 할 수 있다.

찬양의 이유가 '일찍 죽임을 당하사 각 족속과 방언과 백성과 나라 가운데서 사람들을 피로 사서 하나님께 드리시고' 저희로 하나님 앞에서 나라와 제사장으로 삼으셔서 그들이 이 땅에서 왕 노릇하게 만들어 주셨기 때문에 그분을 찬양하는 것이다.

그게 새 노래이다. 새 노래는 계시록 12장 6절에 '그 아버지 하나님을 위하여 우리를 나라의 제사장으로 삼으신 그에게 영광과 능력이 세세토록 있기를 원하노라 아멘' 이와 같이 동일하게 부르는 찬양이다.

따라서 인봉된 책은 창조부터 어린양 예수 그리스도로 말미암아 구속을 거쳐서 마지막에 완성될 복음이 기록된 책이다. 예수께서 십자가에 달리셔야 하나님의 창조의 목적이 완성된다. 그래서 봉인된 인을 뗄 수 있는 유일한 분이 일찍 죽임을 당한 예수라고 했다. 그러므로 우리가 예수님과 하나가 되면 인봉한 책을 뗄 수가 있다.

> 아버지께서 내게 주시는 자는 다 내게로 올 것이요 내게 오는 자는 내가 결코 내어 쫓지 아니하리라(요6;37)

하나님의 영이 예수 그리스도로 인도되었기 때문에 우리의 기도가 내 뜻을 이루기 위한 기도가 아니라 아버지의 뜻을 이루기 위한 기도가 되어야 한다. 그런 기도를 아버지께서 가장 기뻐하신다. 아버지의 뜻은 아들을 보고 믿는 자마다 영생을 주는 일이다.

> 내 아버지의 뜻은 아들을 보고 믿는 자마다 영생을 얻는 이것이니 마지막 날에 내가 이를 다시 살리리라. 나를 보내신 아버지께서 이끌지 아니하면 아무라도 내게 올 수 없으니 오는 그를 내가 마지막 날에 다시 살리리라(요6;40.44)

따라서 십자가 구속의 사건은 반드시 이루어질 하나님의 창조의 목직이고, 피로써 하나님께 드리는 구속의 완성이다. 그러기에 책의 인봉을 떼실 분은 예수 그리스도 한분뿐이시다. 그러므로 회복의 시기인 마지막 날에 비로소 하나님의 아들들에 의해 인이 떼어진다. 그래야 하나님 나라로 갈수 있기 때문이다. 복음은 성경대로 이루는 게 구원이고 영생이다.

> 내가 받은 것을 먼저 너희에게 전하였노니 우리 죄를 위하여 그리스도께서 우리 죄를 위하여 죽으시고. 장사 지낸 바 되었다가 성경대로 사흘 만에 다시 살아나사(고전15;3-4)

이와 같이 예수님이 부활하지 않으면 우리도 부활이 되지 않는다. 이는 육의 부활이 아니고 영의 소생이다. 그러므로 하나님의 백성이라면 한사람도 영생의 말씀에서 떠나면 안된다. 그러기에 사도바울도 하나님의 뜻을 이루기 위해 복음 전하는 일에 혼신의 힘을 다했고, 베드로나 요한, 야고보도 하나님의 뜻을 이르기 위해 핍박과 고난도 마다하지 않았던 하나님의 사람들이다. 이들의 피로 사서 드리는 예배가 신령과 진정으로 드리는 경배의 찬송이다.

> 저희로 우리 하나님 앞에서 나라와 제사장을 삼으셨으니 저희가 땅에서 왕노릇하리로라 하더라. 내가 또 보고 들으매 보좌와 생물들과 장로들을 둘러선 많은 천사의 음성이 있으니 그 수가 만만이요 천천이라(계5;10-11)

네 생물과 이십사 장로들의 찬양의 이유가 하나님께서 언약하신 것에 대한 성취의 노래이다.

> 세계가 다 내게 속하였나니 너희가 내 말을 잘 듣고 내 언약을 지키면 너희는 열국 중에서 내 소유가 되겠고. 너희가 내게 대하여 제사장 나라가 되며 거룩한 백성이 되리라 너는 이 말을 이스라엘 자손에게 고할지니라. 모세가 와서 백성의 장로들을 불러 여호와께서 자기에게 명하신 그 모든 말씀을 그 앞에 진술하니(출19;5-7)

이와 같이 네 생물과 이십사 장로가 드린 찬양은 어린양이 일찍이 죽으시므로 우리가 하나님의 소유가 되어 거룩한 백성으로 만들어져가는 구원의 노래이다. 또한 찬양 그 자체가 하늘과 땅 그 안에 있는 모든 것들이 예수 그리스도와 우리가 하나로 연합된 하나님께 드리는 창조에 대한 찬양이기도 하다.

> 태초에 하나님이 천지를 창조하시니라(창세기1;1)

이는 우주의 창조가 아니라 심령창조다. 그게 바로 '아브라함과 다윗의 자손 예수 그리스도의 세계라(마1;1)' 여기까지이다. 그리스도의 세계는 혈통 또는 계통이란 뜻이다. 그러므로 구약의 모든 성경은 예수님이 태어나시므로 구약에서 예표한 모든 것이 끝났다. 이는 그리스도의 실체가 이 땅에 말씀으로 오심으로 성령에 의해 모든 것을 알게 하시기에 끝난 것이 된다.

> 여자가 가로되 메시야 곧 그리스도라 하는 이가 오실 줄을 내가 아노니 그가 오시면 모든 것을 우리에게 고하시리이다(요4;25)

예수가 오시면 모세오경이나 구약의 선지자들의 모든 것을 깨달을 수 있다.

> 이에 모세와 및 모든 선지자의 글로 시작하여 모든 성경에 쓴 바 자기에 관한 것을 자세히 설명하시니라(눅24;27)

구약의 모세나 선지자들을 통해 가르쳐 준 것이, 이 땅에 예수 그리스도가 오셔서 십자가에 달리시므로 구원이 이루어진다는 그 복음(Good-New)이다.

> 큰 음성으로 가로되, 죽임을 당하신 어린양이 능력과 부와 지혜와 힘과 존귀와 영광과 찬송을 받으시기에 합당하도다 하더라. 내가 또 들으니 하늘 위에와 땅 위에와 땅 아래와 바다 위에와 또 그 가운데 모든 만물이 가로되, 보좌에 앉으신 이와 어린양에게 찬송과 존귀와 영광과 능력을 세세토록 돌릴찌어다 하니(계5;12-13)

따라서 예수님은 십자가에 달리지 못하면 하나님의 사랑을 이룰 수가 없다. 그렇기 때문에 십자가에서 죽임을 당하시고 나서 '다 이루었다' 하시고 다시 부활하신 것이다. 그래야 우리의 심령에 새 창조가 일어날 수 있다.

> 하나님이여 내 속에 정한 마음을 창조하시고 내 안에 정직한 영을 새롭게 하소서. 하나님이여 나의 구원의 하나님이여 피 흘린 죄에서 나를 건지소서 내 혀가 주의 의를 높이 노래하리이다. 주여 내 입술을 열어 주소서 내 입이 주를 찬양하여 전파하리이다
> (시51;10.14-15)

깨끗한 마음이 창조되어야 정직한 영에 의해 주의 의를 높이 찬양할 수 있다. 신앙생활을 육신의 생각으로 하면 사망으로 밖에 갈 데가 없다. 그러므로 아들을 믿는 자는 영생이 있고 순종치 않으면 하나님의 진노(심판)가 따른다.

> 하나님이 보내신 이는 하나님의 말씀을 하나니 이는 하나님이 성령을 한량없이 주심이니라. 아버지께서 아들을 사랑하사 만물을 다 그 손에 주셨으니. 아들을 믿는 자는 영생이 있고 아들을 순종치 아니하는 자는 영생을 보지 못하고 도리어 하나님의 진노가 그 위에 머물러 있느니라(요3;34-35)

이 말씀은 매우 중요하다. 지금 교회에서 세상 것을 얘기하면 하나님의 사람이 아니다. 하나님의 보내신 자는 하나님의 말씀만 그대로 대언한다. 그들은 성령의 인도함을 받고 설교하기 때문에 그 입술에서 거짓이 나올 수가 없다.
 오늘날 한국교회의 목사들이 믿음이란 단어가 무엇인지 정확하게 모른다. 이름도 마찬가지다. 모든 단어 속에는 그 속에 하나

님의 뜻이 담겨있다. 그러므로 이름 속에는 이르시는 말씀에 의해 복음이 전해지는 거다.

믿음 그 자체가 그리스도의 말씀이다. 그러므로 '믿음은 들음에서 나고 들음은 그리스도의 말씀' 이라고 예수께서 말씀하신 거다. 즉 믿음이 있으면 그 심령 안에 그리스도의 말씀이 있는 거다.

그리스도의 말씀이 있으면 영생이 주어진 것으로 영생 자체가 복이다. 성도는 이러한 그리스도의 말씀(영생)을 따라가는 거다. 세상 것은 한 번에 무너지는 모래성이다. 그러므로 반석(그리스도의 영) 위에 내 영혼의 집을 지어야 나를 인도하는 자가 그리스도가 된다.

계시록 사건은 1장 4절에 아시아에 있는 일곱 교회의 사건이다. 1장 19절 일곱 별과 일곱 촛대는 교회의 사건인데 여기에 일곱 머리 짐승들이 교회에 들어와서 하는 거다. 그러므로 회개하지 않으면 교회를 심판하는 거다. 따라서 계시록 2장과 3장의 편지 내용은 회개하라, 싸워라, 이겨라 그러면 하늘의 것을 준다. 첫 장막인 성소(교회)에는 자칭 유대인, 이세벨, 사단의 회가 가득 들어차있다. 그러나 그리스도의 말씀이 심령 안에 거한 사람들은 심판 받을 것이 없다.

무엇보다 계시록 4장과 5장에서의 영계의 세계를 정확하게 파악해야 구원을 확실하게 받을 수 있다. 그러기에 심판하기 전에 4장에서 사도요한한테 성령의 감동으로 먼저 영계의 세계를 다 보여주셨다. 그리고 5장에서 천상천하에서 일곱 인으로 봉한 책을 떼거나 펼 자가 없어 요한이 우니까 영계의 장로가 심판하고 나서 마지막 때에 어린양이 떼실 것이니 안타까워하지 말라고 위로한 거다. 따라서 6장이 심판장이다. 그리고 나서 7장에서 떼실 인을 하나 남겨 두었다.

그러므로 성도라면 심령 안에 그리스도가 계시느냐 밖에 있느냐를 항상 점검해야 한다. 그리스도의 말씀(성령)이 인도하면 성경이 열리고 그리스도의 영이 없으면 성경이 열어지지 않는다.

> 네 생물이 가로되 아멘 하고 장로들은 엎드려 경배하더라.
> (계5;14)

즉 성령이 함께하시는 것 자체가 하나님의 신이 함께 하시는 거다. 그러기에 우리가 깨닫고 아멘하면, 영들도 함께 아멘 한다.

하나님께서는 당신의 백성들이 없으면 천천만만의 하늘의 천사(영)들도 결국엔 이 땅에서 아무것도 하지 못한다. 그래서 심령 창조를 위한 구원을 하시려면 반드시 육(사람)이 있어야 한다.

따라서 예수님도 육신의 모양으로 오시지 않았다면 이 땅에 육신을 가진 자들을 구원하지 못하신다. 무엇보다 우리 육신 안에 신령(信靈)을 담아서 하나님의 일을 하시기 위해 육의 옷을 입고 말씀으로 오신 거다.

따라서 성경에서의 모든 전쟁 또한 육적전쟁을 빌려다가 종교전쟁을 표현한 거다. 계시록의 진위 또한 영적전쟁에서 반드시 승리하라는 예수님의 권고의 말씀이시다. 지는 자는 심판하시겠다는 경고의 말씀도 함께 담겨 있다.

오늘날 한국 교회에서 보면 현재 한기총 회장이 말썽이 제일 많다. 이게 바로 바벨론이 왕창 무너지는 소리다. 성경을 대할 때 성도라면 먼저 애굽의 바로 왕을 하나님께서 세웠다는 것을 깨달아야 한다. 한국 교회의 이단들도 알고 보면 큰 성(대형교회)인 바벨론 교회들을 잡아먹게 하기 위한 하나님의 계획이란 사실이다.

그러므로 마지막 때에 증인들의 나팔을 불 때 그 소리를 듣고 회개하여 하나님 말씀 안으로 회귀하라는 권고의 말씀을 심령에 새겨야한다.

따라서 요한계시록은 마지막 때에 일어날 일들을 그리스도의 계시(영)를 통해 기록해 놓은 책으로 누구든지 이 책 외에 더하거나 빼면 재앙을 내리시겠다고 천명하셨다.

따라서 모든 성경 자체가 그 어떠한 것으로도 실패되지 않고, 반드시 이루어질 하나님의 창조의 목적과 구속의 완성이 세밀하게 적혀 있는 책이란 걸 깨달아야 한다.

종말은 세상의 끝이다. 세상의 끝은 예수그리스도의 십자가로 말미암아 세상의 마지막 날 내려져야 할 선고가 어떠한 한 무리에게 미리 내려져 버린 그 때다. 최후의 심판 때 내려져야 할 선고가 십자가다. 그로 말미암아 하나님의 백성들한테 이게 끝이라는 선고가 내려졌다.

그런데 역사의 어느 시점에서 그게 뚫고 들어와서 사람들에게 최후의 심판을 내려 버렸다. 그때부터 우주의 마지막까지를 종말이라 한다. 이미 요한의 때에 말세를 표현했다. 예수님 오실 그 때부터가 바로 마지막 때다. 그 마지막의 종말을 깨달으려면 예수그리스도의 영이 거해야 깨달을 수 있다. 육에 속한 사람은 절대 깨달을 수 없는 게 성령의 일하심이다.

> 육에 속한 사람은 하나님의 성령의 일을 받지 아니하나니 저희에게는 미련하게 보임이요 또 깨닫지도 못하나니 이런 일은 영적으로라야 분변함이니라(고전2;14)

우리의 영혼이 그리스도의 말씀으로 정금 되어야 영적인 분변함이 생긴다. 그러려면 날마다 죄와 더러움을 씻는 다윗샘인 실로암에 가서 씻어야 한다. 그런 사람만이 날마다 죽을 수 있고 또 죽어야 영이 임하신다. 그런데 오늘날의 교회들이 탐심 때문에 하나님을 잊고 산다.

> 저가 귀고리와 패물로 장식하고 그 연애하는 자를 따라가서 나를 잊어버리고 향을 살라 바알들을 섬긴 시일을 따라 내가 저에게 벌을 주리라(호2;13)

이와 같이 탐욕 때문에 교회가 말씀을 잊어버렸다. 말씀을 잊어버리면 벌을 받는다. 성도는 진짜 금향로(하나님의 말씀)를 가지고 살아가야 한다.

> 천사가 향로를 가지고 단 위의 불을 담아다가 땅에 쏟으매 뇌성과 음성과 번개와 지진이 나더라(계8;5)

지성소(그리스도의 영)의 말씀을 가져다 땅(교회)에 쏟는 거다. 불(성령)이 예수님의 말씀이다. 그릇이나 대접은 사람이다. 금향로(그리스도의 말씀)에 불(성령)을 담아 땅(교회)에 쏟으니까 교회가 천둥번개로 지진(교회가 갈라짐)이 나고 있다. 오늘날의 한국교회가 성경 말씀을 갖고 강도질을 하고 있다. 그러기 때문에 불(말씀)로 반석(교회)을 쳐서 부스러뜨리겠다고 하신 것이다.

> 나 여호와가 말하노라 내 말이 불같지 아니하냐 반석을 쳐서 부스러뜨리는 방망이 같지 아니하냐(렘23;29)

칼 같고 강도질 하는 것보다 영혼을 강도질 하는 그 죄가 더 크다. 영혼을 강도질하면 영혼이 불못에 영원히 들어간다. 따라서 목사한테 속으면 안된다. 그러려면 불(성령)로 연단된 금(말씀)을 사서 흰옷(회개)을 입어야 한다.

> 내가 너를 권하노니 내게서 불로 연단한 금을 사서 부요하게 하고 흰옷을 사서 입어 벌거벗은 수치를 보이지 않게 하고 안약을 사서 눈에 발라 보게 하라(계3;18)

예수님은 성령과 불로 세례를 주셨다. 성령도 말씀이고 불도 말씀이다. 불같은 말씀으로 완전히 정하게 하는 거다. 거기에 다른 불순물이 조금이라도 섞이면 안된다. 불로 연단된 금(말씀)을 사야 회개하여 깨닫고 돌아설 수 있다. 그러고 나면 우리의 심령 위에 하늘의 영들이 와 있는 것을 보고 느낄 수 있다.

> 내가 또 보니 힘센 다른 천사가 구름을 입고 하늘에서 내려오는데 그 머리 위에 무지개가 있고 그 얼굴은 해 같고 그 발은 불기둥 같으며 그 손에 펴 놓인 작은 책을 들고 그 오른발은 바다를 밟고 왼발은 땅을 밟고(계10;1-2)

천사가 영이다. 하나님의 부리는 영들이나, 그 말씀(영)을 받고 있는 자들이나 전부 하나님이 부리는 종들로서 부르심을 입은 자들이다. 그 말씀으로 땅(백성)을 밟고 오른 발은 바다(세상)를 밟아야 한다. 즉 첫 장막인 교회를 밟고 또 세상(탐심)을 밟는 거다. 그러려면 불을 다스리는 천사인 영을 만나야 한다.

> 또 불을 다스리는 다른 천사가 제단으로부터 나와 이한 낫 가진 자를 향하여 큰 음성으로 불러 가로되 네 이한 낫을 휘둘러 땅의 포도송이를 거두라 그 포도가 익었느니라 하더라(계14;18)

지금의 종교 세상이다. 말씀으로 휘두르라는 거다. 그래야 하나님의 백성들한테 말씀이 그릇(정신)에 담아져 아버지 보좌 앞으로 영이 올라 갈 것이고, 그렇지 않은 자들은 세상(탐심) 바다로 떠내려가게 될 것이다.

그러므로 이들한테 나팔을 불라는 거다. 계시록에서의 나팔이 일곱인데 증거의 나팔이다. 여기다가 부는 거다. 나팔을 불수 있는 자는, 먼저 하나님을 배반하는 종교세계를 알아야 되고, 또 배반하는 교회(종교세계)를 잡아먹는 그 짐승들을 우선으로 알아야 한다. 그들이 바로 바다에서 올라온 일곱 머리 열 뿔의 짐승들이다.

이 짐승들이 창세기 때는 뱀이요, 출애굽 때는 애굽(탐심)이요, 초림 때는 헤롯과 서기관과 바리새인들이요, 계시록 때는 바다에서 올라온 일곱 머리 열 뿔인 사단 마귀요, 오늘날은 이단(특히 신천지)과 거짓선지자(목사)들이다.

택하심을 입은 성도(증인)라면 마지막 때에 성경에서 밝히고자 하는 그들(사단)을 찾아내어 진노의 말씀을 담아 짐승(교회)에게 쏟아 부어야 한다. 그게 증인들이 해야 하는 하나님의 일로 나팔 부는 일들이다.

6장
여섯 가지 심판의 내용

1. 일곱 봉인에 담긴 심판

원래는 우리가 세상 속에서의 죄인들인데 '이제 그리스도 예수 안에 있는 자에게는 결코 정죄함이 없나니(롬8;1)' 십자가의 은혜로 인해 내 죄가 어린양 안에서 전부 해결되었다. 그러므로 죄를 정할 수가 없다. 그게 믿어져야 어린양이 나의 목자가 되어서 '오라' 할 때 따라 갈수 있다. 그러면 내가 아버지 앞에 갈 때 예수 그리스도의 옷을 입었기 때문에 죄가 하나도 없게 된다. 죄가 없기 때문에 정죄하지 않는다. 그리고 이들한테는 주님의 법이 심령 안에 기록되어 있다.

또 주께서 가라사대 그날 후에 내가 이스라엘 집으로 세울 언약이 이것이니 내 법을 저희 생각에 두고 저희 마음에 이것을 기록하리라 나는 저희에게 하나님이 되고 저희는 내게 백성이 되리라. 내가 저희 불의를 긍휼히 여기고 저희 죄를 다시 기억하지 아니하리

라(히8;10.12)

  생각과 마음에 믿음의 법을 새겨 넣는 것 자체가 하나님의 기록(생명책)이다. 죄를 용서해 주신 것을 믿어야 우리의 죄를 기억하지 않으신다. 주신(완료) 것을 믿어야지 주실(미래) 것을 믿으면 안된다.
  아울러 주실 것을 믿다가는 잘못하다 지옥 간다. 그러나 주신 것을 믿으면 확고한 믿음에 의해 정죄함이 없다. 죄란 하나님을 믿지 않는 것이 죄다. 그러므로 하나님이 보시기에 죄가 없어야지 세상 죄는 하나님께서 다시는 기억치 않으신다고 하셨다. 그걸 믿고 따라가는 자들이 네 생물 중에 하나가 우레같은 소리로 '오라' 할 때 듣고 보고 할 수 있는 것이다.

> 내가 보매 어린양이 일곱 인 중에 하나를 떼시는 그때에 내가 들으니 네 생물 중에 하나가 우레 소리같이 말하되 오라 하기로
> (계6;1)

  계시록 6장은 어린양 예수 그리스도께서 일곱 인으로 봉한 책을 하나님으로부터 받아 들고 인을 하나하나 떼시는 장면이다. 어린양 하면 항상 속죄양을 생각해야 한다. 그래야 내 안에 영원한 속죄가 이루어져가고 있는가를 늘 점검할 수 있다.
  네 생물은, 생물은 살았다 하는 총칭으로 하늘에 있는 생물(영)이다. 우리도 살리는 영이신 예수 그리스도의 말씀이 내 안에 거하면 영의 세계로 올라갈 수 있다. 네 생물 주위에는 천천만만의 많은 영들이 동행하고 있다. 그 네 생물 중에 하나를 하나님께서 이 땅에 보내셔서 하나님의 일을 시작하고 계신다. 그런데 그 네 생물이 사자 같고, 송아지 같고, 사람 같고. 독수리 같다. 바로

영계들의 총칭이다. 따라서 마태는 왕으로 오신 예수님을 나타내었고, 마가는 일하러 오신 예수님을 표현했다. 누가는 아들로 오신 예수님을 인자로 표현했으며 요한은 하나님의 영으로 오신 예수님을 나타내었다. 이와 같이 네 생물을 각각의 모양으로 복음서에 표현되었는데, 요한은 주로 영의 것을 말하고 누가는 사람의 성품과 같은 예수님을 증거 했다. 따라서 생물들의 특성이 '첫째 생물은 사자 같고, 둘째 생물은 송아지 같고, 셋째 생물은 얼굴이 사람 같고, 네째 생물은 날아가는 독수리 같은데(계4;7)' 이 구절을 충분히 이해하고 계시록 6장을 읽어야 그 심판의 내용을 정확하게 파악할 수 있다.

그래야 어린양이 왜 나의 목자가 되어야 하느냐를 알 수 있다. 예수님이 나의 목자가 되면 내 죄를 그분이 지고 가시기 때문에 천국의 비밀을 알려 주신다.

> 천국의 비밀을 아는 것이 너희에게는 허락되었으나 저희에게는 아니되었나니. 무릇 있는 자는 받아 넉넉하게 되되 무릇 없는 자는 그 있는 것도 빼앗기리라(마13;11-12)

천국을 아는 비밀이 하나님의 비밀인 예수 그리스도신데 그러므로 우리한테 비밀이 허락되었는지 안 되었는지를 먼저 알아야 한다. 그걸 알아야 목자이신 예수 그리스도의 말씀을 좇아 영성이 넉넉하게 되지, 그렇지 않으면 짐승 따라가서 다 빼앗긴다. 오늘날의 교회들이 하나님의 비밀을 모르니까 맨날 개, 돼지들이 되어 이 땅의 복만 달라고 기도한다.

성도는 이걸 알아야 한다. 하나님의 아들이 되면 하나님이 부리는 천천만만의 영들에 의해 우리를 지켜주신 것을 믿게 된다. 자기 아들을 가장 아끼시는 분이 하나님이시다. 그러므로 이 세상의 먹고 사는 문제나 죽고 사는 문제로 고민하고 걱정하는 사람들은 믿음이 아직 없는 사람들이다. 믿음이 없으면 경고의 나팔 소리를 듣지 못해 세상(탐심)한테 진다. 그러기에 이기고 또 이기라고 권고하는 거다.

> 내가 이에 보니 흰 말이 있는데 그 탄자가 활을 가졌고 면류관을 받고 나가서 이기고 또 이기려고 하더라(계6;2)

흰말은 사명자다. 그 사명자 위에 탄자가 있다. 사도요한이 증거할 때도 탄자(그리스도의 영)에 의해 감동을 입고 계시록을 기록했다. 따라서 탄자(천사)가 가지고 있는 게 활이다. 말 탄자들에 대한 내용은 스가랴에 기록되어 있다.

> 내가 밤에 보니 사람이 홍마를 타고 골짜기 속 화석류나무 사이에 섰고 그 뒤에는 홍마와 자마와 백마가 있기로. 내가 가로되 내 주여 이들이 무엇이니이까 내게 말하는 천사가 내게 이르되 이들이 무엇인지 내가 네게 보이리라 하매. 화석류 나무 사이에 선 자가 대답하여 가로되 이는 여호와께서 땅에 두루 다니라고 보내신 자들이니라. 그들이 화석류 나무 사이에 선 여호와의 사자에게 고하되 우리가 땅에 두루 다녀보니 온 땅이 평안하여 정온하더이다. 여호와의 사자가 응하여 가로되 만군의 여호와여 여호와께서 언제까지 예루살렘과 유다 성읍들을 긍휼히 여기지 아니하시려나이까 이를 노하신지 칠십년이 되었나이다 하매(슥1;8-12)

스가랴 1장에서 말 탄자들을 인용했는데 말 탄자는 하나님으로부터 세상에 두루 다니도록 보내심을 받은 자들이라고 설명했다. 따라서 무엇을 하도록 보내심을 받은 것인가를 알려면 스가랴서의 역사적 배경을 우선 알아야 된다.

스가랴 선지자는 BC 520년경 사람이다. BC 931년에 이스라엘이 북이스라엘과 남 유대로 갈라지고 BC 722년에 북이스라엘이 앗수르에게 망했다. 그리고 곧 이어 BC 586년에 남 유대가 바벨론에게 망하고 그들이 포로로 끌려갔다. 그런데 그 바벨론이 페르시아에 망하고 페르시아의 고레스 왕이 이스라엘 민족에게 귀향을 명령했다. 그들의 성전을 재건하도록 귀향을 시킨 것이다.

그때 그들의 총독이 스룹바벨이었다. 스룹바벨은 유대인으로서 유대인의 총독이 된 사람이다. 그런데 사마리아인으로 불리게 된 북이스라엘 사람들과 페르시아 고레스 왕의 신하들의 방해로 성전 재건이 10년 만에 중단이 되었다.

그때 이스라엘을 책망하고 독려하며 성전재건을 촉구한 선지자가 바로 스가랴이다. 그러니까 이스라엘이 그러한 하나님의 진노로 인한 재앙을 당하던 시기에 그 말 탄자들이 세상에 보내어진 서다. 따라서 그들은 하나님의 진노의 메시지를 가지고 땅에 누루 다니며 전하던 메신저들이다. 그러므로 그 말 탄 자들은 하나님의 재앙을 묘사하고 있는 하나님이 부리는 영들이다.

무엇보다 계시록은 예수 그리스도께서 하나님 나라의 완성, 새 창조의 내용이 적혀 있는 책이다. 그럼에도 불구하고 인을 떼실 적마다 이 땅에 재앙들이 왜 내려지고 있는가?

> 인자야 가령 어느 나라가 불법하여 내게 범죄하므로 내가 손을 그 위에 펴서 그 의뢰하는 양식을 끊어 기근을 내려서 사람과 짐승을 그 나라에서 끊는다 하자. 비록 노아, 다니엘, 욥 이 세 사람이 거기 있을지라도 그들은 자기의 의로 자기의 생명만 건지리라 나 주 여호와의 말이니라. 가령 내가 사나운 짐승으로 그 땅에 통행하여 적막케 하며 황무케 하여 사람으로 그 짐승을 인하여 능히 통행

하지 못하게 한다 하자. 비록 이 세 사람이 거기 있을지라도 나의 삶을 두고 맹세하노니 그들은 자녀도 건지지 못하고 자기만 건지겠고 그 땅은 황무하리라 나 주 여호와의 말이니라. 가령 내가 칼로 그 땅에 망하게 하고 명하기를 칼아 이 땅에 통행하라 하여 사람과 짐승을 거기서 끊는다 하자. 비록 이 세 사람이 거기 있을지라도 나의 삶을 두고 맹세하노니 그들은 자녀도 건지지 못하고 자기만 건지리라 나 주 여호와의 말이니라. 가령 내가 그 땅에 온역을 내려 죽임으로 내 분을 그 위에 쏟아 사람과 짐승을 거기서 끊는다 하자. 비록 노아, 다니엘, 욥이 거기 있을지라도 나의 삶을 두고 맹세하노니 그들은 자녀도 건지지 못하고 자기의 의로 자기의 생명만 건지리라 나 주 여호와의 말이니라 하시니라. 주 여호와께서 가라사대 내가 나의 네 가지 중한 벌 곧 칼과 기근과 사나운 짐승과 온역을 예루살렘과 함께 내려 사람과 짐승을 그 중에서 끊으리니 그 해가 더욱 심하지 않겠느냐. 그러나 그 가운데 면하는 자가 남아 있어 끌려 나오리니 곧 자녀들이라 그들이 너희에게로 나아오리니 너희가 그 행동과 소위를 보면 내가 예루살렘에 내린 재앙 곧 그 내린 모든 일에 대하여 너희가 위로를 받을 것이라. 너희가 그 행동과 소위를 볼 때에 그들로 인하여 위로를 받고 내가 예루살렘에서 행한 모든 일이 무고히 한 것이 아닌 줄을 알리라. 나 주 여호와의 말이니라(겔14;13-23)

하나님께서 예루살렘의 멸망에 대한 경고를 하셨다. 그런데 그 방법이 계시록의 네 가지 인의 재앙의 내용과 같다. 칼과 기근과 사나운 짐승과 온역 즉 질병이다. 그 재앙이 얼마나 엄중한지 하나님의 의인이라 일컬은 노아, 다니엘, 욥이 거기에 있다 하더라도 그들의 자식들마저도 거기서 건져지지 못할 것이라고 두 번이나 반복해서 말씀하셨다. 그런데 거기서 나오는 자들이 있는데 그들이 바로 남은 자들이다. 그들이 그 재앙을 모면하는 것이 아니라 그 재앙을 함께 당하는데 그러나 그들은 재앙을 통해 하나님 앞으로 나오는 계기가 되고, 나머지들은 무서운 심판을 당하게 된다는 뜻이다. 그러기에 하나님의 백성들한테 재앙이 그대로 노출이 되어 있는 거다.

> 내가 또 눈을 들어 본즉 네 병거가 두 산 사이에서 나왔는데 그 산은 놋 산이더라. 첫째 병거는 홍마들이 둘째 병거는 흑마들이. 셋째 병거는 백마들이, 넷째 병거는 아롱지고 건장한 말들이 메었는지라. 내가 내게 말하는 천사에게 물어 가로되 내 주여 이것들이 무엇이니이까. 천사가 대답하여 가로되 이는 하늘의 네 바람인데 온 세상의 주 앞에 모셨다가 나가는 것이라 하더라. 흑마는 북편 땅으로 나가매 백마가 그 뒤를 따르고 아롱진 말은 남편 땅으로 나가고. 건장한 말은 나가서 땅에 두루 다니고자 하니 그가 이르되 너희는 여기서 나가서 땅에 두루 다니라 하매 곧 땅에 **두루**다니더라
> (슥6;1-7)

여기도 똑같이 네 말이 끄는 병거가 등장한다. 앞서도 설명했지만 땅이 사람이다. 역시 하나님의 심판과 저주, 재앙을 전하기 위해 세상으로 보내심을 받은 사명자다. 그들이 땅에 두루 다니고 있다. 그런데 그들이 두 산 사이에서 나오고 있다. 이게 심판과 저주를 전하는 말 탄 자들을 이해하는데 아주 중요한 키(열쇠)다. 그러므로 두 산이 의미하는 바를 알아야 한다. 말들 위에 탄 자는 하늘 위에 네 바람이다. 바람 자체가 천사다.

> 여호와의 날이 이르리라 그날에 네 재물이 약탈되어 너희 중에서 나누이리라. 내가 열국을 모아 예루살렘과 싸우게 하리니 성읍이

함락되며 가옥이 약탈되며 부녀가 욕을 보며 성읍 백성이 절반이나 사로잡혀 가려니와 남은 백성은 성읍에서 끊쳐지지 아니하리라. 그 때에 여호와께서 나가사 그 열국을 치시되 이와 전쟁 날에 싸운 것 같이 하시리라. 그날에 그의 발이 예루살렘 앞 곧 동편 감람산에 서실 것이요 감람산은 그 한가운데가 동서로 갈라져 매우 큰 골짜기가 되어서 산 절반은 북으로, 절반은 남으로 옮기고. 그 산골짜기는 아셀까지 미칠지라 너희가 그의 산골짜기로 도망하되 유다 왕 웃시야 때에 지진을 피하여 도망하던 것같이 하리라 나의 하나님 여호와께서 임하실 것이요 모든 거룩한 자가 주와 함께 하리라
(슥14;1-5)

하나님께서 감람산에 서시니 그 감람산이 둘로 갈라지고 그 갈라진 두산 사이, 골짜기로 모든 백성들이 도망하는 장면이다. 예수께서도 감람산에 오르시는 모습이 복음서에 자주 등장한다. 그것은 이렇게 메시야적 예언의 성취가 이루어지는 곳이기 때문에 일부러 지명을 기록해 놓았다. 주님께서는 감람산에서 마지막 종말 때에 관한 강화를 하시기도 하고, 감람산에 있는 겟세마네동산에서 자주 기도 하는 모습을 보이기도 하셨다.

예수께서 나가사 습관을 좇아 감람산에 가시매 제자들도 좇았더니(눅22;39)

이와 같이 감람산은 예수님께서 습관처럼 가시던 곳이다. 그러므로 감람산의 의미는 그리스도 앞으로 오는 자들이 구원을 얻을 것이라는 암시다. 구원이 이루어지는 그 두 산 사이, 골짜기에 대한 이야기는 성경의 여러 군데에 등장하고 있다.

> 내가 오늘날 복과 저주를 너희 앞에 두나니. 너희가 만일 내가 오늘날 너희에게 명하는 너희 하나님 여호와의 명령을 들으면 복이 될 것이요. 너희가 만일 내가 오늘날 너희에게 명하는 도에서 돌이켜 떠나 너희 하나님 여호와의 명령을 듣지 아니하고 본래 알지 못하던 다른 신들을 좇으면 저주를 받으리라. 내 하나님 여호와께서 네가 가서 얻을 땅으로 너를 인도하여 들이실 때에 너는 그리심 산에서 축복을 선포하고 에발 산에서 저주를 선포하라(신11;26-29)

두 산이 나오는데 하나는 축복의 산인 그리심 산이고 다른 하나는 저주의 산인 에발 산이다. 하나님의 율법을 지키면 그리심 산에서 축복을 받고 율법을 지키지 못하면 에발 산에서 저주를 받는다.

그런데 하나님의 백성들더러 그리심 산이 아닌 골짜기로 도망하라고 한다. 그건 우리 인간은 그 율법을 절대 완전하게 지킬 수 없기 때문이다. 그러니까 골짜기로 도망가리는 기다. 그 골짜기는 저주와 축복이 동시에 임하는 곳이다. 그러니까 세상에 심판과 재앙을 선포하는 메신저들이 그 두 산 사이에서 나온다는 것은, 그만큼 그 재앙이 하나님의 백성들한테는 구원의 완성에 꼭 필요한 것이라는 뜻이다.

따라서 탄자가 활을 가졌는데 활이 말씀이다. 활은 시위하는 거다. 말씀을 저울질 한다고 생각하면 된다. 그런데 악인들도 그들만의 활이 있다.

> 악인이 활을 당기고 살을 시위에 먹임이여 마음이 바른 자를 어두운 데서 쏘려 하는도다(시11;2)

하나님의 말씀을 받은 자들을 잘못되게 하는 것이 악인들이다.

'악인이 칼을 빼고 활을 당기어 가난하고 궁핍한 자를 엎드려 뜨리며 행위가 정직한 자를 죽이고자 하나(시37;14)' 즉 하나님 앞으로 가는 자를 죽이고 가는 게 악인들이다. 그러므로 마음이 바로 섰는가, 아닌가를 저울질해야 한다. 속이는 저울은 하나님께서 심판하신다.

> 속이는 저울은 여호와께서 미워하셔도 공평한 추는 그가 기뻐하시느니라(잠11;1)

성경은 공의 공도로 해야 한다. 성경 갖고 거짓말 하면 심판이 따르므로 신앙생활하면서 거짓말 하면 안된다. 말씀은 늘 똑같아야지 육신의 생각을 넣어 더하거나 빼면 안된다.

> 둘째 인을 떼실 때에 내가 들으니 둘째 생물이 말하되 오라 하더니. 이에 붉은 다른 말이 나오더라 그 탄자가 허락을 받아 땅에서 화평을 제하여 버리며 서로 죽이게 하고 또 칼을 받았더라
> (계6;3-4)

둘째 인을 떼니까 붉은 말과 그 말 탄 자가 나온다. 그 말 탄자가 땅의 화평을 제하여 버리고 서로 죽이게 한다. 둘째 인은 전쟁을 의미한다. 오늘날까지 수많은 전쟁들이 역사 속에서 끊임없이 일어나고 있다. 육적전쟁, 종교전쟁, 가족과의 전쟁, 이웃과의 전쟁, 또 자신과의 영적전쟁 등 그 수많은 전쟁을 통해 하나님의 백성들은 그로인해 상처받고 절망하며 좌절을 겪는다.

거기에 성도들이 겪어내야 하는 영적전쟁이 가장 견디기 힘들고 고통스럽다. 세상에는 수없이 많은 전쟁이 노출되어 있지만 성도들은 그러한 전쟁을 겪으면서 십자가의 도를 깨닫게 된다.

무엇보다 가장 중요한 것은 진실한 자는 이긴다는 사실이다. 이긴 자가 예수 그리스도시니 내 심령 안에 그리스도의 영(말씀)을 간직하면 주님께서 지켜주신다. 그렇지 않으면 붉은 말이 땅에서 제하여 버릴 화평을 찾아 서로 죽이게 한다.

따라서 둘째 인을 떼실 때, 화평을 제하여 버리는 곳이 바로 일곱 촛대가 있는 교회라는 사실을 인식해야 한다. 화평이 없다는 것은 하나님의 뜻에 거역한 백성이 되었다는 뜻이다. 따라서 하늘(교회)은 지도자(목사)고 땅은 백성(교인)이다. 또한 큰 칼(말씀)을 받았더라는 것은 심판의 말씀이다. 이를 달리 표현하면 붉은 말을 탄자가 심판의 말씀을 가졌다는 뜻이다. 심판은 정죄다. 심판을 받는 곳이 촛대가 있는 예루살렘(교회)이다. 그러나 진리의 성읍은 시온성이다.

그런데 이 땅(하나님의 백성)들이 짐승(거짓목자)을 따르기 때문에 화평이 없고 그래서 죄 짐만 무겁다.

> 땅이여 두려워 말고 기뻐하며 즐거워할찌어다 여호와께서 큰일을 행하셨음이로다.(욜2;21)

성경에서 '땅이여' 하면 하나님의 백성들을 생각해야 된다. 그러므로 예수께서 사망과 그늘에 앉은 백성들을 살리기 위해 이 땅에 빛으로 오셨다.

> 이는 선지자 이사야로 하신 말씀을 이루려 하심이라 일렀으되. 스불론 땅과 납달리 땅과 요단강 저편 해변 길과 이방의 갈릴리여. 흑암에 앉은 백성이 큰 빛을 보았고 사망의 땅과 그늘에 앉은 자들에게 빛이 비취었도다 하였느니라(마4;14-16)

사망의 땅은 육신의 생각으로 있는 것을 말한다. 육신의 생각으로 가는 게 사망인데 그들한테 빛을 비추셨다. 육신의 생각은 탐심에 의한 근심과 재리의 염려인데 이런 것들이 죄의 삯으로 사망으로 온다. 그러므로 교회가 첫 사람인 아담의 세계이다. 따라서 아담(교회)이 짐승 따라가면 사망이다. 한 사람(아담)에 의해 모든 사람이 다 죽어야 했는데 또 다른 한 사람(십자가)에 의해 생명의 길이 열려졌다. 따라서 그리스도의 살(말씀)과 피(십자가의 도)를 먹고 사는 사람은 화평하게 되는데 그 목적지가 바로 희락과 평안이다.

> 내가 세상에 화평을 주러 온 줄로 생각지 말라 화평이 아니요 검을 주러 왔노라(마10;34)

화평의 결국이 영혼의 평안인데, 교회가 말씀을 제하여 버리니까 화평이 없다. 그 이유가 목사들이 설교 단상에서 육신의 생각으로 생명의 말씀을 빼앗아 버려 그래서 검(말씀)으로 화평을 제하여 버리신 거다. 그러므로 이 세상 교리를 먹으면 죽고, 생명의 말씀(성경)을 먹으면 영생한다.

따라서 전쟁은 하나님의 심판의 도구인데, 성도에게는 하나님의 백성으로 만들어가는 연단의 과정임을 깨닫고 그것조차도 하나님이 주시는 복으로 생각해야 한다.

> 셋째 인을 떼실 때에 내가 들으니 셋째 생물이 말하되 오라 하기로 내가 보니 검은 말이 나오는데 그 탄자가 손에 저울을 가졌더라.(계6;5)

셋째 인을 떼자 검은 말이 나오고 그 말 탄자의 손에 저울을 들고 나온다. 저울은 달아보는 것으로, 이 말씀이 맞나, 안 맞나 저울질 하는 거다. 말들은 전부 사명자다.

> 진실로 천한자도 헛되고 높은 자도 거짓되니 저울에 달면 들려 입김보다 경하리로다(시62;9)

이 교회를 두고 한 말씀이다. 그러므로 세상에 마음 두고 살면 안된다. 신앙생활은 하나님이 보시기에 정직해야 한다. 그러니까 공평한 저울에 달아야 한다. 또 저울은 다른 의미에서 흉년과 기근을 나타내기도 한다.

> 또 내게 이르시되 인자야 내가 예루살렘에서 의뢰하는 양식을 끊으리니 백성이 경겁 중에 떡을 달아 먹고 민답 중에 물을 되어 마시다가. 떡과 물이 결핍하여 피차에 민답하여 하며 그 죄악 중에서 쇠패하리라(겔4;16-17)

이와 같이 성경에서 저울이 등장하면 흉년과 기근을 나타낸다. 따라서 6절을 보면 그 의미를 좀 더 깊게 알 수 있다.

> 내가 네 생물 사이로서 나는 듯하는 음성을 들으니 가로되 한 데나리온에 밀 한 되요 한 데나리온에 보리 석 되로다 또 감람유와 포도주는 해치 말라 하더라. 넷째 인을 떼실 때에 내가 네째 생물의 음성을 들으니 가로되 오라 하기로.(계6;6-7)

한 데나리온에 밀이 한 되요, 한 데나리온에 보리가 석 되라고 했다. 한 데나리온은 당시 시대 상황에서 노동자의 하루 임금이다. 보통 한 데나리온으로 밀을 12되 정도 살 수 있다. 보리는 3

배 정도가 싼 식량이었기 때문에 36되 정도를 살 수 있었다.

  그런데 기근과 흉년으로 물가가 많이 올라 한 데나리온으로 밀을 한 되밖에 살 수 없게 되었다. 밀과 보리, 감람유와 포도주는 유대인들의 식량을 대표적으로 상징하는 것들이다. 그 중에 감람유와 포도주는 부유한 사람들을 상징하는 식품이다.

  실제로 로마의 지배를 받던 당시에 기근이 아주 심해 가난한 사람들이 먹을 것이 없었다. 그때 사람들이 밀과 보리를 더 심기 위해 감람나무와 포도나무 밭을 갈아 엎어버리는 일이 있었다.

  그런데 그 감람유와 포도주를 해치 말라고 하신 말씀은 앞으로 아무리 기근이 들어 사람들이 굶어 죽어가도 여전히 부자로 남아 있는 현상이 일어날 것이라는 암시다. 지금 온 세계가 빈익빈 부익부의 상태로 급속히 변해가고 있다. 그러나 그러한 기근은 정말 먹을 것이 없어서 일어나는 기근이 아니다.

  인간(교회)의 탐욕(목사)이 만들어 낸 기근(말씀고갈)이다. 그리스도인은 그리스도의 말씀인 물질로 표현된 그리스도의 계시에서 그러한 영적기근과 영적 흉년을 통해 하늘의 풍요가 무엇인지를 암시하고 있는 거다.

  또한 밀과 보리는 사람이다. 밀은 예수님이고 보리는 예수님의 제자다. 되는 그릇이고 부대도 그릇이다. 예수께서 광야에서 보리떡과 물고기로 수천 명을 먹인 장면을 연상하면 된다.

  또한 감람유는 성령을 통하여 말씀하시는 게 감람유다. 계시록 때 성령이 감람유다. 포도주는 성령을 통한 예수님의 주신 말씀이다. 그래서 성찬식 때 포도주를 주셨다.

> 내가 그에게 물어 가로되 등대 좌우의 두 감람나무는 무슨 뜻이니이까 하고. 다시 그에게 물어 가로되 금기름을 흘려내는 두 금관 옆에 있는 감람나무 두 가지는 무슨 뜻이니이까(슥4;11-12)

또한 사람이 나무다. 하나님 앞에 서 있는 자들이다. 지금은 감람나무(거짓성령)들이 너무 많다. 감람나무는 기름 부은 자고 포도나무는 예수님이다. 그리스도 예수 안에 접붙여 있는 자들은 말씀으로 깨끗케 된 자들이다. 말씀을 충만히 담으면 그가 빛이다. 빛을 담은 자는 믿음과 행함이 함께 일치해야 한다.

> 하루는 나무들이 나가서 기름을 부어 왕을 삼으려 하여 감람나무에게 이르되 너는 우리 왕이 되라 하매. 감람나무가 그들에게 이르되 나의 기름은 하나님과 사람을 영화롭게 하나니 내가 어찌 그것을 버리고 가서 나무들 위에 요동하리요. 한지라 나무들이 또 무화과나무에게 이르되 너는 와서 우리의 왕이 되라 하매. 무화과나무가 그들에게 이르되 나의 단 것. 나의 아름다운 실과를 내가 어찌 버리고 가서 나무들 위에 요동하리요 한지라. 나무들이 또 포도나무에게 이르되 너는 와서 우리의 왕이 되라 하매. 포도나무가 그들에게 이르되 하나님과 사람을 기쁘게 하는 나의 새 술을 내가 어찌 버리고 가서 나무들 위에 요동하리요 한지라. 이에 모든 나무가 가시나무에게 이르되 너는 와서 우리의 왕이 되라 하매(삿9;8-14)

이방 사람들이 그런 거다. 10절은 무화과나무고 12절은 포도나무며, 14절은 가시나무다. 가시나무는 사단의 나무다. 육체의 가시가 사단이다. 포도나무는 예수님이고 그를 따라다니는 제자가 포도나무 가지다. 따라서 성령으로 거듭나게 하는 게 감람나무 가지다. 포도농사를 짓는 게 창세기 때부터의 역사다.

2. 재앙의 정체들

> 내가 보매 청황색 말이 나오는데 그 탄자의 이름은 사망이니 음부가 그 뒤를 따르더라 저희가 땅 사분 일의 권세를 얻어 검과 흉년과 사망과 땅의 짐승으로써 죽이더라(계6;8)

청황색 말이 나오는데 이 색은 죽은 시체의 색깔이다. 그 말 탄자의 이름이 사망이다. 사망을 의인화시켜 놓았다. 그 말 탄자들은 하나님이 세상에 심판과 저주와 재앙으로 내리시는 것들의 내용이다. 그리고 그러한 내용들이 구원 얻은 하나님의 백성들에게는 새 창조를 향한 역 창조의 복된 사건들이다.

청황색 말을 탄자가, 죄의 삯인 사망으로 사람을 어떻게 죽이는가? 검(말씀)과 흉년(말씀고갈)과 사망(육신의 생각)과 땅(백성)의 짐승(거짓목사)으로 죽인다.

또한 넷째 인은 앞에서 묘사된 모든 인들이 가지고 있는 전쟁, 기근을 포함한 죄의 삯인 사망으로 죄인들을 몰고 가게 되는 모든 하나님의 심판과 방법이다. 이를 항상 칼과 기근과 온역으로 표현하고 있다.

> 그들이 금식할지라도 내가 그 부르짖음을 듣지 아니하겠고 번제와 소제를 드릴지라도 내가 그것을 받지 아니 할뿐 아니라 칼과 기근과 염병으로 그들을 멸하리라(렘14;12)

> 너의 가운데서 삼분지 일은 온역으로 죽으며 기근으로 멸망할 것이요 삼분지 일은 너희 사방에서 칼에 엎드러질 것이며 삼분지 일은 내가 사방에 흩고 또 그 뒤를 따라 칼을 빼리라(겔5;12)

이 네 가지 인의 재앙은 말세에 부어질 총체적인 하나님의 심판의 내용을 점점 강하게 표현해 놓은 거다. 예수께서도 말세 때 어떤 일이 일어날 것인가를 묻는 제자들에게 똑같은 대답을 하셨다.

> 너희가 사람의 미혹을 받지 않도록 주의하라. 많은 사람이 내 이름으로 와서 이르되 나는 그리스도라 하여 많은 사람을 미혹케 하리라. 난리와 난리 소문을 듣겠으나 너희는 삼가 두려워 말라 이런 일이 있어야 하되 끝은 아직 아니니라. 민족이 민족을, 나라가 나라를 대적하여 일어나겠고 처처에 기근과 지진이 있으리니. 이 모든 것이 재난의 시작이니라. 그 때에 사람들이 너희를 환난에 넘겨 주겠으며 너희를 죽이리니 너희가 내 이름을 위하여 모든 민족에게 미움을 받으리라(마24;4-9)

인의 재앙에서 살펴 본 심판에 관한 내용이 많은 사람을 미혹케 하는 적그리스도와 거짓 선지자에 관한 것들이다. 따라서 네 번째 인을 떼었을 때, 칼과 기근과 온역과 땅의 짐승들에 의해 죽임을 당하게 될 것이라 했다.

바로 그 땅의 짐승들이 바로 세상을 미혹케 하는 마귀의 세력, 즉 적 그리스도와 거짓 선지자들이다. 사람을 죽이는 칼(거짓교리)과 기근(영적고갈)과 온역(코로나)과 땅(교인)의 짐승(이단 및 거짓선지자)들은 하나님의 심판의 다른 이름들이다. 이 모든 것들이 결국은 사망을 가져오는 것들이다.

> 다섯째 인을 떼실 때에 내가 보니 하나님의 말씀과 저희의 가진 증거를 인하여 죽임을 당한 영혼들이 제단 아래 있어. 큰 소리로 불러 가로되 거룩하고 참 되신 대주재여 땅에 거하는 자들을 심판하여 우리 피를 신원하여 주지 아니하시기를 어느 때까지 하시려나이

까 하니.(계6;9-10)

   성경에서의 모든 사건들은 하나님의 아들의 나라를 바로 세우시기 위함이다. 하나님 아들의 나라로 옮겨진 자들이 깨달아 보는 게 성경이다. 성령이 임하면 말씀이 깨달아지니까 큰 소리로 하나님을 찬양할 수 있다. 그 진리이신 하나님의 말씀을 받은 자들은 먼저 내 영혼의 집을 짓고 그것을 증거 하게 된다.
   그러므로 인들이 떼어질 때마다 일어났던 전쟁, 기근, 질병 등의 모든 것들이 다 사단의 유혹에 넘어간 타락한 인간들의 재앙이란 걸 깨닫게 된다. 그리고 그 악한 세력의 수중에서 놀아난 교회들한테 내리는 인의 재앙이 결국엔 죄의 결과라는 것도 알게 된다. 또한 이러한 재앙들이 심판의 도구로 혹은 하나님의 백성들의 회개를 위한 방법이라는 것도 깨닫게 된다.
   그러나 다섯 번째 인에서는 재앙이 아닌 순교자들의 모습이 등장하고 있다. 왜 여섯째 인을 떼시기 전에 순교자들이 나오는가? '그때에 사람들이 너희를 환난에 넘겨주겠으며 너희를 죽이리니 너희가 내 이름을 위하여 모든 민족에게 미움을 받으리라(마 24;9)' 이와 같이 예수께서 말세에 일어날 일들을 말씀하시면서 그때에 사람들이 너희를 환난에 넘겨주고 죽일 것이라고 하셨다. 그리고 또한 모든 민족이 너희를 미워할 것이다 하셨다.
   말세가 6000년이 끝난 7000년이 도래한 지금이 종말의 때다. 따라서 마지막 때는 하나님의 백성들은 마치 죽임을 당하는 것같이 힘이 든다는 것을 말하고 있다. 그래서 하나님의 말씀과 저희의 가진 증거를 인하여 죽임을 당한 영혼들이라고 표현했다. 그래서 그들이 제단 아래 모여서 '거룩하고 참되신 대주재여 땅에 거하는 자들을 심판하여 우리 피를 신원하여 주지 아니하시기를 어느 때까지 하시려나이까?' 하고 하나님께 기도한 것이다.

이 기도는 하나님의 나라의 완성에 대한 교회들의 간절한 염원이다. 이 성도들의 기도는 거룩하시고 참되신 성부 하나님의 정의의 통치가 완성되기를 간절히 원하는 기도이기도 하다. 그렇게 기도를 하니까 하나님께서 '아직 잠시 동안 쉬되 동무 종들과 형제들도 자기처럼 죽임을 받아 그 수가 차기까지 하라' 하시면서 이들에게 흰옷을 주셨다.

이는 죽어야 할 자들이 다 죽어서 창세전에 하나님께서 예정해 놓은 죽임을 당할 자들의 수가 다 차면 완성이 될 것이라는 뜻으로 대답하신 것이다. 하나님은 이렇게 하나님의 백성들을 가리켜서 죽임을 받을 자들이라고 표현하셨다.

> 내가 나의 두 증인에게 권세를 주리니 저희가 굵은 베옷을 입고 일천이백육십일을 예언하리라. 이는 이 땅의 주 앞에 섰는 두 감람나무와 두 촛대니. 저희가 그 증거를 마칠 때에 무저갱으로부터 올라오는 짐승이 저희로 더불어 전쟁을 일으켜 저희를 이기고 저희를 죽일 터인즉. 저희 시체가 큰 성 길에 있으리니 그 성은 영적으로 하면 소돔이라고도 하고 애굽이라고도 하니 곧 저희 주께서 십자가에 못 박히신 곳이니라.(계11;3-4.7-8)

교회는 이렇게 이 땅에서 죽는 모습으로 나타난다. 우리가 이 땅에서 마치 죽임을 당한 자들처럼 순교자로 살게 되는 이유가 우리는 새 생명을 받은 자들이다. 그런데 새 사람을 둘러싸고 있는 옛것들이 여전히 존재한다. 그 옛 것을 부수는데 필요한 것이 바로 순교자적인 삶이다. 성도들은 그러한 환난과 고통을 통해서 날마다 죽는다. 옛것의 부산물(육신의 생각)들을 하나하나 죽여가는 것이 바로 순교다.

> 각각 저희에게 흰 두루마기를 주시며 가라사대 아직 잠시 동안 쉬되 저희 동무 종들과 형제들을 자기처럼 죽임을 받아 그 수가 차기까지 하라 하시더라(계6;11)

따라서 고난 당하는 것이 흰 두루마기(예수님의 말씀)를 받는 것이기에 유익이다. 성도는 고난이 따를 때 하나님을 만날 수 있다. 예수님 또한 십자가에 달리시는 것 자체가 주님한테는 고난이다. 그러나 예수께서 십자가에 달리셨기 때문에 '만주의 주시오 만왕의 왕이시므로 저희를 이기실터이요 또 그와 함께 있는 자들 곧 부르심을 입고 빼내심을 얻고 진실한 자들은 이기리로다(계17;14)' 이와 같이 십자가의 고난으로 말미암아 우리가 그와 함께 부르심을 입고 빼내심을 받아 진실한 자가 된 거다. 우리는 하나님의 뜻이 무엇인지를 정확하게 분별 할 줄 알아야 두루마기(말씀)를 받을 수 있다.

> 내게 이르시되 인자야 내가 너를 이스라엘 자손 곧 패역한 백성, 나를 배반하는 자에게 보내노라 그들과 그 열조가 내게 범죄하여 오늘날까지 이르렀나니. 그들은 패역한 족속이라 듣든지 아니 듣든지 그들 가운데 선지자 있는 줄은 알찌니라(겔2;3.5)

따라서 성도는 하나님께서 주시는 말씀(흰 두루마기)을 받아먹을 줄 알아야 마음(심령)에서 소화가 되고, 또한 소화가 되어야 주시는 사명을 감당할 수 있다. 그래야 교회들에게 바른 복음을 고할 수 있다.

성경의 역사를 세세히 들여다보면 먼저 영계(하늘의 이상)를 보여주시고, 선지자들한테 신(信)이 임하면 그 말씀의 인도 따라 사명을 주신다. 그러므로 오늘날도 마찬가지다. 먼저 말씀(성령)

이 임하게 되면, 그 말씀을 깨닫게 되고 깨닫고 나면 각자의 분량대로 사명을 주신다. 이들이 믿음을 가진 자들이며 영원한 생명을 소유한 자들이다. 그러기 때문에 이들을 위해 하나님께서 심판을 잠시 동안 보류하신 것이다.

> 내가보니 여섯째 인을 떼실 때에 큰 지진이 나며 해가 총담 같이 검어지고 온 달이 피 같이 되며. 하늘의 별들이 무화가 나무가 대풍에 흔들려 선 과실이 떨어지는 것같이 땅에 떨어지며. 하늘은 종이 축이 말리는 것같이 떠나가고 각 산과 섬이 제 자리에서 옮기우매 (계6;12-14)

여섯 번째 인의 재앙이 계시록 16장의 마지막인 일곱 대접을 쏟을 때와 똑같은 재앙이 일어났다.

> 일곱 번째가 그 대접을 공기 가운데 쏟으매 큰 음성이 성전에서 보좌로부터 나서 가로되 되었다 하니. 번개와 음성들과 뇌성이 있고 또 큰 지진이 있어 어찌 큰지 사람이 땅에 있어 옴으로 이같이 큰 지진이 없었더라. 큰 성이 세 갈래로 갈라지고 만국의 성들도 무너지니 큰 성 바벨론이 하나님 앞에 기억하신 바 되어 그의 맹렬한 진노의 포도주잔을 받으매. 각 섬도 없어지고 산악도 간데없더라.(계16;17-20)

여섯 번째 인의 재앙과 일곱 대접의 재앙은 잘못된 곳은 반드시 파괴하여 없애 버리시겠다는 바벨론을 심판하는 장면이다. 교회에서의 전투는 혈과 육이 아니라 말씀전쟁이다. 예수님 자체가 말씀이다. 그러므로 말씀이 충만하면 교회(거짓선지자)들을 이긴다. 보라. 계시록 16장에서 만국(수많은 교회)이 무너지고 큰 성(대형교회)들이 간 데 없다고 하지 않는가? 이는 하나도 남김없이 전부 멸망시켜 버리겠다는 하나님의 의지가 강하게 담겨 있는 내용이다.

그러므로 오늘날도 진리의 말씀이 그들(거짓목사)한테는 비수다. 따라서 성도들 또한 말씀에 순종하면 성령이 임하고 순종치 않으면 말씀(하나님의 영)이 떠난다는 사실을 깨우쳐야 한다. 말씀에 순종해야 그분(그리스도의 영)이 우리 심령 안에 거하신다는 사실을 깨닫게 된다. 하나님은 우리와 늘 함께 거하시기를 원하신다. 그런데 교인들이 짐승한테 미혹되다보니 하나님(말씀)을 따라가지 않는다.

> 네가 네 하나님 여호와의 말씀을 삼가 듣고 내가 오늘날 네게 명하는 그 모든 명령을 지켜 행하면 네 하나님 여호와께서 너를 세계 모든 민족 위에 뛰어나게 하실 것이라. 네 대적들이 일어나 너를 치려하면 여호와께서 그들을 네 앞에서 패하게 하시리니 그들이 한 길로 너를 치러 들어왔으나 네 앞에서 일곱 길로 도망하리라. 내가 오늘날 너희에게 명하는 그 말씀을 떠나 좌로나 우로나 치우치지 아니하고 다른 신을 따라 섬기지 아니하면 이와 같으리라. 네가 만일 네 하나님 여호와의 말씀을 순종하지 아니하여 내가 오늘날 네게 명하는 그 모든 명령과 규례를 지켜 행하지 아니하면 이 모든 저주가 네게 임하고 네게 미칠 것이니.(신28;1.7.14-15)

이와 같이 하나님의 말씀에 순종하는 자들은 모든 민족(교회) 위에 뛰어나게 하신다. 그러므로 대적(악인)들이 치려하면 반드시 패하게 만드신다. 또한 대적들이 일곱 길로 도망간다는 말은 각자 뿔뿔이 흩어져 간다는 뜻이다. 그러나 성도한테는 순종하면 복을 충만하게 내려주시고 불순종하면 패하게 하신다는 심판과 구원에 관한 언질을 주셨다.

하나님께서 이같이 말씀하셨음에도 교회들이 실력(말씀)이 없으니까 짐승한테 전부 다 진다. 그러므로 교회가 큰 지진이(성도가 갈라짐) 나고 해(하나님)가 총담(영적 괴사) 같이 검어지고 온 달이 피(사망) 같이 되는 거다. 땅이 사람이다. 그러니까 교인들이 이 교회에서 저 교회로 자꾸 옮겨 다니는 거다.

그렇지만 내 영이 지성소로 옮겨진 자들은 아무리 일곱 머리 열 뿔들의 이단(신천지)이 말씀 갖고 미혹해도 패하지 않을 뿐 아니라 짐승(거짓목사)들이 물질의 복으로 유혹해도 절대 흔들리지 않는다. 성경에서의 모든 전쟁은 칼(말씀)로 한다. 그러므로 하나님의 말씀은 그 어떤 검보다도 예리하다.

따라서 하나님이 거하시는 곳, 그곳이 바로 사람한테 거하는 곳이란 걸 알아야 한다. 그러기 때문에 우리는 하나님이 말씀을 주셔야 하나님의 일을 할 수 있다. 그렇지 않으면 하나님의 일을 절대 할 수 없다. 그러므로 말씀에 순종하는 것 밖에 없다. 순종하면 하나님이 사용하신다. 예레미야 입에 말을 두신 거나 선지자들의 입에 말을 두신 것 또한 하나님의 일을 하기 위해서다. 그러기 때문에 계시록도 하나님의 천사가 사도요한한테 임해서 기록하게 한 것이다.

그러므로 교회 또한 순교자적인 삶을 살아내야 증인으로서의 자격이 부여된다. 따라서 성도는 십자가의 도를 삶으로 나타내야 하는 증인들이라는 것을 인식해야, 마지막 때에 사단(이단)들이 유황불 못에 던져지는 것을 똑똑히 볼 수 있다.

> 또 저희를 미혹하는 마귀가 불과 유황 못에 던지우니 거기는 그 짐승과 거짓 선지자도 있어 세세토록 밤낮 괴로움을 받으리라. 또 내가 크고 흰 보좌와 그 위에 앉으신 자를 보니 땅과 하늘이 그 앞

에서 피하여 간 데 없더라.(계20;10-11)

위 구절은 최후의 종말을 설명하는 부분이다. 마귀와 짐승과 거짓 선지자들이 영원한 불못에 던져지는 심판의 모습 속에서 성도는 속히 회개하고 돌아서야 한다. 보좌와 거기 앉으신 분 앞에서 땅(교인)과 하늘(교회)이 간데없이 사라져 버렸다. 이는 '하늘이 두루마리처럼 말려 올라가고 각 산과 섬이 자리를 옮기웠다' 는 말과 같은 뜻이다. 이렇게 여섯 번째 인의 환상은 마지막 종말을 표현하고 있다. 하늘이 지도자(목사)다. 목사들이 말씀이 없으니까 종이 축이 말리는 것 그 자체가 교인들이 떠나가는 거다.

계시록은 어떤 미래에 일어날 종말의 사건만을 기술해 놓은 것이 아니라 현재의 교회와도 밀접한 관계가 있다. 그렇다면 여섯 번째 인에서 어떤 메시지를 받아야 하는가?

하늘의 별들과 별 떨기가 그 빛을 내지 아니하며 해가 돋아도 어두우며 달이 그 빛을 비춰지 아니할 것이로다. 나 만군의 여호와가 분하여 맹렬히 노하는 날에 하늘을 진동시키며 땅을 흔들어 그 자리에서 떠나게 하리니(사13;10.13)

바벨론(거짓교회)의 심판과 종말에 관한 내용이다. 교회에 하나님의 말씀이 없으니까 분이 노하여 땅(백성)들이 교회에서 떨어져나가는 장면이다.

열국이여 너희는 나아와 들을지어다 민족들이여 귀를 기울일지어다 땅과 땅에 충만한 것, 세계와 세계에서 나는 모든 것이여 들을지어다. 하늘의 만상이 사라지고 하늘들이 두루마리같이 말리되 그 만상의 쇠잔함이 포도나무 잎이 마름 같고 무화과나무 잎이 마름

같으리라(사34;1.4)

열국(많은 교회)에 대한 심판을 선포하시고 심판과 종말의 사건을 예언해 놓은 것이다.

> 여호와의 크고 두려운 날이 이르기 전에 해가 어두워지고 달이 핏빛같이 변하려니와. 누구든지 여호와의 이름을 부르는 자는 구원을 얻으리니 이는 나 여호와의 말대로 시온 산과 예루살렘에서 피할 자가 있을 것임이요 남은 자 중에 나 여호와의 부름을 받을 자가 있을 것임이니라(욜2;31-32)

이 말씀 역시 당시 하나님을 거역하는 열방 나라에 대한 심판의 예언이다. 열방에 대한 심판과 종말의 사건을 동시에 담고 있는 묵시이다.

> 내가 너를 불 끄듯 할 때에 하늘을 가리워 별로 어둡게 하며 해를 구름으로 가리우며 달로 빛을 말하지 못하게 할 것임이여. 하늘의 모든 밝은 빛을 내가 네 위에서 어둡게 하여 어두움을 네 땅에 베풀리로다 나 주 여호와의 말이로다(겔32;7-8)

애굽에 대한 심판을 선포하시는데 역시 해와 달이 어두워지고 별이 어두워지는 표현으로 심판과 최후의 종말을 예언했다. 또한 마태복음 24장은 소계시록이다. 예수께서 감람산 위에서 예루살렘 성전의 파괴와 종말의 사건을 예언하셨다. 주님은 미래에 올 최후의 종말과 현재에 일어나고 있고 마지막 때에 일어나게 될 사건들을 하나로 설명하고 계신 거다. 따라서 성경의 모든 사건들은 역사 속에서 죄에 대한 하나님의 심판 즉 현재에 일어나는 사건들과 종말의 궁극적 심판을 동시에 한 사건인 것처럼 경고하고 선포하고 있다. 이는 지금 우리의 역사와 인생 속에서 크고 작은 종말들을 겪으면서 하나님의 경고를 알아듣고 회개하고 돌이켜야 한다고 역설하고 있는 거다.

> 땅의 임금들과 왕족들과 장군들과 부자들과 강한 자들과 각 종과 자주자가 굴과 산 바위틈에 숨어. 산과 바위에게 이르되 우리 위에 떨어져 보좌에 앉으신 이의 낯에서와 어린양의 진노에서 우리를 가리우라. 그들의 진노의 큰 날이 이르렀나니 누가 능히 서리요 하더라(계6;15-17)

땅의 임금들, 왕족들, 장군, 부자, 강한 자, 종들, 자유인들이 모두 산과 바위틈에 숨어서 벌벌 떨고 있다. 이 일곱 부류의 사람들은 요한이 일곱이라는 완전수를 써서 전 인류를 상징했다. 다시 말해 전 인류가 모두 그 하나님의 진노 앞에 벌벌 떨게 될 거라는 거다. 얼마나 무서운지 차라리 산과 바위에게 우리 위에 떨어져 달라고 부탁할 정도다. 그리고 마지막에 누가 그 무시무시한 진노 앞에 능히 서겠는가? 하고 끝을 맺는다. 우리는 모두 죄인이기 때문에 그 하나님의 진노 앞에 무사히 설 자가 하나도 없다.

> 이스라엘 하나님 여호와여 주는 의롭도소이다 우리가 남아 피한 것이 오늘날과 같사옵거늘 도리어 주께 범죄하였사오니 이로 인하여 주 앞에 한 사람도 감히 서지 못하겠나이다(스9;15)

> 그로 인하여 산들이 진동하며 작은 산들이 녹고 그의 앞에서는 땅 곧 세계와 그 가운데 거하는 자들이 솟아 오르는도다. 누가 능히 그 분노하신 앞에 서며 누가 능히 그 진노를 감당하랴 그 진노를 불

처럼 쏟으시니 그를 인하여 바위들이 깨어지는도다(나1;5-6)

그의 임하는 날을 누가 능히 당하며 그의 나타나는 때에 누가 능히 서리요 그는 금을 연단하는 자의 불과 표백하는 자의 잿물과 같을 것이라(말3;2)

이렇게 여호와의 진노 앞에 설 자들은 하나도 없다. 그래서 '누가 그 하나님의 저주를 피할 수 있겠는가?' 하고 질문을 던진 거다. 그 와중에 그 진노에서 건짐을 받은 자들이 있는데 그들이 바로 교회다. 그에 대한 답으로 7장이 삽입으로 들어갔다. 그 무시무시한 진노 앞에 아무도 설자가 없으나 유일하게 하나님이 택하신 백성 144,000명만이 그 진노에서 살아남아 영광스러운 보좌 앞에 서게 된다.

가로되 우리가 우리 하나님의 종들의 이마에 인치기까지 땅이나 바다나 나무나 해하지 말라 하더라(계7;3)

교회는 하나님의 꿈이 이루어지는 곳이다. 하나님의 꿈은 하나님의 백성들을 거룩하게 만들어서 영원히 함께 하늘나라에 살면서 영광을 받는 일이다. 이 땅에 영원한 것은 없다. 영원한 것은 오직 영생뿐이다. 그러므로 이 땅의 속한 자들은 하나님의 말씀을 경홀히 여기나 생수의 근원이신 예수님의 말씀 따라 간 자들은 하나님의 종들이 이마에 인을 치기 때문에 강(제자)이 되어 물(성령) 따라간다. 제자가 되어 구원을 받았으면 예수님의 옷을 입고 말씀 좇아 살아가야 한다.

제3부

심판하는 한국교회

7장
교회의 신분과 십사만 사천

1. 인침 받은 십사만 사천

우리는 성경의 말씀에 비춰어 내 영혼이 살아 있는가, 죽어있는가를 늘 점검해야 한다. 내 영혼이 살아 있어야 바벨론의 심판 같은 무서운 재앙이 내려오지 않는다. 살리는 것은 항상 하나님의 말씀과 예수 그리스도의 말씀과 성령의 말씀뿐이다. 성경의 말씀 자체가 다 진리고 참이다. 그러므로 진리가 들어오면 그 입에서 거짓말이 나올 수가 없다.

포도주(예수님)에 물(말씀)이 섞이면(혼합) 변질(거짓교리)된다. 그러기에 진리가 변질되면 거짓말로 둔갑한다. 거짓말이 난무하는 이 교회가 바로 강도(거짓목사)의 소굴이다. 지금은 교회가 온통 바벨론(혼잡)의 교회로 귀신의 영들이 전부 차지하고 있다. 그러나 그들한테도 진리의 말씀이 들어가면 귀신이 나간다.

하나님의 말씀이 심령에 거하면 '나는 마음이 온유하고 겸손하니 나의 멍에를 메고 내게 배우라 그러면 너희 마음이 쉼을 얻으리니. 이는 내 멍에는 쉽고 내 짐은 가벼움이라(마11;29-30)' 죄 짐을 내려놓을 수 있어 가볍다.

그러므로 왜 가볍겠느냐? 우리의 모든 죄를 예수님이 다 짊어지고 해결해 주셨기 때문이다. 그래서 예수님 따라가면 무거웠던 죄 짐을 예수님께 맡겼기 때문에 무겁지 않고 가볍다. 믿지 않는 사람들의 마음 안에 마귀가 들어가서 이 진리의 말씀이 귀에 들어오지 않는다. 그러니까 평생 교회를 다니면서 봉사, 선교, 구제, 헌금, 예배참석, 금식기도 등으로 늘 무겁게 다니고 있다.

왜냐? 이런 것을 지키지 않으면 우선 목사가 눈총을 주는 것이 신경 쓰이고 하나님께서 저주를 내릴 것만 같은 두려운 마음이 앞서기 때문이다. 그러므로 목사 따라가면 사망이고 성경의 말씀을 따라가면 영생이다.

> 이 일 후에 내가 네 천사가 땅 네 모퉁이에 선 것을 보니 땅의 사방의 바람을 붙잡아 바람으로 하여금 땅에나 바다에나 각종 나무에 불지 못하게 하더라(계7;1)

땅은 사람이고 바람은, '또 천사들에 관하여는 그는 그의 천사들을 바람으로 그의 사역자들을 불꽃으로 삼으시느니라(히1;7절)' 이와 같이 하나님이 부리는 영이다. 성령 자체가 진리인데 아버지의 말씀이 진리다. 그런데 그 아버지의 말씀이 육신이 되어 이 땅에 오셨으므로 예수님 자체가 하나님이시요, 영이기에 말씀도 영이다.

아울러 땅은 촛대가 있는 교회고, 세상이고 바다다. 또한 나무가 사람이다. '이 일 후에'는, 6장에서 심판을 하신게 이 일이다. 따라서 '이 일은' 6장에서 해달별(교회)이 심판을 받아 어두워지고, 그 심판 후에 일어난 사건 후다. 해달별인 교회를 세분하면 해는 목자다. 그리고 달과 별은 전도사다. 따라서 이스라엘은 첫 장막(교회)이다.

그래서 계시록에 '이 일 후'가 여섯 번이 나온다. 4장에서의 '이 일후'는 일곱 교회에 편지 보낸 사건이고, 7장에서의 '이일 후'는 6장에서의 심판사건 후다. 계시록 전체의 내용은 촛대(교회)가 있는 곳에 즉 이 교회에 짐승들(이세벨. 자칭 유대인. 사단의 획)이 들어왔으니 빨리 깨닫고 회개하고 돌아서라는 경고의 말씀들이다.

그러므로 계시록 7장을 이해하려면 먼저 14만 4천을 알아야 한다. 하나님께서 인 맞은 자들을 창세전에 택정해 놓으셨다. 그 예표로 구약의 출애굽 28장의 열두 보석에서 가르쳐 주시고, 초림 때는 열두 제자로 이를 나타내셨다. 그러므로 하늘에서 이루어진 것 같이 땅에서 이루어진 거라 했다.

따라서 14만 4천은 꼭 이 숫자만 하나님의 백성으로 정해 놓았다는 뜻이 아니고 하나님께서 창세전에 이미 택정해 놓은 모든 백성들을 뜻한다. 주기도문에 '하늘에서 이루어진 것 같이'의 의미가 바로 하나님께서 택정한 하늘의 백성들인 14만 4천의 숫자로 총칭한 거다. 그러므로 교회에서 하나님 앞으로 가져갈 것은 믿음 하나밖에 없다. 즉 말씀(성령)에 순종하며 따라 가는 것이 이 땅에서 이루어지는 일들이다.

그러기 때문에 여섯 번째의 인과 일곱 번째의 인 사이에 하나님의 백성들한테 인칠 때까지 땅(교인)이나 바다(세상)나 나무(사람)에 해하지 말라고 한 것이다.

> 또 보매 다른 천사가 살아 계신 하나님의 인을 가지고 해 돋는 데로부터 올라와서 땅과 바다를 해롭게 할 권세를 얻은 네 천사를 향하여 큰 소리로 외쳐. 가로되 우리가 우리 하나님의 종들의 이마에

인치기까지 땅이나 바다나 나무나 해하지 말라 하더라(계7:2-3)

'인치기까지는' 패역한 교회들을 불 심판으로 제하고 싶은데 혹여라도 하나님의 백성 중에 하나라도 잃게 될까봐 해하지 말라고 했다. '당시에 땅에 네피림이 있었고 그 후에도 하나님의 아들들이 사람의 딸들을 취하여 자식을 낳았으니 그들이 용사라 고대에 유명한 사람이었더라(창6:4)' 이후부터 지금에 이르기까지 하나님을 배반한 패역한 인간들을 쓸어버리고 싶었는데 마지막 회복의 때를 위해 잠시 유보했다. 그 이유가 하나님의 백성들을 인치기 위해서다.

따라서 이 사건은 촛대가 있는 교회의 사건으로 하나님의 종들을 인치기까지 보호하고 계신 장면이다. 하나님의 종이면 하나님의 명령에 따라 인도하는 데로 따라가야 한다. 아울러 인(印)은 생각과 마음에 말씀의 법이 기록된 자들로 이들이 하나님의 아들들이다.

'해 돋는 곳'은 참 빛 되시는 해(하나님)를 생각하면 된다. 해 돋는 데나 동방은 같다. 이는 에덴동산을 빙자해서 쓴 것으로 에덴은 기쁨이다. 그런데 에덴의 그들이 하나님의 명을 어겨서 기쁨이 떠나니까 예수께서 재림하여 오시기 전까지 동방 풍습이 그대로 교회에 남아 있게 되었다. 그러니까 전부 사단한테 붙들려 우상을 섬기느라 하나님을 거역하고 있다. 그래서 이사야 선지자의 입을 통해 깨닫지 못한 패역한 유다와 예루살렘(교회)들에게 여호와의 입의 말씀으로 분(진노)을 전달하게 한 것이다.

유다 왕 웃시야와 요담과 아하스와 히스기야 시대에 아모스의 아들 이사야가 유다와 예루살렘에 대하여 본 이상이라. 하늘이여 들으라 땅이여 귀를 기울이라 여호와께서 말씀하시기를 내가 자식을

양육하였거늘 그들이 나를 거역하였도다(사1;1-2)

　이사야 1장에서 2장 5절까지는 이사야 66장 전장을 다 요약한 것이다. 그러므로 계시록을 이해하려면 '하늘(목사)이여 들으라 땅(교인)이여 귀를 기울이라' 이 구절을 마음 판에 새기고 살아가야 한다.
　아울러 살아계신 하나님의 인을 가졌다면 그것은 살리는 인이다. 그러므로 누구라도 하나님의 종(사역자)이라면 인(하나님의 말씀)치는 사명(복음전도)을 가져야 한다. '해 돋는 곳'이 곧 '해 뜨는 곳'으로 해 돋는데서 올라온 천사가 바로 하나님이 부리는 영이다.
　땅(하나님의 백성)과 첫 장막(교회)을 향해 심판하고자 하는 천사한테 하나님께서 당신의 백성들 이마에 인치기까지 그야말로 '동작 그만'을 명하셨다. 하나님의 천사는 하나님의 말씀 그대로만 전하고 따른다. 그렇지만 하늘에서 떨어진 타락한 천사(시단의 영)는 하나님의 백성들을 거짓말로 해롭게 꼬드긴다. 그러므로 교회에서 하나님의 말씀을 갖고 경고의 나팔을 불라는 거다.
　그런데 6장 말미에 던진 '그들의 진노의 큰 날이 이르렀으니 누가 능히 서리요'에 대한 답을 7장에서 확실하게 증명하는 장면이 나온다. 하나님의 진노를 그 누구도 그 앞에서 견뎌낼 수 없을 정도로 무섭다. 그러나 하나님께서 택한 백성들은 그 앞에서 건짐을 받는다. 1절을 보면 '이일 후에'는 여섯 번째 인의 환상 후에 다른 환상을 보았는데 그게 네 천사가 땅의 모퉁이서 사방의 바람을 붙잡고 있는 것을 본 것이다. 그렇다면 그 네 바람이 무엇인가?

　　내가 또 눈을 들어본즉 네 병거가 두 산 사이에서 나왔는데 그 산은 놋산이더라. 첫째 병거는 홍마들이, 둘째 병거는 흑마들이. 셋째 병거는 백마들이, 넷째 병거는 아롱지고 건장한 말들이 메었는지라. 내가 내게 말하는 천사에게 물어 가로되 내 주여 이것들이 무엇이니이까. 천사가 대답하여 가로되 이는 하늘의 네 바람인데 온 세상의 주 앞에 모셨다가 나가는 것이라 하더라(슥6;5)

여기서의 네 바람이 계시록 6장에서의 네 말 탄자들이다. 이 땅에 재앙을 선포하는 네 말 탄자들을 네 천사가 붙들고 있다. 왜 붙들고 있는가? 하나님의 종들의 이마에 인을 치기 위해서다. 인을 치기 위해 재앙을 선포하는 네 바람, 네 말 탄자들을 천사들이 붙들고 있다. 따라서 인을 친다는 것은 소유권을 상징하는데 이들한테 하나님께서 '너희는 내 것이라'의 확인 도장을 찍기 위해서다. 아울러 예수님 말씀 자체가 인(印)이다.

> 위로부터 오시는 이는 만물 위에 계시고 땅에서 난 이는 땅에 속하여 땅에 속한 것을 말하느니라 하늘로서 오시는 이는 만물 위에 계시나니. 그가 그 보고 들은 것을 증거 하되 그의 증거를 받는 이가 없도다. 그의 증거를 받는 이는 하나님을 참되시다 하여 인쳤느니라(요3;31-33)

하나님께서 인친 자들한테는 당신의 백성들을 반드시 보호하시겠다는 의지의 표명이시다. 그러므로 하나님의 인을 맞은 자들은 모든 재앙으로부터 보호를 받게 된다. 예수 그리스도의 십자가로 말미암아 성도들은 인을 받게 되었다. 우리도 똑같이 재앙으로 심판 받고 죽어야 하는데 우리 대신 하나님의 어린양이 죽으셨다. 그래서 그 죽음이 더 이상 우리를 어찌할 수 없다. 하나님께서 이스라엘을 애굽에서 끌고 나오실 때에 양을 잡아 그 피를 인방과 문설주에 바르게 하여 죽음의 사자로부터 피해가게 하셨듯이 즉 그 집의 장자는 죽은 것으로 간주해 주셨다. 바로 그런 것이 하나님의 인이다. 그 인을 받은 자들은 절대 사망으로 들어갈 수가 없다.

> 또 내가 보니 보라 어린양이 시온 산에 섰고 그와 함께 십사만 사천이 섰는데 그 이마에 어린양의 이름과 그 아버지의 이름을 쓴 것이 있도다(계14;1)

성도는 이마에 예수 그리스도의 이름과 하나님의 이름을 받은 자들이다. 그래서 안전하다. 그것이 하나님의 인이고 하나님의 보호하심이다. 네 바람을 붙들고 있는 네 천사가 해 돋는 곳 동쪽으로부터 올라오는데 동쪽은 하나님의 영광을 나타내는 방향이다. 그래서 에덴동산도 동방에서 지으셨다.

> 여호와께서 너희로 안식하게 하신 것같이 너희 형제도 안식하게 되며 그들도 너희 하나님 여호와께서 주시는 땅을 얻게 되거든 너희는 너희 소유지 곧 여호와의 종 모세가 너희에게 준 요단 이편 해 돋는 편으로 돌아와서 그것을 차지할지니라(수1;15)

따라서 해 돋는 곳에서 올라온 천사가 하나님의 은혜의 소식을 전달하러 하나님으로부터 보내심을 받은 자가 된다. 그렇다면 인침은 누가 받는가? 이스라엘 자손의 각 지파에서 나온 십사만 사천이다.

2. 각 지파들의 경배찬송

> 내가 인 맞은 자의 수를 들으니 이스라엘 자손의 각 지파 중에서 인 맞은 자들이 십사만 사천이니(계7;4)

이스라엘의 육적 아들이 아니고 하나님의 사역자로 가는 거다. 이 땅에 십사만 사천이 이루어지면 끝난다고 하나, 하나님의 인을 맞은 사람은 천년시대에서 마지막 때 일할 수 있는 자들이다. 따라서 십사만 사천의 대표 영들이 오늘날의 하나님의 종들한테 임하여 경고의 나팔을 크게 불도록 일을 맡긴 거다. 그러므로 하늘에서 이루어진 인 맞은 자들이 그대로 이 땅에서도 이루어지는 것이 십사만 사천이다. 14만 4천안에 들어가려면 예수 안에 들어가면 된다.

그리스도의 말씀이 생명수요, 살리는 영이다. 그러므로 믿음(말씀) 안(그리스도의 영)에 들어가면 그들이 14만 4천의 대열에 들어간 복(영생) 받은 자들이다. 인(印)은 도장인데 인에도 두 가지가 있다. 하나님의 인을 맞은 자는 하나님의 소유고, 짐승의 인을 맞은 자는 짐승들이 자기들의 소유권을 주장한다.

이스라엘은 해달별로 하늘(교회)에 속한 자들이다. 인 맞은 자들한테는 성령을 주시기 위해 천사한테 인치기까지 헤하지 말라고 하신 것이다.

> 저가 또한 우리에게 인치시고 보증으로 성령을 우리 마음에 주셨느니라(고후1;22)

이와 같이 인치시고 성령을 우리 마음 가운데 주셨다. 마음속에 그리스도의 영(말씀)이 들어간 자들은 '그 안에서 너희도 진리의 말씀 곧 너희의 구원의 복음을 듣고 그 안에서 또한 믿어 약속의 성령으로 인치심을 받았으니(엡1;13)' 따라서 말씀을 받은 자들은 신(하나님)의 소생들이 되었기에 신(성령)이라 했다. 그러므로 성령을 받았으면 하나님께 드릴 것은 영광과 찬미밖에 없고 마음만 온전히 드리면 된다. 순종이란 마음에 그리스도의 말씀을 담아 그분을 믿는 것이다.

그런데 이 땅의 사람(아담)들은 혼돈된(뱀) 말을 들었기 때문에 하나님과 분리가 되었다. 그래서 사단마귀가 보혜사(메시야)인줄 알고 그리로 따라간다.

'또 내가 보매 개구리 같은 세 더러운 영이, 용의 입과 짐승의 입과 거짓 선지자의 입에서 나오니.(계16;13)' 이와 같이 개구리가 더러운 영이다. 개구리를 주전자에 놓고 끓이면 처음에는 따끈해서 모르다가 결국은 주전자(거짓악령)에서 빠져나오지 못하고 죽는다. 이들이 바다에서 올라온 일곱 머리 열 뿔의 짐승들이다. 시단들도 자기들만의 인이 있다. 특히 신천지기 그 대표적인 예다.

> 저가 모든 자 곧 작은 자나 큰 자나 부자나 빈궁한 자나 자유한 자나 종들로 그 오른손에나 이마에 표를 받게 하고. 누구든지 이 표를 가진 자 외에는 매매를 못하게 하니 이 표는 곧 짐승의 이름이니 그 이름의 수라. 지혜가 여기 있으니 총명 있는 자는 그 짐승의 수를 세어 보라 그 수는 사람의 수니 육백육십육이니라(계13;16-18)

이와 같이 바다에서 올라온 열 뿔에 인 맞은 자가 있다. 이들 짐승의 인이 바로 666이다. 짐승들은 그들만의 소굴에서 매매를 한다. 사는 사람은 성도고 파는 사람은 사단의 지도자(이만희교주)다.

그러나 하나님의 인은 하늘의 백성들을 보호하고 지키기 위해 하늘(말씀의 대언자)의 천사(성령)들이 인친 자들이다. 그러므로 이들에 의해 이 땅에서 말씀으로 건짐 받은 십사만 사천이다. 따라서 예수 안에 들어가면 영생하고 믿음 안에 들어가면 복 받는다. 인 맞은 자들의 수가 왜 14만 4천인가.

이는 각 지파에서 만 이천 명씩 뽑아서 인을 받게 했다. 이스라엘 각 지파에서 인을 받는 사람들의 계수 장면은 민수기 1장의 이스라엘 인구 조사 장면을 요한이 인용한 거다.

> 너희는 이스라엘 자손의 모든 회중 각 남자의 수를 그들의 가족과 종족을 따라 그 명수대로 계수할지니. 이스라엘 중 이십 세 이상으로 싸움에 나갈만한 모든 자를 너와 아론은 그 군대대로 계수하되. 이같이 이스라엘 자손의 그 종족을 따라 이십 세 이상으로 싸움에 나갈만한 자가 이스라엘 중에서 다 계수함을 입었으니. 계수함을 입은 자의 총계가 육십만 삼천오백오십 명이었더라
> (민1;1-3.45-46)

하나님께서 싸움에 나갈 만한 군사를 계수하라 하셨는데 이십 세 이상의 남자들만 싸움에 나갈 수 있는 수가 육십만 삼천 오백 오십 명이었다. 여기서 육십만을 십사만 사천으로 바꾸어서 무언가를 암시하고 있다. 계시록의 열두지파를 보면 구약의 열두지파와 좀 다르다. 단 지파가 빠져있고 에브라임 지파대신에 요셉지파가 있다. 그리고 레위 지파는 여호와를 섬기는 일을 하기 때문에 전투에 나갈 수 없어 계수에서 빠지게 되어 있다. 그런데 레위 지파가 있다.

유다지파 중에 인 맞은 자가 일만 이천이요 르우벤 지파 중에 일

만 이천이요 므낫세 지파 중에 일만 이천이요. 시므온 지파 중에 일만 이천이요 레위 지파 중에 일만 이천이요 잇사갈 지파 중에 일만 이천이요. 스불론 지파 중에 일만 이천이요 요셉 지파 중에 일만 이천이요 베냐민 지파 중에 일만 이천이요.(계7:5-8)

이와 같이 요한은 민수기의 계수 장면을 인용해서 그 인을 받은 자들은 이 땅에서 전투를 해야 하는 자들이라는 것을 암시하고 있다. 그리고 그들이 이스라엘 자손들이라는 표현을 씀으로 하나님께서 약속하신 아브라함의 언약의 성취가 이루어지고 있다는 것을 보여주고 있다. '네 자손이 하늘의 별처럼 바다의 모래처럼 많아질 것'을 언약한 그것이 바로 영적 이스라엘인 교회를 약속하신 거다. 그렇게 인을 받은 하나님의 언약의 백성들은 이 땅에서 하늘의 군사로 전투하는 자들로 인생을 경주하게 된다는 것을 나타낸 것이다.

또한 12라는 숫자는 삼위일체 하나님이신 3과 동서남북 온 우주를 가리키는 방향 4의 숫자를 곱한 상징수다. 하나님께서 천지 창조를 계획하신 것도 하나님의 백성들을 만들기 위해서다. 그러기 때문에 하나님의 백성들을 12라는 숫자로 표현을 많이 했다.

따라서 12지파, 12사도, 거룩한 성 새 예루살렘의 12문과 12기초석 이 모든 것이 하나님의 백성들의 교회를 상징하는 숫자다. 따라서 구약 12지파와 신약의 12사도를 곱해 144로 표현했다. 그러기에 '그 성곽으르 척량하매 일백사십사 규빗이니 사람의 척량 곧 천사의 척량이라' 이와 같이 계시록 21장에서 교회를 상징하는 거룩한 성 새 예루살렘의 높이를 144규빗이라 했다.

거기에 당시 고대사회에서 가장 큰 숫자였던 완전수인 1000을 곱해서 하나님의 백성들의 완전성과 무한성을 나타내기 위해 14만 4천이란 숫자로 표현한 거다. 그만큼 교회가 아주 많다는 것을 나타내었다.

> 이 일 후에 내가 보니 각 나라와 족속과 백성과 방언에서 아무라도 능히 셀 수 없는 큰 무리가 흰 옷을 입고 손에 종려가지를 들고 보좌 앞과 어린양 앞에 서서(계7;9)

흰옷을 입으려면 회개가 반드시 이루어져야 한다. 죄를 회개한 자가 여기(지성소)에 올라와서 하나님께 기도하는 거다. 죄를 회개한 자들한테는 영이 오시므로 하나님의 자녀가 된다. 그래야 천사(영)가 우리를 끌고 간다. 여기서 깨달은 자들은 마귀가 꼭 시험한다. 시험하는 게 사탄이다. 예수님께서도 성령에 임하고 나니까 광야로 끌고 가셨다.

그러므로 우리도 사탄의 정체를 볼 줄 알아야 한다. 그러려면 말씀으로 오신 예수 그리스도의 옷으로 갈아입어야 된다. 그래야 말씀을 깨닫게 되고 또 깨달아야 일곱 머리 열 뿔의 조직체도 분별이 된다. 또한 짐승(개) 같은 바벨론 교회도 성경에 비쳐서 저 것이(목사) 거짓이구나, 탐심이 들었구나. 하는 것을 알게 된다. 그래야 거짓(사단)한테 속지 않고 신령과 진정으로 예배를 드릴 수 있다. '다 같은 신령한 음료를 마셨으니 이는 저희를 따르는 신령한 반석으로부터 마셨으매 그 반석은 곧 그리스도시라(고전 10;4)' 이와 같이 신령은 반석이신 그리스도의 말씀이다. 따라서 영혼이 잘되면 범사에 모두가 다 잘 된다.

아울러 여기서의 '이일 후'는 십사만 사천이 하나님의 인을 받고 난 후다. 흰옷은 예수 그리스도의 옷으로 회개하고 돌아선 하나님의 백성들이고, 종려가지는 승리를 상징하는 뜻이며 또한 제자들을 나타낸다.

그들이 엘림에 이르니 거기 물 샘 열둘과 종려 칠십 주가 있는지라 거기서 그들이 그 물 곁에 장막을 치니라(출15;27)

물 샘 열둘과 70종려는 다 제자들이다. 즉 하나님의 백성들이다. '열두 사도의 이름은 이러하니 베드로라 하는 시몬을 비롯하여 그의 형제 안드레와 세베대의 아들 야고보와 그의 형제 요한, 빌립과 바돌로매, 도마와 세리 마태, 알패오의 아들 야고보와 다대오, 가나안 인 시몬과 및 가룟유다 곧 예수를 판자라(마10;2-4)' 또한 '이후에 주께서 달리 칠십 인을 세우사 친히 가시려는 각 동 각 처로 둘씩 앞서 보내시며(눅10;1)' 다 같은 내용으로 이걸 보여주신 거다. 인 맞은 자, 십사만 사천은 이미 영계에서 이루어 놓고 하나님의 형상을 보여주신 거다.

'보라'나 '보니' 하면 정신을 살펴서 보는 거다. 성경(그리스도의 영)과 함께 가는 것이 중요하다. 그래야 영원과 함께 그 안에 진리이신 그분과 동행하게 된다. 진리가 아버지의 말씀이다. 그걸 깨달아야 육신의 생각에서 벗어날 수 있다.

큰 소리로 외쳐 가로되 구원하심이 보좌에 앉으신 우리 하나님과 어린양에게 있도다 하니. 모든 천사가 보좌와 장로들과 네 생물의 주위에 섰다가 보좌 앞에 엎드려 얼굴을 대고 하나님께 경배하여 가로되.(계7;10-11)

10절은 구원받은 사람이 찬송하는 것이고, 11절은 천천만만의 영들이 어린양한테 경배하는 거다. 선(善)은 하나님 한분만의 선이다. 따라서 선(善)은 어린양(羊) 두 개 안에 말씀 언(言)에 의해 선(그리스도의 말씀)으로 회복하는 일이다.

> 하나님이 미리 아신 자들로 또한 그 아들의 형상을 본받게 하기 위하여 미리 정하셨으니 이는 그로 많은 형제 중에서 맏아들이 되게 하려 하심이니라. 또 미리 정하신 그들을 또한 부르시고 부르신 그들은 또한 의롭다 하시고 외롭다 하신 그들을 또한 영화롭게 하셨느니라(롬8;29-30)

맏아들(예수님)이 먼저 되고 그 다음에 차자(예수님의 제자)들의 아들들이 되는 것인데, 그러려면 그리스도의 옷으로 갈아입어야 의(義;십자가의 도)의 길로 간다. 그들이야말로 하나님께서 부르시고 의롭게 하시고 영화롭게 하시므로 날마다 하나님께 찬송을 드리게 된다.

> 가로되 아멘 찬송과 영광과 지혜와 감사와 존귀와 능력과 힘이 우리 하나님께 세세토록 있을찌로다 아멘 하더라(계7;12)

이와 같이 '아멘'으로 찬송하는 자들이 말씀만으로 족한 줄을 알고 살아가는 자들이다. 이들은 심령에 믿음 하나만을 갖고 있고, 믿음이 있는 자들은 모든 영혼의 병이 다 고쳐진다. 믿음 속에는 하나님의 능력과 하나님의 지혜가 들어 있기 때문이다. 이 세상에서 건짐 받은 자들은 하나님의 손에 있다. 아멘 자체가 하나님께 영광을 돌리는 것으로 이 땅에서 구속함을 입은 백성과 영계가 동시에 '아멘' 한다. 따라서 우리가 아멘하면 하늘의 영들도 함께 아멘 한다.

3. 흰옷 입은 자들이 누구인가?

> 장로 중에 하나가 응답하여 내게 이르되 이 흰 옷 입은 자들이 누구며 또 어디서 왔느뇨(계7;13)

흰옷 입은 자들은 이미 회개하고 구원을 받은 창세전에 택함을 입은 자들이다. 이 종교세계가 전부 전쟁터다. 모든 교회가 영적 전투에 노출되어 있는데 6장의 심판에 해당하는 자들한테서 빠져나온 자들이다. 그들이 어린양의 피로 옷을 깨끗케 씻은 자들이다. 어린양의 피가 없으면 사하심(구속함)이 없다. 이들이 생명수 샘으로 인도된 자들이다.

교회들도 목마르면 우리의 목자는 보좌 가운데 계신 어린양이시니 육신의 생각을 벗고 예수님께로 가면 된다. 우리의 선생은 오직 예수 그리스도 한 분뿐이다. 사람자체가 마귀기 때문에 그 안에 거짓 증거와 음란과 도적질뿐으로 사람을 보면 안된다. 그러므로 흰옷 입은 자들은 그 심령 안에 그리스도의 영만 들어갔기 때문에 말씀에 대언만 한다.

> 내가 가로되 내 주여 당신이 알리이다 하니 그가 나더러 이르되 이는 큰 환난에서 나오는 자들인데 어린양의 피에 그 옷을 씻어 희게 하였느니라(계7;14)

성도는 이미 창세전에 인침을 받은 자들이다. 그리고 이 험난한 세상(교회) 속에서 일곱 재앙을 통과하고 나간 자들이다. 오죽하면 하나님의 백성들로 살아가는 노정의 길이 얼마나 힘들고 어려우면 주님께서 끝까지 싸워 이기라고 교회들한테 권면 하셨을까?

그러기에 6장에서 범죄한 자들을 심판하시고, 그런 심판 가운데 살아남은 14만 4천의 하나님의 백성들한테 환난에서 나온 자들이라 하셨다. 그리고 환난을 통과하고 올라온 흰옷 입은 자들한테 새 하늘과 새 땅인 영적 이스라엘을 약속하셨다. 따라서 어린양의 피에 옷을 희게 한 자들만이 하나님의 말씀과 그리스도의 생명의 말씀을 온전히 대언하여 증거 할 수 있다. 이게 복이고 영원한 생명이다. 영원한 생명을 취하고 약속의 말씀을 믿다보면 영혼이 잘된 자들이 되고 이들이 성령을 받은 자들로 사도요한이 그랬던 것처럼 범사에 감사할 줄 알고 또한 강건할 수 있다. 여호와께서는 이들에게 복을 주시고 또한 그 복을 지키길 간절히 원하고 계신다.

> 그러므로 그들이 하나님의 보좌 앞에 있고 또 그의 성전에서 밤낮 하나님을 섬기매 보좌에 앉으신 이가 그들 위에 장막을 치시리니(계7;15)

성도는 밤이 없는 하늘나라에서 밤낮 하나님을 섬긴다고 했다. '밤낮 하나님을 섬긴다'는 그 진위는 '영원히' 라는 말이다. 그곳에서 우리는 다시는 주리지도 목마르지도 않고 영원히 살아가게 된다. 그러므로 성도가 아버지 앞에 나아가 항상 주님께 영광과 찬양을 드려야 하는 성전이 예수 그리스도시다. '성 안에 성전을 내가 보지 못하였으니 이는 주 하나님 곧 전능하신 이와 및 어린양이 그 성전이심이라(계21;22)' 이와 같이 이 땅의 건물이 성전이 아니고 그리스도의 영이 내 안에 거한 자들이 바로 하나님의 성전이다.

하나님은 거룩이시다. 그러므로 우리가 성전이면 그 심령 안에는 하나님의 말씀만 담아야 한다. 그 마음 안에 세상 것(탐심)을 담으면 더럽혀진 성전이 된다. 그러기에 예수께서 '마음에서 나오는 것은 악한 생각과 살인과 간음과 음란과 도적질과 거짓 증거와 훼방이니(마15;19)' 이같이 말씀하셨다. 그러므로 마음 안에 거짓이 들어간 사람들의 입에서는 거짓말만 나오고 거짓 증거만 남발하게 된다.

> 하나님의 성전과 우상이 어찌 일치가 되리요 우리는 살아계신 하나님의 성전이라 이와 같이 하나님께서 가라사대 내가 저희 가운데 거하며 두루 행하여 나는 저희 하나님이 되고 저희는 나의 백성이 되리라(고후6;16)

첫 장막 성전(교회)에서는 육신의 생각이 들어갈 수 있으나 그리스도의 영이 정신(지성소)에 새긴 사람들은 그룹들이 지키고 있어서 육신의 생각이 들어갈 수 없다. 지성소에는 아론의 싹 난 지팡이와 언약궤가 있다. 영광의 천사들이 쳐다보고 있는데 어찌 거짓말이 나올 수 있겠는가. 그러므로 성도 스스로가 지성소에 머물 수 있나, 없나를 늘 살펴야 한다. 장막(교회)은 하나님께서 테두리를 만들어 놓으셨다. 그러므로 악인의 집은 망하고 정직한 자의 집은 흥한다.

> 우리의 절기 지키는 시온 성을 보라 네 눈에 안정한 처소된 예루살렘이 보이리니 그것은 옮겨지지 아니할 장막이라 그 말뚝이 영영히 뽑히지 아니할 것이요 그 줄이 하나도 끊치지 아니할 것이며 (사33;20)

예루살렘은 진리의 성읍인 샬롬이다. 그러므로 옮겨지지 않는 장막(성전) 안에 내가 있어야 한다.

> 저희가 다시 주리지도 아니하고 목마르지도 아니하고 해나 아무 뜨거운 기운에 상하지 아니할찌니(계7;16)

목마르고 주린 게 영혼의 목마름이다. 그리스도의 영(지성소)이 거한 자들은 영원히 목마르지 않는 물을 먹고 사는 사람들이다.

> 주 여호와께서 가라사대 보라 날이 이를찌라 내가 기근을 땅에 보내리니 양식이 없어 주림이 아니며 물이 없어 갈함이 아니요 여호와의 말씀을 듣지 못한 기갈이라.(암8;11)

오늘날의 교회가 처처에 기근(말씀고갈)으로 땅(교인)이 갈라지고 있다. 그러므로 지금이 마지막 때임을 인지하고 성도라면 심판 받기 전에 경고의 나팔 소리를 듣고 일곱 재앙에서 빨리 탈출해야 한다. 여호와의 말씀이 없는 기근에 목말라 나라(교회)와 나라(교회)가, 민족(교인)이 민족(교인)을 서로 대적하고 있다. 지금 교회에 말씀이 없으니까 백성들이 기갈 되어 거짓선지자들한테 무더기로 미혹당해 사망으로 끌려가고 있다. 그러므로 속히 깨닫고 생명수 샘으로 인도함을 받아야 한다.

> 이는 보좌 가운데 계신 어린양이 저희의 목자가 되사 생명수 샘으로 인도하시고 하나님께서 저희 눈에서 모든 눈물을 씻어 주실 것임이러라(계7;17)

생명수 샘이 '또 저가 수정같이 맑은 생명수의 강을 내게 보이니 하나님과 및 어린양의 보좌로부터 나서(22;1)' 여기와 같다. 강이 제자다. 보좌에 계신 예수님의 영이면 물(말씀)도 영이다. 그러므로 보좌에 흐르는 말씀이 우리 생명에 흐르면 그것이 생명수 강이다.

　우리가 말씀을 받으려면 그럴만한 그릇(정신)이 되어야 한다. 그릇은 크게 나누면 하나는 육신(세상)의 생각이고, 하나는 그리스도의 말씀이다. 자기를 날마다 죽여야 육신(탐심)의 생각을 비울 수 있다. 또한 빈 그릇이 되어야 하나님의 진리의 말씀만 온전히 담을 수 있다. 세상 것(썩어질 것)을 먹으면 사망이나 그리스도의 피와 살을 먹으면 영생한다. 생명나무이신 예수님의 말씀을 먹으려면 반드시 이기는 자가 되어야 한다. 이기는 자에게 주시겠다고 약속하신 것이 바로 생명나무이기 때문이다. 또한 예수님 자체가 지혜고, 지혜를 얻은 자가 생명수 샘으로 인도되어 우리의 모든 눈물이 씻김을 받는다.

8장
반시동안 고요했던 하늘

예수께서는 자기 백성을 죄에서 구원하시기 위해 이 땅에 오셨다. 그러므로 '염소와 송아지의 피로 아니 하고 오직 자기 피로 영원한 속죄를 이루사 단번에 성소에 들어가셨느니라(히9;12)' 이와 같기 때문에 예수님과 하나가 되면 단번에 구원을 받은 것이다. 그러므로 내 영이 지성소로 올라가면 거기에는 심판이 없다. 구원이나 구속은 같은 말이다. 그러므로 어린양의 피로 죄를 사했으면 영원한 속죄가 되어 그로인해 우리의 모든 죄가 사면된다. 그러기에 유월절 제물로 오신 어린양(진리의 말씀)만 따라가면 된다. 그러면 우리의 죄가 영원한 속죄가 된다. 죄가 영원히 해결된 자들은 그리스도의 말씀이 심령에 거했기 때문에 하나님의 자녀가 되는 권세를 얻는다. 따라서 내 영혼이 살아서 신령과 진정으로 예배를 드리는 자들한테는 심판이 없다.

하나님은 죽은 자의 하나님이 아니시고 영이 산자의 하나님이시다. 그러므로 누구라도 그리스도의 말씀이 들어오면 영이 살아난다. 오늘날의 한국교회는 진리의 말씀이 없다보니 영혼이 죽은 자들만 모여 있다. 그러니까 사단한테 사로잡혀간다. 그러나 마지막 때가되면 죽은 자들이 하나님의 음성을 듣게 된다. 성도들의 기도소리가 울려 퍼지면 듣는 자는 살아난다.

1. 성도들의 기도와 금향로

> 일곱째 인을 떼실 때에 하늘이 반시 동안쯤 고요하더니. 내가 보매 하나님 앞에 시위한 일곱 천사가 있어 일곱 나팔을 받았더라.
> (계8;1)

계시록 8장은 나팔을 불 때마다 심판하는 장면이다. 첫 장막인 처음하늘이 반시동안 고요했다. 그런데 왜 반시동안인가? 반시는 그 시간의 반이다. 요한은 이 '반시'라는 단어를 사용해서 하나님의 종말론적 시간의 첫 반시간을 나타내고 있다. 그리고 앞으로 닥칠 빛의 시간들, 그 고요함과 잔잔함을 지나 완성된 하나님 나라에서 영광스러운 찬양과 함께 지속될 그때까지를 반시로 보아서 이제 곧 하나님의 완전한 시간이 차고 하나님의 계획 전부가 완성을 이루게 될 것임을 암시하고 있다.

일곱째 인을 떼실 때에 '하늘이 반시 동안 고요해졌다'는 것은, 인의 재앙은 세상에게는 심판이지만 하나님의 백성한테는 하나님 나라의 완성을 향한 재창조의 모습이다. 여섯 번째 인에서 우주와 자연의 파괴가 나왔으면 그 다음은 악의 완전한 소멸과 하나님의 백성들의 승리가 나와야 한다. 그러므로 반시동안 고요해졌다는 구절은 악의 소멸과 하나님 나라의 완성을 묘사한 것으로서 시편에 잘 나타나 있다.

> 야곱의 하나님이여 주께서 꾸짖으시매 병거와 말이 다 깊은 잠이 들었나이다. 주 곧 주는 경외할 자시니 주께서 한 번 노하실 때에 누가 주의 목전에 서리이까. 주께서 하늘에서 판결을 선포하시매 땅이 두려워 잠잠하였나니.(시76;6-8)

이 장면은 애굽의 병거의 말이 바다에 빠져서 몰살되는 모습이다. 시편의 이 구절과 계시록 6장 17절 '그들의 진노의 큰 날이 이르렀으니 누가 능히 서리요'와 시편의 '누가 주의 목전에 서리이까' 이 장면과 아주 흡사하다. 악의 세력을 상징하는 애굽(세상)이 모두 몰살되는 장면에 '잠잠하다, 고요하다'라는 단어들이 '반시동안 고요하다'와 일맥상통하게 표현했다.

아울러 마지막 때가 되면 하나님을 향해 세상이 조롱하고 멸시하던 자들이 하나님 앞에 잠잠해진다. 하나님을 알지 못하고 경거망동한 자들이 '오직 여호와는 그 성전에 계시니 온 천하는 그 앞에서 잠잠할지니라(합2;20)' 이와 같이 거룩하신 하나님의 현현 앞에 그 모든 입이 다물게 된다.

또한 이스라엘인 해달별(교회)이 첫 장막별이다. 그러므로 말씀에 순종하면 하늘의 부르심을 입는다. 그런 자들은 듣고 볼 수 있기에 생각과 마음에 하나님의 법이 기록되어 있다. 그러면 그리스도의 영이 임하시므로 진리의 말씀으로 양육을 받는다.

> 내가 보매 하나님 앞에 시위한 일곱 천사가 있어 일곱 나팔을 받았더라.(계8;2)

6장에서 인을 떼시고 8장에서 일곱째 인을 떼실 때 일곱 나팔이 있다. 그 나팔은 주님의 나팔이다. 그러므로 주님을 따라 간 자들의 나팔이다. 이 나팔은 육체다. 육(사람)을 들어서 나팔을 부는 건데 부는 자가 천사(영)다. 즉 육(사람)을 들어 증거를 해야 하기 때문에, 사역자들한테 천사(영)가 내려오면 그 천사(영)가 나팔을 분다. 천사가 성도와 같이 있다는 것은 천사 자체가 하나님이 부리는 영이다. 그러므로 사역자들은 하나님의 말씀만 그대로 전하면 된다. 그러나 사단(거짓목사)들은 거짓 영이 들어갔기 때문에 그 입에서 거짓말만 나온다. 따라서 마지막 때의 나팔은 하나님을 시위하는 일곱 천사들이 사역자들을 통해 불게 하는 나팔이다.

나팔을 모두 일곱 개다. 따라서 나팔 자체가 사명자다. 이들(사역자)한테 일곱 천사(영)의 영이 임하면 하나님의 말씀을 증거해야 하므로 사명자는 나팔을 불어야 된다. 초림 때는 예수님이 이 땅에 오셔서 하나님을 증거하셨다.

> 내가 그들의 형제 중에 너와 같은 선지자 하나를 그들을 위하여 일으키고 내 말을 그 입에 두리니 내가 그에게 명하는 것을 그가 무리에게 다 고하리라. 무릇 그가 내 이름으로 고하는 내 말을 듣지 아니하는 자는 내게 벌을 받을 것이요. 내가 고하라고 명하지 아니한 말을 어떤 선지지가 만일 방자히 내 이름으로 고하든지 다른 신들의 이름으로 말하면 그 선지자는 죽임을 당하리라 하셨느니라
> (신18;18–20)

하나님의 말씀을 전하는 자는 모세처럼 그대로 하나님의 말씀만을 대언해야 한다. 모세가 대언의 말씀을 전하는 것처럼 오늘날의 목자들도 이와 마찬가지로 성경말씀만을 온전히 전해야 한다. 초림 때, 주님께서 하나님의 말씀만을 그대로 전하셨듯이, 계시록 때도 계시의 영에 의해 선지자들한테 나팔을 불게 했다.

따라서 오늘날의 목사들처럼 방자히 다른 신(육신의 생각)들의

이름으로 하나님의 말씀인양 전하면 그게 바로 심판으로 가는 지름길임을 자각해야 한다. 그러므로 일곱 나팔 가진 일곱 천사가 등장하고 또 다른 천사가 나타난다. 그 천사가 금향로를 들고 제단 앞에 서있다.

> 또 다른 천사가 와서 제단 곁에 서서 금향로를 가지고 많은 향을 받았으니 이는 모든 성도의 기도들과 합하여 보좌 앞 금단에 드리고자 함이라(계8;3)

이 향로는 금이다. 금이 말씀이다. 놋그릇인데 금을 입혔다. '또 둘째 휘장 뒤에 있는 장막을 지성소라 일컫나니. 금향로와 사면을 금으로 싼 언약궤가 있고 그 안에 만나를 담은 금 항아리와 아론의 싹 난 지팡이와 언약의 비석들이 있고(히9;3-4)' 이와 같이 금향로가 지성소에 있다.

따라서 금향로가 있는 곳이 지성소다. 여기는 수정과 같은 맑은 정금이어야 한다. 즉 지성소에 올라온 영혼들은 순금 100%가 되어야 한다. 예수님의 십자가를 통과하고 올라가면 100%로 깨끗해진다. 거기엔 수정과 같이 맑은 생명수가 있다. 죄가 0.1%라도 있으면 즉 99%가 되어도 올라가지 못한다. 우리 주님의 피가 100%의 피기 때문에 영원한 피(말씀)이다. 거기에 하나님께서 명(말씀)하지 않은 다른 것이 섞이면 말씀이 더럽혀져 결국에는 심판이다.

아론의 아들 나답과 아비후가 각기 향로를 가져다가 여호와의 명하시지 않은 다른 불을 담아 여호와 앞에 분향하였더니. 불이 여호와 앞에서 나와 그들을 삼키매 그들이 여호와 앞에서 죽은 자라. 모세가 아론에게 이르되 이는 여호와의 말씀이라 이르시기를 나는 나를 가까이 하는 자 중에 내가 거룩하다 함을 얻겠고 온 백성 앞에 내가 영광을 얻으리라 하셨느니라(레10;1-3)

그러므로 목사는 기록되지 아니한 다른 것을 섞으면 절대 안된다. 이 말씀을 증거하는 사람들은 '내가 이 책의 예언의 말씀을 듣는 각인에게 증거하노니 만일 누구든지 이것들 외에 더하면 하나님이 이 책에 기록된 재앙들을 그에게 더하실 터이요. 만일 누구든지 이 책의 예언의 말씀에서 제하여 버리면 하나님이 이 책에 기록된 생명나무와 및 거룩한 성에 참예함을 제하여 버리시리라(계 22;18-19)'의 주님의 말씀을 명심해야 한다. 그러므로 성경 말씀에 더하거나 빼면 안된다.

따라서 지성소로 올라갈 때 즉 예배를 드릴 때 육신의 생각이 0.1%라도 들어가면 안된다. 그러면 금향로(하나님의 말씀)가 아니다. 육신의 소욕은 성령을 거스르고, 성령의 소욕은 육신을 거스른다. 즉 육신의 생각 자체가 하나님과 원수가 된다.

향로를 취하여 여호와 앞 단 위에서 피운 불을 그것에 채우고 또 두 손에 곱게 간 향기로운 향을 채워 가지고 장 안에 들어가서. 여호와 앞에서 분향하여 향연으로 증거궤 위 속죄소를 가리우게 할찌니 그리하면 그가 죽음을 면할 것이며. 그는 또 수송아지의 피를 취하여 손가락으로 속죄소 동편에 뿌리고 또 손가락으로 그 피를 속죄소 앞에 일곱 번 뿌릴 것이며(레16;12-14)

구약의 대제사장이 향로를 가지고 하나님의 지성소로 들어가서 피를 뿌리는 모습이다. 이렇게 대제사장이 향로에다가 향을 가득 담아 태우고 지성소에 들어가서 향으로 법궤를 가리우고 피를 뿌리는 동안 사람들은 밖에서 열심히 기도했다. 그 모습을 지금 보여주고 있는 거다.

여기에서의 다른 천사가 지금 대제사장의 역할을 하고 있다. 그가 가진 향료에 성도들의 모든 기도가 들어 있다. 또한 이 그릇에 향을 가득 담으려면 이들의 영혼이 그리스도의 말씀으로 날마다 깨끗케 씻어 정금 되어 있어야 한다. 죄와 더러움을 씻는 다윗 샘은 실로암(예수 그리스도의 말씀) 하나뿐이다. 그러려면 날마다 죽어야 한다. 죽으면 하나님의 영이 그때 임하신다.

> 저가 귀고리와 패물로 장식하고 그 연애하는 자를 따라가서 나를 잊어버리고 향을 살라 바알들을 섬긴 시일을 따라 내가 저에게 벌을 주리라(호2;13)

이는 하나님의 말씀을 잊어버린 것이다. 이와 같이 오늘날도 마찬가지로 말씀을 잊어버리면 벌을 받는다. 우리는 진짜 금향로(말씀)를 가지고 살아가야 한다.

> 향연이 성도의 기도와 함께 천사의 손으로부터 하나님 앞으로 올라가는지라(계8;4)

예수님 말씀을 그대로 전하는 게 향연이다. 그러므로 우리의 향연이 하나님 앞으로 올라가는 기도를 해야 한다. 그래야 성도들의 모든 기도가 땅에 하나도 떨어짐 없이 하나님께 그대로 상달된다. 우리의 더러운 욕심과 탐욕과 이기적인 마음들이 예수 그리스도의 증보(말씀) 사역(증거)으로 인해 우리의 기도가 아름다운 향기가 되어 하늘로 올라간다.

> 천사가 향로를 가지고 단 위의 불을 담아다가 땅에 쏟으매 뇌성

과 음성과 번개와 지진이 나더라(계8;5)

천사의 향로(말씀)를 쏟는 데가 이 땅의 교회고, 세상이고, 바다고, 하나님의 백성이 있는 곳이다. 따라서 단(설교단상) 위의 불(말씀)을 담아다가 땅(하나님의 백성)에 쏟는 것이 첫 장막인 교회다. 교회에 있는 지도자(목사)나 백성(교인)이 하나님의 말씀을 듣지 않아서 단 위에 불을 담아다가 쏟는 거다. 불이, '내가 불을 땅에 던지러 왔노라 이 불이 이미 붙었으면 내가 무엇을 원하리요. 나는 받을 세례가 있으니 그 이루기까지 나의 답답함이 어떠하겠느냐.(눅12;49-50)' 이와 같이 하나님의 말씀이다. 예수님도 불을 땅에 던지러 오셨다. 그 말씀이 바로 성령의 불이다.

그러므로 만군의 하나님 여호와가 이같이 말하노라 그들이 이 말을 하였은즉 볼찌어다 내가 네 입에 있는 나의 말로 불이 되게 하고 이 백성으로 나무가 되게 하리니 그 불이 그들을 사르리라(렘5;14)

사람이 그릇이고 나무도 사람이다. 이와 같이 향로(말씀)는 불(성령)을 담는 그릇(사람)이다. 진노의 말씀을 그릇(사람)에 담아 땅(교회)에 쏟는 내용이다.

나 여호와가 말하노라 내 말이 불같지 아니하냐 반석을 쳐서 부스러뜨리는 방망이 같지 아니하냐(렘23;29)

임금(왕)의 말씀을 불호령이라 한다. 우리는 그 불로 연단된 말씀을 사서 세상(교회)을 연단하는 거다. 그게 사역자가 할 일이다. 불이 예수님의 말씀이다. 향로가 그릇이니까 사람이다. 따라서 지성소(하나님)의 말씀을 가져다가 땅(교회)에 쏟는 거다. 그게 바로 천둥번개 치는 일이다.

　그동안 모든 교회들이 예수님의 말씀을 가져다가 교회 안에서 강도짓을 했다. 칼을 들고 강도짓 하는 것보다 육신의 생각으로 하나님의 말씀을 도적질하는 영혼의 강도질의 죄가 더 크다. 그러한 자들의 영혼은 유황불 못 속에 영원히 던져진다. 그러므로 거짓선지자(목사)들의 말에 현혹되면 안된다.

　예수님은 성령의 불로 세례를 주셨다. 성령도 말씀이고 불도 말씀이다. 불같은 말씀으로 완전히 정하게 하신 거다, 거기에 다른 것이 조금이라도 섞이면 불순물이 되어 버리게(심판) 된다. 누구라도 하나님의 말씀을 깨닫고 되면 우리의 심령 위에 하늘의 영들이 와 있는 것을 감지하게 된다.

　　　내가 또 보니 힘센 다른 천사가 구름을 입고 하늘에서 내려오는데 그 머리 위에 무지개가 있고 그 얼굴은 해 같고 그 발은 불기둥 같으며. 그 손에 펴 놓인 작은 책을 들고 그 오른발은 바다를 밟고 왼발은 땅을 밟고(계10;1-2)

　천사가 영인데 하나님의 부리는 영들이다. 그러므로 하나님의 말씀을 받은 자들도 똑같은 영을 받은 자가 된다. 이들이 하나님의 말씀으로 땅(교회)을 밟고 오른 발은 바다(세상)를 밟아야 한다. 이는 첫 장막인 세상을 밟고 또 종교세계를 밟는다는 뜻이다.

　사람들이 성경을 이해하지 못하는 이유 중에 하나가, 천사(영)를 이해하지 못해서다. 천사 자체가 하나님의 영이다. 영이 불이고 말씀이다. 그러므로 불을 다스리는 천사인 영을 만나야 한다.

　천사(영)가 사도요한 한테 왔는데 그 발이 불기둥 같은 힘 있는 천사였다. 그 천사(영)가 와서 책을 준게 계시록 10장이다.

　불(말씀)을 담아 땅(교회)에 쏟으니까 천둥번개가 치고 지진(교인이 떠남)이 난다. 즉 교회를 심판하는 내용이다. 교회에다 진노의 말씀을 쏟아 부으니까 천둥번개가 치는 장면을 보면서 만방(교회)은 보고 듣고 깨달아야 한다.

무엇보다 교회에다 천사가 향로를 갖고 단(설교단상) 위에 불(말씀)을 담아 땅(교회)에 쏟는 거나, 말씀을 받은 사역자들이 교회(목사)의 잘못됨을 지적하여 세상에 밝히는 거나 다 같은 뜻이다.

그러므로 지금이 바로 그때다. 사역자들은 그리스도의 말씀을 심령에 담아 교회에 휘둘러야 한다. 그래야 선택받은 백성들은 그릇에 담아져 아버지 보좌 앞으로 올라가게 되고, 그렇지 않은 자들은 세상 바다로 떠내려간다.

나팔은 모두 일곱 개인데 전부 증거의 나팔이다. 여기(교회)다가 부는 거다. 여기에 불려면 첫째 하나님을 배반하는 종교세계를 알아야 되고, 배반하는 그 짐승이 누구인가를 알아야 된다.

바다에서 올라온 짐승이 계시록 때는 일곱 머리 열 뿔이요, 초림 때는 헤롯과 서기관과 바리새인이요, 출애굽 때는 애굽(세상)이요, 창세기 때는 뱀 족속이다. 성도라면 그것들을 분별할 줄 알아야 거짓선지자들한테 속지 않는다.

모든 교회가 하나님을 배반하니까 그리스도의 영이 떠나갔다. 그러나 내 영(정신)이 지성소로 올라간 자들은 그리스도의 옷으로 갈아입었기 때문에 그러지를 못한다. 그러므로 성도라면 예수 그리스도의 옷을 입고, 좌로나 우로나 치우치지 않는 말씀과 함께 반석 위에 집을 지어야 한다. 그래야 하나님의 신령한 복을 받아 믿음의 영으로 그리스도와 함께 동행 할 수 있다.

또 내가 들으니 성전에서 큰 음성이 나서 일곱 천사에게 말하되 너희는 가서 하나님의 진노의 일곱 대접을 땅에 쏟으라 하더라. 첫째가 가서 그 대접을 땅에 쏟으매 악하고 독한 헌데가 짐승의 표를 받은 사람들과 그 우상에게 경배하는 자들에게 나더라(계16;1-2)

이와 같이 일곱 대접을 땅(백성)에 쏟고 나니까, 특히 2절에서 짐승의 영을 받은 사람들한테서 악하고 독한 헌데가 나타났다. 따라서 계시록 16장의 진노의 대접은, 일곱 머리 열 뿔이 있는 짐승의 세계에 쏟는 장면이다. 즉 뇌성과 음성과 번개와 지진의 표현은 하늘(하나님)에서 화(심판)내는 내용이다. 하나님의 진노의 말씀은 언약궤 안에 다 들어 있다.

이에 하늘에 있는 하나님의 성전이 열리니 성전 안에 하나님의 언약궤가 보이며 또 번개와 음성들과 뇌성과 지진과 큰 우박이 있더라(계11;19)

우박은 애굽(세상) 사람한테 내리는 진노의 말씀이다. 성경에 처처에 기근과 지진이 있다. 육적인 이 땅의 기근과 지진을 빌려다가 교회들의 지진(교인이 떠남)과 기근(말씀고갈)을 나타내었다.

민족이 민족을, 나라가 나라를 대적하여 일어나겠고 처처에 기근과 지진이 있으리니. 이 모든 것이 재난의 시작이니라(마24;7-8)

마태 24장은 소계시록이다. 마지막 때 일어날 일들이다. 민족과 민족은 교파(장로교. 감리교. 성결교. 안식교. 침례교 등)끼리의 분쟁을 나타내고, 나라와 나라는 육적 이스라엘과 영적 이스라엘의 전투다. 성경의 만국은 이 땅에서 정치하는 나라를 말하는 것이 아니고 만방에 널려 있는 교회(하나님의 백성)를 뜻한다. 즉 교회 안에 항상 두 민족이 들어있다는 뜻이다. 최초에 두 민족은 야곱과 에서다. 이들이야말로 두 국민이요, 두 민족으로 뱃속에서부터 두 나라로 분리되어 나타나고 있다.

> 아이들이 그의 태 속에서 서로 싸우는지라 그가 가로되 이 같으면 내가 어찌할꼬 하고 가서 여호와께 묻자온대. 여호와께서 그에게 이르시되 두 국민이 네 태중에 있구나 두 민족이 네 복중에서부터 나누이리라 이 족속이 저 족속보다 강하겠고 큰 자는 어린 자를 섬기리라(창25;22-23)

이와 같이 교회(하나님의 백성)가 나뉘는 거다. 따라서 처처의 기근을 육적으로 생각하면 이해가 안된다. 이는 두 민족과 두 족속이 서로 대적하고 있다는 뜻과 함께 오늘날 교회가 장로교, 감리교. 성결교 등등이 서로 나눠서 대적하고 있는 것을 말한다. 그러므로 교회와 교회가 서로 대적하고 있다 보니 처처에 기근이 들어 영적고갈로 지진이 나고 있는 거다.

> 보라 날이 이를찌라 내가 기근을 땅에 보내리니 양식이 없어 주림이 아니며 물이 없어 갈함이 아니요 여호와의 말씀을 듣지 못한 기갈이라(암8;11)

이와 같이 마지막 때에는 여호와의 말씀이 없는 기근으로 인해 하나님의 백성들이 영적 기갈로 죽어가고 있다. 지금 지진으로 교회가 무너지고 있는 소리를 보고 듣고 깨달아야 한다. 하나님의 예비적 심판인 코로나19를 통해 교회들은 재난의 시작을 알리는 경고의 나팔 소리를 들을 수 있어야 한다.

2. 나팔 재앙의 실체

일곱 나팔 가지 일곱 천사가 나팔 불기를 예비하더라.(계8;6)

이스라엘이 나팔을 언제 불었느냐 하면 군사를 모을 때나 진군 명령을 내릴 때 나팔을 불었다. 우리는 이 땅에서 전투하는 자들로서 그리스도의 군사로서 살아가야 한다. 또한 나팔은 대적을 완전히 몰살시켜 버릴 때도 나팔을 불었다.

제사장 일곱은 일곱 양각나팔을 잡고 언약궤 앞에서 행할 것이요 제 칠일에는 성을 일곱 번 돌며 제사장들은 나팔을 불 것이며. 제사장들이 양각나팔을 길게 울려 불어서 그 나팔 소리가 너희에게 들릴 때에는 백성은 다 큰 소리로 외쳐 부를 것이라 그리하면 그 성벽이 무너져 내리리니 백성은 각기 앞으로 올라갈찌니라 하시매.
(수6;4-5)

이 나팔 재앙에서 일곱 천사가 나팔을 들고 불 준비를 하고 있는 모습과 제사장 일곱이 일곱 양각 나팔을 붙들고 불 준비를 하는 모습과 유사하다. 일곱 제사장이 나팔을 불면 철옹성인 여리고가 완전히 무너져 버린다. 나팔 재앙은 악의 완전한 소멸을 목표로 하고 있다. 또 기쁨을 동반한 예배에도 나팔을 불었다.

또 너희 희락의 날과 너희의 정한 절기와 월삭에는 번제물의 위에와 화목제물의 위에 나팔을 불라 그로 말미암아 너희 하나님이 너희를 기억하리라 나는 너희 하나님 여호와니라(민10;10)

이 나팔 재앙은 하나님 나라가 완성 되어서 모든 하나님의 백성들이 하나님을 영원히 예배하는 그때를 향한 나팔도 된다. 그리고 왕이 등극할 때도 나팔을 불었다.

> 제사장 사독이 성막 가운데서 기름 뿔을 가져다가 솔로몬에게 기름을 부으니 이에 양각을 불고 모든 백성이 솔로몬 왕 만세를 부르니라(왕상1;39)

이는 우리 하나님께서 영원한 왕이 되셔서 하늘 백성을 다스리실 그날을 위한 준비의 나팔도 된다.

> 여호와의 큰 날이 가깝도다 가깝고도 심히 빠르도다 여호와의 날의 소리로다 용사가 거기서 심히 애곡하는도다. 그날은 분노의 날이요 환난과 고통의 날이요 황무와 패괴의 날이요 캄캄하고 어두운 날이요 구름과 흑암의 날이요. 나팔을 불어 경고하며 견고한 성읍을 치며 높은 망대를 치는 날이로다.(습1;14-17)

> 인자야 너는 네 민족에게 고하여 이르라 가령 내가 칼을 한 땅에 임하게 한다 하자 그 땅. 그 사람이 칼이 그 땅에 임함을 보고 나팔을 불어 백성에게 경고하되. 나팔 소리를 듣고도 경비를 하지 아니하므로 그 임하는 칼에 제함을 당하면 그 피가 자기의 머리로 돌아갈 것이라(겔33;2-4)

이렇게 하나님께서 이스라엘에게 나팔을 불라고 하신 것은 모두 하나님 나라의 완성을 상징하는 의식이나 절기 때였다.

따라서 이 나팔 재앙은 우리의 인생에 닥치게 될 질곡과 환난과 재앙을 통해 하나님의 백성들한테는 경고의 나팔이지만, 악한 세력들한테는 하나님의 진노의 심판이다. 즉 악한 세력과의 영적 싸움에서 우리를 부르셔서 우리의 거룩을 완성해 가시는 하나님의 놀라운 배려이다.

그러므로 사역자한테 하나님의 신(말씀)이 임하면 증거의 나팔을 불어야 한다. 교회에 짐승들이 들어와 있으니 여기다가 나팔을 불라는 거다. 나팔이 사람이다. 부는 자는 천사(영)가 분다. 사역자한테 영(천사)이 임해서 증거 하는 것이 나팔이다. 앞서도 언급했지만 지도자를 하늘이라 하고 백성은 땅이라 한다. 교회들한테 하나님의 말씀을 증거하라고 부는 것이 바로 경고의 나팔이다.

> 말하는 자의 소리여 가로되 외치라 대답하되 내가 무엇이랴 외치리이까 가로되 모든 육체는 풀이요 그 모든 아름다움은 들의 꽃 같으니. 풀은 마르고 꽃은 시듦은 여호와의 기운이 그 위에 붊이라 이 백성은 실로 풀이로다(사40;6-7)

우리가 말하여 증거 하는 자다. 그런데 어떻게 할까요? 하고 질문한 거다. 모든 육체는 풀이다. 이와 같이 초로인생을 풀과 나무로 표현했다. 풀에 진노의 말씀이 떨어지면 이와 같이 심판을 받는다는 것을 상징하고 있다. 또한 애굽(세상)에는 우박이 떨어진다.

> 보라 주께 있는 강하고 힘 있는 자가 쏟아지는 우박같이, 파괴하는 광풍같이, 큰 물의 창일함같이 손으로 그 면류관을 땅에 던지리니(사28;2)

힘 있는 천사가 교만한 사람한테 경고장을 주는 내용이다. 이곳에 진노의 말씀을 우박으로 표현한 거다.

> 첫째 천사가 나팔을 부니 피 섞인 우박과 불이 나서 땅에 쏟아지매 땅의 삼분의 일이 타서 사위고 각종 푸른 풀도 타서 사위더라 (계8;7)

나팔을 부니까 피 섞인 우박과 불이 땅에 쏟아졌다. 그 결과 땅에 삼분의 일씩 심판을 받는다. 그리고 수목의 삼분의 일과 각종 푸른 풀도 타서 재가 되었다. 인의 재앙에서 사분의 일이었던 것이 나팔 재앙에서는 삼분의 일로 늘어났다. 그러나 아직 삼분의 일이 남아있다는 것은 이 재앙이 아직 끝이 아니라는 뜻을 암시하고 있다. 따라서 교회에 진리의 말씀이 없으면 전부 미혹되어 짐승한테 사로잡혀 거짓선지자를 따르게 된다. 그러면 심판이다.

> 그의 머리 하나가 상하여 죽게 된 것 같더니 그 죽게 되었던 상처가 나으매 온 땅이 이상히 여겨 짐승을 따르고(계13;3)

왜 짐승을 따라가겠는가? 이 개(목사)들이 탐심이 심하여 참(성경)과 거짓(육신의 생각)으로 말씀의 진위를 흐리게 하니까 교인들이 진리를 구별 못해 짐승을 따르는 거다. 탐심이 심하면 눈이 가려져 '저게 짐승이다'라고 제대로 짓지를 못한다.

> 들의 짐승들아 삼림 중의 짐승들아 다 와서 삼키라. 그 파숫군들은 소경이요 다 무지하며 벙어리 개라 능히 짖지 못하며 다 꿈꾸는 자요 누운 자요 잠자기를 좋아하는 자니(사56;9-10)

이와 같이 파숫군(목사)들이 소경과 벙어리기 때문에 짖지를 못한다. 성경의 말씀에 비춰서 이 놈(신천지)들이 악한 짐승들이라고 짖어야 하는데 짖지를 못하고 있다. 따라서 각종 푸른 풀

(백성)이 우박(진노의 말씀)에 불(성령)에 의해 다 타버렸다. 풀이 사람이다.

> 모든 육체는 풀과 같고 썩어질 씨로 된 것이 아니요 썩지 아니할 씨로 된 것이니 하나님의 살아 있고 항상 있는 말씀으로 되었느니라(벧전1;24)

누구나 초로의 인생들인데 주님의 씨(말씀)가 심령 안에 심어지면 세세토록 영원히 살고, 그 심령(그릇)에 주님의 말씀이 담아지면 주님의 말씀만은 온전히 대언하여 전한다. 육은 언제든 잘못됐을 수 있지만 영(말씀)은 영원히 변함이 없다. 그래야 우리의 영이 부활할 수 있다. 말씀(영)이 죽으면 무엇으로 부활하겠는가. 영 자체가 천사와 동등하기 때문에, 우리의 정신이 부활 되면 우리가 천사와 똑같아 진다.

> 너희가 성경도, 하나님의 능력도, 알지 못하는 고로 오해하였도다. 부활 때에는 장가도 아니 가고 시집도 아니 가고 하늘에 있는 천사들과 같으니라(마22;29)

이와 같이 하늘에 있는 영들과 같아진다고 피력하셨다. 따라서 하나님말씀 자체가 영이다. 그러므로 우리의 생각 속에 믿음이 들어가면 예수님의 말씀과 똑같아져야 한다. 아들한테 하나님의 말씀(영)이 임하니까 아버지의 뜻대로 기도하게 된다. 아버지의 뜻은 그리스도의 말씀을 온전히 믿는 그것이다.

그렇다면 우박과 불은 구약에서 어떤 결과를 가져왔는가?

모세가 하늘을 향하여 지팡이를 들매 여호와께서 뇌성과 우박을 보내시고 불을 내려 땅에 달리게 하시니라 여호와께서 우박을 애굽 땅에 내리시매. 우박의 내림과 불덩이가 우박에 섞여 내림이 심히 맹렬하니 애굽 진국에 그 개국 이래로 그 같은 것이 없던 것이라. 우박이 애굽 온 땅에서 사람과 짐승을 무론하고 무릇 밭에 있는 것을 쳤으며 우박이 또 밭의 모든 채소를 치고 들의 모든 나무를 꺾었으되. 이때에 보리는 이삭이 나왔고 삼은 꽃이 피었으므로 삼과 보리가 상하였으나(출9:22-25.31)

이와 같이 첫 번째 인하고 같은 내용의 심판이다. 따라서 애굽(종교세계)의 땅(백성)이 지금 삼분의 일씩 무너져 가고 있다. 땅이 사람이고 백성이다. 왜 무너지느냐 하면 교회가 성경의 진위를 모르니까 바다에서 올라온 용(신천지)과 짐승(거짓선지자)들한테 다 잡혀 먹혀서 그렇다. 이와 같이 땅이 뇌성과 우박에 의해 모든 채소와 나무들이 꺾였다. 영적(말씀고갈) 기근으로 밭의 소산들이 전부 상하였다. 또한 삼분이 일씩 죽어가는 장면을 에스겔 5장에서 잘 타나내고 있다.

그 성읍을 에워싸는 날이 차거든 너는 터럭 삼분지 일은 성읍 안에서 불사르고 삼분지 일은 가지고 성읍 사방에서 칼로 치고 또 삼분지 일은 바람에 흩으라 내가 그 뒤를 따라 칼을 빼리라. 너의 가운데서 삼분지 일은 온역으로 죽으며 기근으로 멸망할 것이요 삼분지 일은 너의 사방에서 칼에 엎드러질 것이며 삼분지 일은 내가 사방에 흩고 또 그 뒤를 따라 칼을 빼리라(겔5:2.12)

지금 코로나를 통해 예비적 심판을 하나님께서 이 땅(세상)에 보내고 계심을 읽을 수 있어야 한다. 삼분의 일씩 죽이는 것 중에 하나가 지금 온역(코로나)으로 실상을 보여주시고, 기근(말씀 고갈)으로 멸망되어 가는 교회들을 향해 칼(진리의 말씀)로 사방에 흘으시는 마지막 때의 징조를 깨달아 알아야 한다.

> 둘째 천사가 나팔을 부니 불붙는 큰 산과 같은 것이 바다에 던지 우매 바다의 삼분의 일이 피가 되고. 바다 가운데 생명 가진 피조물들의 삼분지 일이 죽고 배들의 삼분의 일이 깨어지더라.(계8;8-9)

두 번째 나팔을 부니 불붙는 큰 산과 같은 것이 바다에 던져진다. 배는 교회고 바다는 세상이다. 첫 장막에 있는 종교인들이 거기(세상)에 다 빠져 죽는다.
큰 산은 조직체다. 세상으로 떨어진 불붙는 산이다.

> 너희 땅은 황무하였고 너희 성읍들은 불에 탔고 너희 토지는 너희 목전에 이방인들에게 삼키웠으며 이방인에게 파괴됨같이 황무하였고(사1;7)

이는 육적 불을 빌려다가 심판의 말씀을 하는 거다. 종교세계가 지금 이방인한테 전부 넘어간 것을 말한다. 교회(목사)가 소경이고 귀머거리들이라 깨닫지 못하니까 짐승들한테 다 잡아 먹혀 성읍(교회)이 황무지가 되었다. 육신의 생각으로 떨어진 교회에 진노의 말씀이 떨어지니까 심판을 받는 거다.
그 결과 바다(세상)의 삼분지 일이 피가 되고 그 가운데 생명가진 것들의 삼분의 일이 죽는다. 그리고 배(교회)들의 삼분의 일이 깨진다. 첫 장막(교회)에 있는 종교인들이 거기에 다 빠져 죽는 장면이다. 또한 불붙은 큰 산은 바벨론 산을 상징한다.

> 그들이 너희 목전에 시온에서 모든 악을 행한 대로 내가 바벨론

과 갈대아 모든 거민에게 갚으리라 여호와의 말이니라. 나 여호와가 말하노라 온 세계를 멸한 멸망의 산아 보라 나는 네 대적이라 나의 손을 네 위에 펴서 너를 바위에서 굴리고 너로 불탄 산이 되게 할 것이니(렘51;24-25)

세상의 악한 세력을 상징하는 바벨론을 큰 산이라 표현하고 있다. 실제의 바벨론에는 우상을 섬기는 '지그라트'라는 제단이 있었다. 그 '지그라트'가 바로 피라미드처럼 생겼다. 그래서 하나님을 대적하고 이방 신을 섬기는 자들의 죄악된 모습을 특징화해서 바벨론을 멸망의 산이라 부른 것이다. 그 산처럼 생긴 '지그라트' 위에 늘 제물을 바치기 위해 불을 태우는데 그 전체가 불탄 산이 되어 버렸다는 것은, 그들이 하나님을 대적하고 죄악된 일들을 저지른 것이 스스로 자신들의 멸망을 좌초하게 되었다는 뜻이다.

따라서 이 두 번째 나팔은 하나님을 거역한 악한 세력에 대한 심판을 상징한다. 하나님께서 그 악한 세상을 심판하시는데 바다(세상)가 피로 변하고 그 속에 살던 것이 죽고 배(교회)들이 파괴되었다.

이에 한 힘센 천사가 큰 맷돌 같은 돌을 들어 바다에 던져 가로되 큰 성 바벨론이 이같이 몹시 떨어져 결코 다시 보이지 아니하리로다(계18;21)

큰 성 바벨론이 바다에 던져지면서 다시는 세상에 나타나지 못한다고 하셨고 아울러 일시에 빠른 속도로 망한다고 계시하셨다.

땅의 상고들이 그를 위하여 울고 애통하는 것은 다시 그 상품을 사는 자가 없음이라, 바벨론을 인하여 치부한 이 상품의 상고들이 그 고난을 무서워하여 멀리 서서 울고 애통하여. 가로되 화 있도다 큰 성이여 세마포와 자주와 붉은 옷을 입고 금과 보석과 진주로 꾸민 것인데. 그러한 부가 일 시간에 망하였도다 각 선장과 각처를 다니는 선객들과 선인들과 바다에서 일하는 자들이 멀리 서서. 그 불붙은 연기를 보고 외쳐 가로되 이 큰 성과 같은 성이 어디 있느뇨 하며. 티끌을 자기 머리에 뿌리고 울고 애통하여 가로되 화 있도다 화 있도다 이 큰 성이여 바다에서 배 부리는 모든 자들이 너의 보배로운 상품을 인하여 치부하였더니 일시간에 망하였도다
(계18;11,15-19)

세상의 풍요를 추구하던 자(교회)들이 일시에 망한다. 이 세상의 모든 것들은 큰 성 바벨론이 불탄 산이 되어서 바다에 던져지듯이 다 멸망해 버릴 것들이다. 세상의 풍요를 쫓던 바벨론(대형교회)이 완전히 불덩이가 되듯이 우리가 추구하는 이 세상 복 또한 그렇게 불태워 버릴 수 있음을 상기해야 한다. 그러니까 하나님께서 나의 백성들아 이방인들에게 삼키기 전에 거기서 속히 나오라고 외치고 계신 거다. 이러한 재앙도 알고 보면 하나님의 백성들한테 깨닫고 돌아서라고 하나님께서 허락하신 것이다.

나 여호와가 말하노라 온 세계를 멸한 멸망의 산아 보라 나는 네 대적이라 나의 손을 네 위에 펴서 너를 바위에서 굴리고 너로 불탄 산이 되게 할 것이니(렘51;25)

멸망의 산이 바벨론을 뜻하나, 짐승이라 하는 일곱 머리 열 뿔도 바로 멸망의 산을 가리킨다. 그러나 이걸 알아야 한다. 하나님께서 역사를 하실 때는 항상 산에서 하셨다. 천지 창조하셨을 때는 에덴동산에서 하셨고, 노아 때는 아라랏 산에서 하셨고, 아

브라함 때는 모리아 산이고, 모세 때는 시내산이며, 초림 때는 변화산과 시온산과 감람산에서 하셨다.

따라서 이 땅의 멸망의 산은 일곱 머리 열 뿔의 조직체들의 산이다. 성경은 두 산 사이에 놋 산을 가리켜 심판을 상징하고 있다.

> 내가 또 눈을 들어 본즉 네 병거가 두 산 사이에서 나왔는데 그 산은 놋 산이더라(슥6;1)

'네 병거가 두 산 사이에서 나왔는데'에서 네 병거는 계시록 6장의 심판장과 같은 말들이다. 따라서 놋 산 자체가 '하늘은 종이 축이 말리는 것같이 떠나가고 각 산과 섬이 제 자리에서 옮기우매. 땅의 임금들과 왕족들과 장군들과 부자들과 강한 자들과 각종과 자주자가 굴과 산 바위 틈에 숨어. 산과 바위에게 이르되 우리 위에 떨어져 보좌에 앉으신 이의 낯에서와 어린양의 진노에서 우리를 가리우리.(계6;14-16)' 이와 같이 심판인데 신이 조직체(교회)다. 바로 놋 산이 심판의 산이다.

> 그러므로 저주가 땅을 삼켰고 그 중에 거하는 자들이 정죄함을 당하였고 땅의 거민이 불타서 남은 자가 적으며(사24;6)

땅이 백성이다. 백성들이 하나님의 말씀을 따르지 않기 때문에 하나님께서 하나하나 나팔을 불면서 심판하는 장면을 나타내 보이신 것이 바로 8장의 내용들이다.

> 셋째 천사가 나팔을 부니 횃불같이 타는 큰 별이 하늘에서 떨어져 강들의 삼분의 일과 여러 물 샘에 떨어지니(계8;10)

별이 하늘에서 떨어진다. 별 중에는 하나님의 일곱별이 있고 하늘에서 떨어진 타락한 천사의 계명성이 있다. 계명성이 바로 하나님께 대적하는 별들이다.

> 대적의 반석이 우리의 반석과 같지 못하니 대적도 스스로 판단하도다. 그들의 포도나무는 소돔의 포도나무요 고모라의 밭의 소산이라 그 들의 포도는 쓸개포도다 그 송이는 쓰며. 그들의 포도주는 뱀의 독이요 독사의 악독이라(신32;31-32)

대적도 이와 같이 그리스도를 그대로 가장하여 포도주라 하나 쓸개 포도주라 쓰다. 반석은 그리스도 한분 밖에 없다. 하늘에서 떨어진 별은 즉 예수님의 손에서 떨어진 가룟유다와 같은 존재들이다. 예수님의 손(말씀)에서 떨어지는 자들이 마시는 포도주가 바로 뱀의 독이요, 독사의 악독이다.

> 단은 길의 뱀이요 첩경의 독사리로다 말굽을 물어서 그 탄 자로 뒤로 떨어지게 하리로다(창49;17)

여기서 떨어진 별들은 타락한 영들이라 종교세계의 내용을 잘 안다. 따라서 교회에서 심판을 하는 거다.

> 이 별 이름은 쑥이라 물들의 삼분의 일이 쑥이 되매 그 물들이 쓰게 됨을 인하여 많은 사람이 죽더라.(계8;11)

세 천사는 8장에서는 여기까지만 심판을 했다. 쑥은 사람을 죽이는 독초다. 즉 이들이 교회가 잘못되었다고 증거 하므로 교회가 삼분의 일씩 죽어가는 장면이다.
해달별은 교회의 첫 장막이며 이스라엘(하나님의 백성)이다.

세 번째 천사가 나팔을 부니까 횃불같이 타는 큰 별이 하늘에서 떨어진다. 그 별이 강들의 삼분지 일과 여러 물 샘에 떨어지니까 물이 쑥이 되어 많은 사람이 죽는다. 이 쑥은 하나님께서 세상의 풍요를 약속하던 우상을 섬기던 자들을 심판할 때 자주 쓰셨다.

> 그 마음이 강퍅함을 따라 그 열조가 자기에게 가르친 바알들을 좇았음이라. 그러므로 만군의 여호와 이스라엘의 하나님 내가 말하노라 보라 내가 그들 곧 이 백성에게 쑥을 먹이며 독한 물을 마시우고(렘9;14-15)

> 내가 예루살렘 선지자들 중에도 가증한 일이 있음을 보았나니 그들은 간음을 행하며 행악자의 손을 굳게 하여 사람으로 그 악에서 돌이킴이 없게 하였은즉 그들은 다 내 앞에서 소돔 사람과 다름이 없고 그 거민은 고모라 사람과 다름이 없느니라. 그러므로 만군의 여호와 내가 선지자에 대하여 이같이 말하노라 보라 내가 그들에게 쑥으로 먹이며 독한 물을 마시우리니 이는 사악이 예루살렘 선지자들에게로서 나와서 온 땅에 퍼짐이라 하시니라(렘23;13-15)

이렇게 우상을 섬기던 자들이 스스로 하나님의 심판으로 쑥을 먹는 일을 좌초했다. 쑥은 사람을 죽인다는 뜻이다. 구약의 이스라엘 사람들은 바벨론 포로로 잡혀가기 전까지 항상 제단을 두 개로 만들어 놓고 한곳은 하나님께 제사를 드리고, 그 옆 제단에서는 풍요의 신 바알에게 제사를 지냈다.

이스라엘(교회)이 하나님을 섬기기는 섬기는데, 자신들이 원하는 것을 하나님께서 주시지 않는 것이 있다. 그러니까 주시지 않는 물질의 복을 우상에게 빌어 받아내려 했다. 이스라엘은 한 번도 하나님을 버린 적이 없다. 그런데 하나님께서는 그때마다 이스라엘이 나를 버렸다고 하셨다.

오늘날의 교회도 마찬가지다. 하나님을 섬긴다고 하면서 우상(세상의 것)을 함께 섬기는 자들이 거의 대부분이다. 하나님께서는 그런 자들에게 '불법을 행하는 자들아 내게서 떠나가라' 말씀하셨다. 사단은 그런 세상의 풍요로 교회들을 속이고 있다.

그러므로 하늘에서 떨어진 별이 계명성(거짓 선지자)으로, 이들한테 속는 것 자체가 쑥물을 먹는 것이 되고 쑥물을 먹으면 사망이다. 반석이 그리스도이신데 대적도 하늘에서 떨어진 별들로 그리스도로 가장하여 들어가게 한다. 계명성이 바로 하나님을 대적하는 가룟유다인 것을 깨달아야 한다.

> 내가 너희 열둘을 택하지 아니하였느냐 그러나 너희 중에 한 사람은 마귀니라(요6;70)

가룟유다가 마귀다. 가룟유다의 마음에 뱀이 들어갔다. 그 뱀이 하늘에서 떨어진 별(계명성)로 그 마음 안에 있는 뱀의 독으로 해달별(교회)의 삼분의 일씩 독한 물로 죽이는 장면이다. 물 샘은 물은 성전에서 나오는데 물이 나오는 교회다.

> 그가 나를 데리고 전 문에 이르시니 전의 전면이 동을 향하였는데 그 문지방 밑에서 물이 나와서 동으로 흐르다가 전 우편 제단 남편으로 흘러내리더라(겔47;1)

성전에서 물이 나오기 때문에 첫 장막에서도 물이 나온다. 독물을 먹이는 거다 '그들의 포도주는 뱀의 독이요 독사의 악독이라(신32;33)' 독사의 물이다. 즉 그 물이 뱀의 입에서 나온다.

> 여자의 뒤에서 뱀이 그 입으로 물을 강같이 토하여 여자를 물에

떠내려가게 하려 하되(계12;15)

뱀의 입에서 물이 강같이 흐른다. 물은 크게 나누면 상수와 하수가 있다. 하수의 물은 잘못된 물이기 때문에 악으로 떨어지고, 우리의 물은 성령이신 생수(예수 그리스도)의 물(말씀)이다. 그러므로 성령의 말씀은 생수고, 이 세상 말은 나일강 하수다

저 나일의 창일함과 강물의 흉용함 같은 자 누구뇨. 애굽의 나일의 창일함과 강물의 흉용함 같도다 그가 가로되 내가 일어나 땅을 덮어 성읍들과 그 거민을 멸할 것이라.(렘46;7-8)

이와 같이 첫 장막(교회)을 멸한다는 뜻이다. 다 사단들의 거짓 교리다. 별 또한 하나님의 일곱별이 있고 하늘에서 떨어진 계명성이 있다.

너 아침의 계명성이여 어찌 그리 하늘에서 떨어졌으며 너 열국을 엎은 자여 어찌 그리 땅에 찍혔는고. 네가 네 마음에 이르기를 내가 하늘에 올라 하나님의 뭇별 위에 나의 보좌를 높이리라 내가 북극 집회의 산 위에 좌정하리라. 가장 높은 구름에 올라 지극히 높은 자와 비기리라 하도다. 그러나 이제 네가 음부 곧 구덩이의 맨 밑에 빠치우리로다(사14;12-15)

이사야 선지자가 이같이 예견한 것처럼 지금은 빛나는 별 같지만 그 별들은 곧 음부(사망)로 떨어질 별들이다. 쑥물이 나오는 것이 주로 음녀의 입에서 나오는 거짓 교리이다.

대저 음녀의 입술은 꿀을 떨어뜨리며 그 입은 기름보다 미끄러우

나. 나중은 쑥같이 두 날 가진 칼같이 날카로우며(잠5;3-4)

그러므로 만군의 여호와 이스라엘의 하나님 내가 말하노라 보라 내가 그들 곧 이 백성에게 쑥을 먹이며 독한 물을 마시우고(렘9;15)

이와 같이 하나님의 말씀을 배도하니까 쑥을 먹인다. 하나님의 말씀을 어겨서 심판하시는 거다. 교회에다 쑥물을 먹이고 있다. 다 그런 것이 아니고 삼분의 일씩 쑥을 먹인다. 지금 교회에서 목사한테 안수 받고 치료 받았다면 이들이 다 쑥물을 먹을 사람들이다. 성경에서의 모든 치료는 육적인 병을 빌려다 영적인 치료를 하는 거다. 따라서 예수님의 말씀이 들어가면 영원히 치료됨을 나타낸 것이다. 하나님의 말씀은 식언치도 변역치도 번개하지도 않으신다. 따라서 이 교회가 '의인의 입은 생명의 샘이라도 악인의 입은 독을 머금었느니라(잠10;11)' 이와 같이 전부 악이다. 악하니까 그 입에서 독이 나온다. 그러므로 성도라면 목사의 말이 독인가 아닌가를 분별할 줄 알아야 한다.

혀는 능히 길들일 사람이 없나니 쉬지 아니하는 악이요 죽이는 독이 가득한 것이라.(약3;8)

예수 그리스도의 영이 들어가지 않으면 전부 악만 나온다. 악은 '내 백성이 두 가지 악을 행하였나니 곧 생수의 근원되는 나를 버린 것과 스스로 웅덩이를 판 것인데 그것은 물을 저축지 못할 터진 웅덩이니라(렘2;13)' 이와 같이 예수님의 말씀을 버린 것과 자기가 성령의 은사를 받았네, 방언의 은사를 받았네, 치유의 은사를 받았네, 하는 이런 것들이 악이다. 즉 혓바닥을 저주하는 거다.

넷째 천사가 나팔을 부니 해 삼분의 일과 달 삼분의 일과 별들의 삼분의 일이 침을 받아 그 삼분의 일이 어두워지니 낮 삼분의 일은 비침이 없고 밤도 그러하더라(계8;12)

애굽에 내린 아홉 번째 재앙과 비슷하다. 여기에 해달별이 촛대가 있는 교회이다. 교회(목사)가 육신의 생각으로 성경 말씀을 전하니까 백성이 땅으로 떨어지는 거다. 즉 다른 것을 섞어 혼잡되어 침노를 받아 떨어진 거다. 따라서 해달별은 결국에는 타버릴 첫 창조를 지탱하고 있는 것들이다. 해달별(교회)이 어두워진다는 것은 하나님의 말씀만을 의지하고 살아야 하는 교회들이 세상의 것들을 의지하고 살아가기 때문에 이런 것들에 대한 심판의 전조현상이다.

주 여호와께서 가라사대 그 날에 해로 대낮에 지게 하여 백주에 땅을 캄캄케 하며.(암8;9)

하늘의 별들과 별 떨기가 그 빛을 내지 아니하며 해가 돋아도 어두우며 달이 그 빛을 비취지 아니할 것이로다(사13;10)

여호와의 크고 두려운 날이 이르기 전에 해가 어두워지고 달이 핏빛 같이 변하려니와. 누구든지 여호와의 이름을 부르는 자는 구원을 얻으리니 이는 나 여호와의 말대로 시온 산과 예루살렘에서 피할 자가 있을 것임이요 남은 자 중에 나 여호와의 부름을 받을 자가 있을 것임이니라(욜2;31-32)

일곱별이 예루살렘인 교회다. 나팔 재앙의 결과처럼 땅이나 바다나 강이 오염되어 점점 못 쓰게 되고 물질세계와 생태계가 점점 파괴되어 갈 때 해달별인 교회들은 그러한 현상을 보고 하나님께로 돌이켜야 한다. 회개하고 돌이키지 않으면 해가 어두워지고 달이 핏빛으로 변하듯 교회가 삼분의 일씩 그렇게 죽어간다.

> 내가 그 삼분지 일을 불 가운데 던져 은같이 연단하며 금같이 시험할 것이라 그들이 내 이름을 부르리니 내가 들을 것이며 나는 말하기를 이는 내 백성이라 할 것이요 그들은 말하기를 여호와는 내 하나님이라 하리라(슥13;9)

마치 나팔 재앙을 요약해서 설명해 준 것 같다. 은과 금은 말씀이다. 그러므로 말씀으로 연단하고 말씀으로 시험할 때 내 백성이 내 이름을 부르면 들어주시겠다고 하셨다. 그러므로 내 심령 안에 그리스도의 말씀이 거하고 있는가, 없는가를 살펴야 한다. 따라서 육에 속한 자들은 재앙과 심판이 따르나 내 정신이 하늘(지성소)로 올라간 자들은 구원과 영생이다.

> 내가 또 보고 들으니 공중에 날아가는 독수리가 큰 소리로 이르되 땅에 거하는 자들에게 화, 화, 화가 있으리로다 이외에도 세 천사의 불 나팔 소리를 인함이로다 하더라(계8;13)

공중은 하늘(지성소)과 땅(성소) 사이가 공중이다. 성소(교회)에다가 심판을 하는 거다. 즉 재앙이다. 이 땅(교회)의 재앙을 아무데나 쏟는 것이 아니고, 마태 23장에 있는 서기관과 바리새인들한테 쏟는 거다. 7화(禍)가 여기 다 들어 있다. 아울러 계시록 16장-18장의 일곱 재앙 역시도 서기관(신학자)과 바리새인(목사)들이다. 바로 교회다. 화(禍)나 재앙(災殃)은 같은 내용이다.
따라서 첫 장막인 교회에는 만민이 먹을 만한 나무들이 보기에 많이 있다. 그러므로 공중의 나는 새(악령)가 첫 장막인 교회에 깃든다. 그러나 하나님의 백성들은 공중의 나는 새가 아니고, 하늘의 영들인 비둘기 같은 성령들이 임하는 거다.

> 그 잎사귀는 아름답고 그 열매는 많아서 만민의 식물이 될 만하고 들짐승은 그 아래 거하며 공중에 나는 새는 그 가지에 깃들이더라 하시오니(단4;21)

잎사귀는 성도들이다. 큰 교회들도 그렇다. 성경의 새는 크게 두 가지다. 비둘기는 성령을 나타내는 것이고, 참새는 알곡을 까먹는 악령을 상징하는 거다. 여기에 큰 별이라고 해서 사람들이 우글거리나 거기가 바벨론 나무가 된다. 그 나무에 새가 깃들면 전부 죽는다.

예수께서 초림 때 '나는 포도나무요 내 아버지는 농부다'고 하셨다. 예수님 자체가 참 포도나무시다. 그러므로 우리는 참 포도나무에 내 영혼을 접붙여야 영원히 살 수 있다. 따라서 성경에서 밝히고자 하는 주된 내용은, 이 땅에 거하는 자들은 전부 심판 받는다. 그러나 땅에 있는 성도는 존귀한 자다. 그러므로 회개하고 죄사함을 받으면 하나님의 영이 그들과 동행하면서 주님이 계시는 보좌(지성소)로 끌어 올리신다. 그러면 흑암(심판)에서 사랑의 아들의 나라(영생)로 옮겨진다.

따라서 계시록 8장의 전체 내용은, 예수님이 마지막 일곱째 인을 떼시는 것을 6장에서 떼고 7장은 삽입장이다. 8장에서 일곱인 중에 하나를 마지막에 떼시는데 일곱 나팔을 가졌다. 아울러 계시록 6장에서는 여섯째 인까지만 떼셨고 나머지 하나의 인이 남았다. 무엇보다 7장에서 14만 4천을 가리키시고, 8장에서 남은 하나를 떼시는데 그때 일곱 나팔을 받았다.

나팔은 증거의 나팔이다. 교회에 악한(거짓 선지자) 자가 많이 들어와서 하나님의 백성들을 꾀고 있으니 이들을 경계하라는 나팔이다. 오늘날 이들(교회)이 바로 하나님을 배도한 자들이다. 그러므로 교회(목사)가 우상(탐심)을 섬기므로 잘못(혼잡)된 교리(성경말씀)로 교인들한테 전하는 목사들을 향해 그것이 잘못되었다는 것을 지적하는 것이 증거의 나팔을 부는 거다.

따라서 첫째 천사가 나팔을 부니까 땅(교인)의 삼분의 일과 각종 풀(교인)들도 타서 심판을 받는다. 그리고 둘째 천사가 나팔을 부니까 큰 산(조직체)이 바다(세상)에 던져진다. 즉 산(조직체)이 제자리(교회)에서 옮겨지는 것이다. 이걸 이해해야한다. 산과 섬이 제자리에서 옮긴다는 것은. '하늘은 종이 축이 말리는 것같이 떠나가고 각 산과 섬이 제 자리에서 옮기우매(계6;14)'

성경을 모르는 무지한 사람들은 핵전쟁이 날아든다고 생각한다. 이 조직체가 바로 산이고 섬이다. 즉 교회에 짐승(이단과 거짓목사)이 들어와서 그 자리를 차지하는 거다. 그게 바로 주인이 옮겨지는 것으로 타인의 소유로 바꿔어지는 것이다.

> 여호와께서 말씀하시되 내가 그 땅 거민에게 내 손을 펼 것이즉 그들의 집과 전지와 아내가 타인의 소유로 이전되리니(렘6;12)

다른 사람한테 전지가 다 이전되는 거다. 즉 교회가 거짓말을 일삼으니까 짐승(이단)한테 끌려가는 것이 타인의 소유로 이전되는 그것이다. 이를 달리 표현하면 하나님의 백성이 무지함으로 인해 사단(신천지)한테 사로잡혀 간다는 뜻이다.

> 너희는 예루살렘 거리로 빨리 왕래하며 그 넓은 거리에서 찾아보고 알라 너희가 만일 공의를 행하며 진리를 구하는 자를 한 사람이

라도 찾으면 내가 이 성을 사하리라.(렘5;1)

　이 땅이 기괴하고 놀라운 일이 있도다. 선지자들은 거짓을 예언하며 제사장들은 자기 권력으로 다스리며 내 백성을 그것을 좋게 여기니 그 결국에는 너희가 어찌 하려느냐(렘5;30-31)

　오늘날 교회(목사)들한테 하는 소리다. 교회(목사)에 진리를 찾는 사람들이 한 사람도 없다는 뜻이다. 그러니까 땅(교인) 삼분의 일이 다른 곳으로 옮겨가는 거다. 이게 종교세계(교회)의 이야기고 백성(교인)들의 이야기다.
　따라서 계시록 8장의 내용은 큰 산(조직체)들이 바다(세상)에 던져지듯이, 교회들이 세상(탐심)으로 떠내려가는 것이다.
　아울러 세째 천사가 나팔을 부니까 별이 하늘에서 떨어져 강들의 삼분의 일이 떨어졌다. 강은 제자들이며 전도사, 목사 등을 나타낸다. 그들한테 떨어지므로 쑥이 된다. 즉 심판 받는 내용이다.
　넷째 천사가 나팔을 부니까 해달별 들의 삼분의 일씩 침노를 당한다. 즉 하나님의 선민들이 이단한테 다 사로잡혀가므로 없어지는 거다. 지금 교회가 깨닫지 못하니까 이단이나 거짓 목사한테 전부 미혹되어 있다.
　그러나 계시록 7장에서 흰옷 입고 올라온 사람들이 있는데 이들이 진리를 증거 하는 자들이며 신령과 진정으로 예배를 드리는 하나님의 인침을 받은 자들이다. 아울러 진리의 말씀으로 성경을 전하지 않고, 땅에 속하여 육신의 생각으로 전하는 자들한테는 반드시 화(재앙)가 있다. 그러므로 계시록 8장에서 교회가 침노를 받아 없어지고, 그리고 다시 건설하는 거다.
　따라서 6장에서 인을 떼시고 8장에서 일곱째 인을 떼실 때 일곱 나팔이 바로 주님의 나팔이다. 주님을 따라서 간 사람들이 부는 나팔이다. 나팔 또한 육체다. 사람을 들어서 나팔을 불게 하는 거다. 그러나 부는 것은 천사(영)가 분다. 사람을 들어서 증거를 해야 하기 때문에 천사(영)가 나팔을 분다. 천사 자체가 영이다. 하나님은 영(말씀)이시다. 그러므로 심판도 하나님께서 사람들을 시켜 말씀으로 심판케 하신다. 따라서 부는 자의 입에 거짓말이 들어가면 거짓말만 나오는 사람이고, 진리의 말이 들어가면 그 입에서 진리의 말만 전하는 사람이 된다.

아울러 하나님이 부리는 사람(성도)들한테 천사(영)가 내려오므로 성경을 대할 때 반드시 하나님의 말씀만 그대로 듣고 전할 때도 그대로 대언만 한다. 천사 자체가 하나님이 부리는 영이기 때문에 구약의 예레미야나 이사야나 에스겔처럼 하나님의 말씀만 그대로 대언 했다.

따라서 오늘날의 하나님의 사람들도 사도요한이나 베드로나 야고보나 바울처럼 천사들과 늘 공존하기 때문에 진리의 말씀만 그대로 대언한다. 이들한테는 첫째 거짓말이 없고 둘째는 치료하는 광선이 늘 비쳐지고 있다. 그러므로 이들이 말씀을 전하면 그대로 예수 그리스도의 영(말씀)이 심령에 침투하므로 영혼이 구원된다. 이 또한 이들이 하는게 아니고 그리스도의 영이 하는 것이다.

9장
누구와의 전쟁인가?

1. 무저갱의 열쇠를 받은 사단

　예수님이 곧 하나님이시다. 그러므로 그 길을 따라가야 천국(영생)의 문이 열린다. 그 길을 따라간 사람들은 날마다 죽어야 한다. 그런데 구원 받은 사람들조차도 육의 몸을 입다보니 어느 때는 하나님의 말씀이 들어오는가 하면, 어느 때는 육신의 생각이 수시로 들어온다. 그러기 때문에 날마다 자기가 죽는 연습을 해야 한다. 죽지 않으면 하나님께서 직접 개입하셔서 연단의 과정을 겪게 한다. 그러기에 간혹 질병이나 파산 혹은 가족간의 죽음 또는 부부파경 등으로 하나님의 징계를 경험하게 한다. 그러므로 성도한테의 신앙생활에 있어 십자가의 도를 좇는 길이 그리 만만치만은 않은 거다. 그렇지만 그런 과정을 겪고 나야 믿음의 성숙도 한소끔 성숙될 수 있다. 따라서 어느 정도 말씀이 심령 안에 차곡차곡 쌓여져 자기가 완전히 죽어 부인되면, 그때 영이 부활 된다. 그게 믿음이고 믿는 자가 되면 그리스도의 영이 함께 하므로 하나님의 자녀가 되는 권세를 얻게 된다. 그러나 육적인 생각에 사로잡히면 그들은 전부 무저갱으로 떨어진다.

> 다섯째 천사가 나팔을 불매 내가 보니 하늘에서 땅에 떨어진 별 하나가 있는데 저가 무저갱의 열쇠를 받았더라(계9;1)

하늘에서 떨어진 별이 하나님의 말씀을 배반한 영들이다. 하나님의 명을 최초로 배반한 자가 아담이다. 그러므로 첫 사람 아담은 에덴이란 낙원에서 하나님께 직접 영생을 보장 받았지만 그 명을 어기므로 사망으로 떨어졌다. 하나님의 명을 어기면 심판이고 순종하면 구원이다.

그래선지 하나님의 말씀을 배반한 모든 사람들은 무저갱이라 진리의 말씀을 아무리 부어주어도 밑이 없기 때문에 그냥 듣고 흘러버린다. 그러나 택정한 하나님의 백성들은 성경(하나님의 말씀)을 보고 듣고 깨달아 복을 받게 된다. 아울러 무저갱이 사단의 조직체다.

> 너 아침의 아들 계명성이여 어찌 그리 하늘에서 떨어졌으며 너 열국을 엎은 자여 어찌 그리 땅에 찍혔는고. 네가 네 마음에 이르기를 내가 하늘에 올라 하나님의 뭇별 위에 나의 보좌를 높이리라 내가 북극 집회의 산 위에 좌정하리라. 가장 높은 구름에 올라 지극히 높은 자와 비기리라 하도다(사14;12-14)

계명성은 하늘에서 떨어졌기 때문에 하늘의 비밀을 너무나 상세히 잘 알고 있다. 그렇기 때문에 떨어진 그 마음에 다른(거짓) 영이 들어간 거다. 그러기에 하늘에서 떨어진 별은 자기가 하나님과 동등 됨을 나타내려 한다. 그러므로 이 땅에서 재림주다.

보혜사라 하는 이단들은 다 하늘에서 떨어진 별들이라 생각하면 된다. '그러므로 사랑하는 자들아 너희가 이것을 미리 알았은즉 무법한 자들의 미혹에 이끌려 너희 굳센 데서 떨어질까 삼가라(벧후3;17)' 이와 같이 하나님의 법이 없는 자들은 사단(이단) 한테 미혹되어 끌려간다. 그러므로 내 영혼이 하나님의 말씀에서 떨어졌는가를 항상 주의해야 한다.

형제들아 너희가 삼가 혹 너희 중에 누가 믿지 아니하는 악심을 품고 살아계신 하나님에게서 떨어질까 염려할 것이요(히3;12)

예수님의 말씀에서 떨어지는 것이 악심이다. 하나님의 손에서 떨어지면 악한 마음이 생긴다. 그러기에 예수께서 죄인된 우리를 위해 십자가를 지시기 위해 이 땅에 오셨다. 그리고 십자가에 달리시기 바로 전에도 우리의 믿음을 위해 늘 기도해 주셨다. 따라서 지금도 주님께서는 하늘 보좌에서 우리의 믿음을 위해 항상 기도해 주시고 있기 때문에 우리가 하나님의 사역을 감당해 낼 수 있는 거다.

시몬아 시몬아 보라 사단이 밀 까부르듯 하려고 너희를 청구하였으나 그러나 내가 너를 위하여 네 믿음이 떨어지지 않기를 기도하였노니 너는 돌이킨 후에 네 형제를 굳게 하라(눅22;31-32)

하나님의 영이 심령 안에 거하면 '주는 그리스도요 살아계신 하나님의 아들이다'라고 고백할 수 있는 베드로가 되지만, 밖에 있으면 그저 시몬에 불과하다.
따라서 베드로한테 왜 돌이키게 하느냐 하면 그래야 하나님의 은혜임을 깨닫고 믿음을 굳건히 잡을 수 있기 때문이다. 아울러 베드로는 주님의 말씀대로 첫 닭이 울기 전에 세 번 부인해야 주님의 말씀이 그대로 응하게 된다. 누구라도 하나님의 말씀(영)에서 떨어지면 제자였던 가룟 유다가 그랬던 것처럼 교회들도 예수님의 말씀에서 떨어지면 다 사단이 된다.

> 열둘 중에 하나인 가룟유다가 예수를 넘겨주려고 대제사장들에게 가매(막14;10)

가룟유다는 예수님의 제자다. 그럼에도 말씀에서 떨어지니까 하나님이신 예수님을 팔아먹을 생각까지 하게 되었다. 그러므로 사단의 처소가 지옥이다. 따라서 믿음에서 떨어지면 교회와 세상(바벨)이 하나가 된다.

또한 열쇠는 지식이다. 무저갱의 열쇠는 지옥으로 가는 열쇠(지식)고, 다윗의 열쇠는 천국으로 가는 열쇠이다. 그러므로 성도라면 지식과 지혜인 다윗의 열쇠를 가져야 한다. 다윗의 열쇠에 관한 예언서는 '내가 또 다윗의 열쇠를 그의 어깨에 두리니 그가 열면 닫을 자가 없겠고 닫으면 열 자가 없으리라(사22;22)' 와 '거룩하고 진실하사 다윗의 열쇠를 가지신 이 곧 열면 닫을 사람이 없고 닫으면 열 사람이 없는 그이가 가라사대(계3;7절)'이다. 따라서 천국 열쇠는 지금은 예수님의 제자들이 갖고 있다.

> 내가 천국 열쇠를 네게 주리니 네가 땅에서 무엇이든지 매면 하늘에서도 매일 것이요 네가 땅에서 무엇이든지 풀면 하늘에서도 풀리리라(마16;19)

이와 같이 주님께서 천국 열쇠를 베드로한테 주셨다. 열쇠는 지식이므로 받을 수 있는 자격을 뜻한다. 예수께서 '너희는 나를 누구라 생각하느냐'고 물었을 때 베드로가 예수님을 보고 살아 계신 하나님의 아들이라고 바로 그 자리서 신앙고백을 했다. 이 때 그리스도의 영이 베드로한테 임했기 때문에 즉 믿음이 들어왔 기에 천국의 열쇠(지식)를 소유할 수 있었다.

따라서 나팔 부는 사람이 성령으로 나팔을 불면 그 말씀이 예수님의 말씀과 같다는 것을 인정해야 한다. 그러나 그 입에 육신의 생각이 들어가면 아니다. 예수님을 볼 수 있는 눈은 육신(사람)이 알게 한 게 아니라, 하늘에 계신 아버지(성령)께서 알게 하신 것이다. 그러므로 진리의 영이 심령 안에 거한 사람들은 사단의 영을 절대 받아들이지 않는다.

> 저가 무저갱을 여니 그 구멍에서 큰 풀무의 연기 같은 연기가 올라오매 해와 공기가 그 구멍의 연기로 인하여 어두워지며(계9;2)

공기는 소문 즉 풍문이다. 그런데 그 구멍에서 '연기 같은 연기' 가 올라와 그 연기로 인해 해와 공기가 어두워 졌다. 연기는 하나님의 거룩과 현현을 나타낼 때 주로 등장한다. 그런데 무저갱을 열었는데 그냥 연기가 아니라 연기 같은 연기라고 했다. 그야말로 풍문(소문)의 속임수다.

이는 사단이 하나님의 흉내를 내어 하나님의 인을 받지 않은 자들을 미혹케 해서 심판의 자리로 데려감을 나타낸 말이다. 그러기에 해와 달이 어둡게 된 거다. 진짜 하나님의 현현은 거룩한 연기요, 창조의 연기다. 또한 '빛이 있으라'의 연기다. 그런데 하나님의 인을 받지 않은 사람들은 그 연기 같은 연기에 속아 결국 사망으로 떨어진다. 그러므로 다섯 번째 나팔을 부니까 하늘에서 떨어진 별이 무저갱(지옥)의 열쇠(거짓교리)를 받아들었다. 그러나 하나님의 인을 맞은 사람들은 '볼찌어다 세세토록 살아 있어 사망과 음부의 열쇠를 가졌노라(계1;8)' 이같이 예수께서 사망과 음부의 열쇠까지 갖고 계시기에 이제는 그 열쇠가 예수님의 제자들인 우리한테 주어졌다.

  또 내가 보매 천사가 무저갱 열쇠와 큰 쇠사슬을 그 손에 가지고 하늘로서 내려와서(계20;1)

 그러니까 무저갱의 열쇠를 그 떨어진 별에게 주신 분이 바로 그 열쇠를 갖고 계신 예수 그리스도시라는 점이다. 성경에서 '별이 땅에 떨어지다' 라는 표현은 악한 천사와 사단이 떨어질 때 주로 쓰이는 표현이다.

  예수께서 이르시되 사단이 하늘로서 번개 같이 떨어지는 것을 내가 보았노라.(눅10;18)

 믿음에서 떨어진 악한 영이 교회에 들어와 세상과 하나가 되어 혼잡된 것이 바벨론(교회)이다. 그러므로 하늘에서 땅으로 떨어진 별은 하나님의 심판의 도구로 쓰이는 사단의 실체들이다. 그래서 그가 무저갱의 열쇠를 받았다고 한 거다. 따라서 예수께서 음부나 천국의 열쇠를 갖고 계시기 때문에 예수께서 열어주면 닫을 사람이 없고, 닫으면 열 사람이 없는 거다. 예수님 자체가 문이요 열쇠다. 그러기에 예수님의 제자도 이와 마찬가지다. 둘째 장막(지성소)에 올라간 사람들은 마음 문만 열면 예수님의 말씀(영)이 들어온다.

  볼찌어다 내가 문밖에 서서 두드리노니 누구든지 내 음성을 듣고 문을 열면 내가 그에게로 들어가 그로 더불어 먹고 그는 나로 더불

어 먹으리라(계3;20)

이와 같이 마음 문을 열어 놓으면 예수님이 들어오신다고 하셨다. 또한 예수님은 우리가 먹는 양식(말씀)이기에 함께 먹는다는 것 자체가 예수님의 소속이 되는 것을 뜻한다.

> 나는 하늘에서 내려온 산 떡이니 사람이 이 떡을 먹으면 영생하리라 나의 줄 떡은 곧 세상의 생명을 위한 살이로다. 인자의 살을 먹지 아니하고 인자의 피를 마시지 아니하면 너희 속에 생명이 없느니라. 내 살을 먹고 내 피를 마시는 자는 영생을 가졌고 마지막 날에 내가 그를 다시 살리리니. 내 살은 참된 양식이요 내 피는 참된 음료로다. 내 살을 먹고 내 피를 마시는 자는 내 안에 거하고 나도 그 안에 거하나니. 살아 계신 아버지께서 나를 보내시매 내가 아버지로 인하여 사는 것같이 나를 먹는 그 사람도 나로 인하여 살리라. 이것은 하늘에서 내려 온 산 떡이니 조상들이 먹고도 죽은 그것과 같지 아니하여 이 떡을 먹는 자는 영원히 살리라.(요6;51-58)

내 살과 피가 예수님의 말씀이다. 우리가 주님의 말씀을 먹는 것이 곧 예수님을 먹는 거다. 그러므로 성도는 주님께서 주신 살과 피를 먹어야 주님의 제자인 베드로한테 주신 그 천국의 열쇠를 소유할 수 있다.

> 화 있을찐저 너희 율법사여 너희가 지식의 열쇠를 가져가고 너희도 들어가지 않고 또 들어가고자 하는 자도 막았느니라(눅11;52)

서기관과 바리새인들은 마귀의 자식이라 하나님이신 예수님을 직접 보고 듣고 증거 했는데도 믿지 않았다. 그들이 사단이고 짐승이며 무저갱이다. 즉 오늘날 사단에 소속되어 있는 모든 이단들과 교회의 거짓 선지자(목사)들이다.

> 저희가 그 증거를 마칠 때에 무저갱으로부터 올라오는 짐승이 저희로 더불어 전쟁을 일으켜 저희를 이기고 저희를 죽일 터인즉 (계11;7)

이와 같이 무저갱에 올라온 짐승들이 하나님의 백성들과 싸워 이기고 있다. 그러므로 짐승들은 아무리 하나님 말씀을 전해도 밑빠진 구덩이라 그 말씀이 들어가지 않고 전부 흘러들고 만다. 무저갱의 사자가 있는 교회에도 그들만의 임금(교주)이 있다. 따라서 일곱 머리 열 뿔의 무저갱의 사자가 '저희에게 임금이 있으니 무저갱의 사자라 히브리 음으로 이름은 아바돈이요 헬라 음으로 이름은 아볼루온이더라(계9;11)' 아바돈은 멸망이요, 아볼루온은 파멸이다. 이들의 짐승이 첫 장막(교회)에 들어와 교회를 파멸시키고 있다. 따라서 성경전체를 살펴보면 창세기에서는 아담의 세계를 뱀이 멸망시켰고, 초림 때는 서기관과 바리새인들이 파멸시켰으며, 계시록 때는 뱀, 용, 사단, 마귀가 온 천하를 꾀고 있다. 그러나 지금은 이단(특히 신천지)과 거짓선지자들이 교인들을 꾀고 있다.

> 큰 용이 내어 쫓기니 옛 뱀 곧 마귀라고도 하고 사단이라고도 하는 온 천하를 꾀는 자라 땅으로 내어 쫓기니 그의 사자들도 저와 함께 내어 쫓기니라(계12;9)

사단의 임무는 하나님의 백성들이 거하는 첫 장막(교회)에 들어와서 백성들을 파괴시키는 일이다. 따라서 현존하는 교회들이 육신의 생각에 미혹되어 바벨로 혼잡되어 가니까 지금 이단(용)들이 교회에 잠입하여 파괴, 파멸, 이간, 분리 등을 자행하고 있다. 무저갱의 사자인 이만만의 군대가 바로 사단 마귀인 이단의 조직체로 악령의 군대들이다. 그러므로 성도라면 자기 십자가를 지고 주님의 그 길(말씀)만을 좇아야 이단한테 끌려가지 않는다.

> 또 황충이 연기 가운데로부터 땅 위에 나오매 저희가 땅에 있는 전갈의 권세와 같은 권세를 받았더라(계9;3)

연기 속에서 나오는 것들이 있는데 그게 무저갱에서 나오는 황충들이다. 즉 메뚜기로 황충 자체가 곡식을 먹어치우는 재앙의 상징들이다. 요한은 구약 성경에 나타난 메뚜기의 이미지를 사용해서 그 재앙의 엄청난 파괴력을 주지시키고 있다. 당시는 메뚜기가 한번 지나가면 그 지나간 자리에 전쟁터를 방불케 할 만큼 대풍과 같은 엄청난 폐허가 되었다. 그리고 메뚜기 때의 수가 어마어마하여 하늘을 덮으면 해가 가려져 먹구름 낀 것같이 보였다. 또한 갑자기 나타났다가 갑자기 사라지는 신출귀몰한 곤충 같아서 사도요한은 마귀의 세력들이 그만큼 강하다는 것을 나타내기 위해 이와 같이 황충으로 표현했다.

> 진을 치고 가사에 이르도록 토지 소산을 멸하여 이스라엘 가운데 식물을 남겨두지 아니하며 양이나 소나 나귀도 남기지 아니하니. 이는 그들이 그 짐승과 장막을 가지고 올라와서 메뚜기 떼 같이 들어오니 그 사람과 약대가 무수함이라 그들이 그 땅에 들어와 멸하려 하니(삿6;4-5)

주 여호와께서 내게 보이신 것이 이러하니라 왕이 풀을 벤 후 풀이 다시 옴 돋기 시작할 때에 주께서 황충을 지으시매. 황충이 땅의 풀을 다 먹은지라 내가 가로되 주 여호와여 청컨대 사하소서 야곱이 미약하오니 어떻게 서리이까 하매(암7;1-2)

이와 같이 엄청난 파괴력을 갖고 모두 먹어치우는 것이 메뚜기다. 그런데 그 메뚜기인 마귀들이 땅에 있는 전갈의 권세와 같은 권세를 받았다고 했다. 그리고 그 권세를 이용해서 하나님의 인을 받지 못한 자들만 쏘고 있다. 황충(이단)의 파괴력과 번식력이 이렇듯 어마어마하게 빠르고 무섭다.

팟종이가 남긴 것을 메뚜기가 먹고 메뚜기가 남긴 것을 늣이 먹고 늣이 남긴 것을 황충이 먹었도다.(욜1;4)

황충이 알고 보면 이족이다. 즉 다른 족속이다.

한 이족이 내 땅에 올라왔음이로다 그들은 강하고 무수하며 그 이는 사자의 이 같고 그 어금니는 암사자의 어금니 같도다. 그들이 내 포도나무를 멸하며 내 무화과나무를 긁어 말갛게 벗겨서 버리니 그 모든 가지가 하얗게 되었도다(욜1;6-7)

하나님의 신(말씀)이 없는 자들은 이와 같이 이족(이단)한테 내 영혼이 잡혀 병들어 버린다. 아울러 이족(이단)은 하나님께서 심판의 도구로 사용하고 나서 전부 불 못에 던져 버릴 지옥의 땔감용들이다.

내가 전에 너희에게 보낸 큰 군대 곧 메뚜기의 늣과 황충과 팟종이의 먹은 햇수대로 너희에게 갚아주리니(욜2;25)

계시록 9장에서의 이만만의 군대를 알려면 먼저 사단의 정체를 알아야 한다. 전갈은 뱀 종류다. 연기는 하나님의 거룩이나 현현을 나타날 때 사용되지만 주로 심판할 때 쓰이므로 이게 바로 고난이다.

> 그 고난의 연기가 세세토록 올라가리로다 짐승과 그의 우상에게 경배하고 그 이름의 표를 받는 자는 누구든지 밤낮 쉼을 얻지 못하리라 하더라(계14;11)

이와 같이 짐승과 우상한테 경배하면 밤낮 쉼을 얻지 못한다. 교회에 가면 주일예배를 시작으로 수요예배. 새벽예배. 금요예배 등 시종일간 예배에 참석해야 한다. 또한 애경사들을 거미줄처럼 짜고 있어 교회에 한번 발을 디디면 그곳에서 헤어 나오기 힘들다. 일반 교회들도 그런데 이단의 대표격인 신천지는 어떠하겠는가? 그러므로 신천지에 한번 빠졌다 하면 그 조직에서 빠져 나가기가 하늘의 별따기 보다 더 힘들다. 신천지는 한번 잡은 고기는 절대 놓치지 않고 감시하여 훈련시키기 때문에 거기서 빠져나오기가 매우 어렵다.

> 독사의 알을 품으며 거미줄을 짜나니 그 알을 먹는 자는 죽을 것이요 그 알이 밟힌즉 터져서 독사가 나올 것이니라. 그 짠 것으로 옷을 이룰 수 없을 것이요 그 행위로는 자기를 가리울 수 없을 것이며 그 행위는 죄악의 행위라 그 손에는 강포한 행습이 있으며
> (사59;4-5)

사단의 교리는 거미줄로 짰기 때문에 그들의 소속이 되면 거미줄처럼 얽키고 설켜서 나오라고 해도 사방에 걸려 나오지를 못한

다. 그러나 그들한테도 하나님의 말씀이 들어가면 그 거미줄을 과감하게 잘라내고 그리스도의 영(말씀) 안으로 돌아올 수 있다.

> 저희에게 이르시되 땅의 풀이나 푸른 것이나 각종 수목은 해하지 말고 오직 이마에 하나님의 인 맞지 아니한 사람들만 해하라 하시더라(계9;4)

사단(황충)한테 이마에 하나님의 인을 맞지 않은 사람들만 해하라 하신다. 이는 하나님을 배반한 교회들한테 사단을 들어 심판하신다는 것을 나타낸 말이다. 그럼에도 사단이 손을 대지 못하는 곳이 딱 한군데가 있다. 하나님의 인을 맞고 지성소로 올라온 사람들한테는 사단이 해하지 못한다. 이들한테는 생각과 마음에 하늘의 소유권을 상징하는 하나님의 인이 박혀있어 그 누구도 손을 대지 못한다. 이들이 바로 하나님의 증거를 받은 자들이며 또한 하나님께서 참되시다 인 치신 성령을 받은 하늘나라 백성들이다.

> 위로부터 오시는 이는 만물 위에 계시고 땅에서 난 이는 땅에 속하여 땅에 속한 것을 말하느니라 하늘로서 오시는 이는 만물 위에 계시나니. 그가 그 보고 들은 것을 증거하되 그의 증거를 받는 이가 없도다. 그의 증거를 받은 이는 하나님을 참 되시다 하여 인쳤느니라. 하나님이 보내신 이는 하나님의 말씀을 하나니 이는 하나님이 성령을 한량없이 주심이니라(요3;31-34)

그러므로 예수 그리스도의 증거를 받는 자들한테는 생각과 마음에 하나님의 법이 기록되어 있어 늘 보호를 받고 있다. 무엇보다 성경은 창세기부터 말라기까지 오실 자 예수 그리스도가 구원자이심을 증거 했고, 구약의 모든 선지자들의 글 또한 예수께서 이 땅에 출현하여 십자가에 달리시므로 모두 완성되었다.

그래서 마태복음 1장 서두에 '아브라함과 다윗의 자손 예수의 세계'라고 했다. 아브라함은 믿음의 조상이고 열국의 아버지다. 다윗은 새로운 왕이다. 그러므로 주님의 그 말씀이 우리한테는 교훈이고 생명을 살리는 영혼의 안식처며 구원의 양식이 된다.

따라서 신약에 말씀한 내용이 언제 다 풀어지느냐하면 계시록 1장 1절의 예수그리스도의 계시로 시작되므로 그리스도의 영(성령)이 오셔야 모든 성경이 열어진다. 초림 때는 말씀이 육신이 되신 예수님 그 자체가 하나님의 계시였고, 계시록에서는 그리스도의 말씀을 제자인 사도요한한테 주셨으므로 계시록의 말씀을 열려면 하나님의 비밀인 예수 그리스도를 깨달아야 한다. 그 안에는 지혜와 지식의 모든 보화가 있다. 아울러 '이는 저희로 위안을 받고 사랑 안에서 연합하여 원만한 이해의 모든 부요에 이르러 하나님의 비밀인 그리스도를 깨닫게 하려 함이라. 그 안에는 지혜와 지식의 모든 보화가 감춰어 있느니라(골2;2-3)'의 이 말씀이 깨달아져야 성경이 열린다.

그런 자들은 성경 말씀에 덧붙여 자기 말(육신의 생각)이 나오지 않는다. 사도요한이 '예수의 행하신 일이 이외에도 많으니 만일 낱낱이 기록된다면 이 세상이라도 이 기록된 책을 두기에 부족할 줄 아노라(요21;25)' 이처럼 말한 것같이 깨달은 것만 증거해도 다 못하는데 어찌 성경 말씀에 없는 자기 생각까지 넣어 마치 하나님의 말씀인양 전할 수 있겠는가!

그러기에 황충(이단)들을 들어 교회의 심판에 사용하신 것도 성경을 깨닫고 보면, 이 또한 하나님의 작정이고 계획임을 알게 된다. 하나님을 배도한 교회들을 잡아먹게 하신 이유가 거기서 깨달은 자는 회개하고 돌아올 것이요, 그렇지 않고 세상 것에 마음이 빼앗겨 사단한테 사로 잡혀가면 그걸 근거로 마지막 때에 심판을 하기 위함에서다.

주 여호와께서 내게 보이신 것이 이러하니라 왕이 풀을 벤 후 풀이 다시 움트기 시작할 때에 주께서 황충을 지으시매. 황충이 땅의 풀을 다 먹은지라 내가 가로되 주 여호와여 청컨대 사하소서 야곱이 미약하오니 어떻게 서리이까 하매(암7;1-2)

이와 같이 황충(이단)이 와서 풀(육체)부터 다 먹어버린다. 풀이 사람이다. 이게 성경이다. 하늘(지도자)과 땅(교인)에 동일한 말씀으로 심판을 받는 것이 첫 장막(교회)이다. 처음 하늘에 거한 자들만 해하라 하셨으므로 내 영혼이 둘째 하늘(지성소)로 올라가면 이러한 재앙에서 벗어날 수 있다.

말하는 자의 소리여 가로되 외치라 대답하되 내가 무엇이라 외치리이까 가로되 모든 육체는 풀이요 그 모든 아름다움은 들의 꽃 같으니. 풀은 마르고(사40;6-7)

이와 같이 육체가 풀(백성)이다. 그 백성이 하나님을 배도하니까 황충이 와서 먹어버리는 거다. 황충이나 사단이나 마귀인 모든 피조물들은 다 하나님이 만드셨다. 뱀(사단)도 하나님이 만드셨는데 그 뱀을 사용해 하나님의 명을 어긴 배도(첫사람 아담)한 교회들을 심판하기 위해서다. 또한 하나님께서 사단을 만드신 또 다른 이유에는 온전히 순종하는 자를 찾기 위해서다. 이 땅에서 하나님의 뜻을 온전히 수행하고 가신 분은 예수님 한 분뿐으로, 순종의 본을 철저히 보여주고 가셨다.

그러기에 성도들 또한 육신의 생각을 완전히 비어버려야 그 안에 그리스도의 영이 거할 수 있게 된다. 그렇지 않으면 황충(이단)한테 다 잡아먹힌다. 그러니까 첫장막인 교회에서 빨리 회개하고 나와야 한다. 하나님께서는 인생들을 기다리지 않으신다. 그러므로 하나님을 배도한 그 자리에서 속히 탈출해야 한다.

> 야곱의 남은 자는 많은 백성 중에 있으리니 그들은 여호와에게로서 내리는 이슬 같고 풀 위에 내리는 단비 같아서 사람을 기다리지 아니하며 인생을 기다리지 아니할 것이며(미5;7)

하나님의 참 교회는 영생 자체가 단비 같아서 이 땅의 복을 추구하지 않는다. 또한 그런 교회는 헌금을 위해 교회로 유인하지 않고 세상 복으로 유혹하여 거짓으로 교회로 오게끔도 하지 않는다. 그러므로 '적은 무리여 무서워 말라 너희 아버지께서 그 나라를 너희에게 주시기를 기뻐하시느니라(눅12;32)' 이와 같이 하나님의 참된 종들은 이 땅에 그리 많지 않고 그 숫자도 극히 적다. 따라서 하나님의 은혜가 충만한 자들이 세상에서 무엇이 두렵고 무섭겠는가?

> 그러나 그들은 죽이지는 못하게 하시고 다섯 달 동안 괴롭게만 하게 하시는데 그 괴롭게 함은 전갈이 사람을 쏠 때에 괴롭게 함과 같더라(계9;5)

전갈이 사람을 쏠 때의 아픔 같은 무지무지한 고통을 믿지 않는 자들에게 쏟아 붓는다. 구약에서 전갈이 등장하는 곳은 하나님의 은혜의 통치 영역 밖에서 있는 자들이나, 또한 그런 자들이 사는 세상을 지킬 때 주로 사용한다.

> 이 자손은 얼굴이 뻔뻔하고 마음이 강퍅한 자니라 내가 너를 그들에게 보내노니 너는 그들에게 이르기를 주 여호와의 말씀이 이러하시다 하라. 인자야 너는 비록 가시와 찔레와 함께 처하며 전갈 가운데 거할 지라도 그들을 두려워 말고 그 말을 두려워 말지어다 그들은 패역한 족속이라도 그 말을 두려워 말며 그 얼굴을 무서워 말지어다.(겔2;4.6)

이와 같이 세상을 상징하는 광야를 전갈이 있는 곳이라고 표현했다.

> 두렵건대 네 마음이 교만하여 네 하나님 여호와를 잊어버릴까 하노라 여호와는 너를 애굽 땅 종 되었던 집에서 이끌어 내시고. 너를 인도하여 그 광대하고 위험한 광야 곧 불뱀과 전갈이 있고 물이 없는 간조한 땅을 지나게 하셨으며(신8;14-15)

그러니까 황충이 전갈을 쏘는 것처럼 믿지 않는 자들을 괴롭게 한다는 이 말의 진위는 세상 속에서 사는 사람들은 그들의 죄가 스스로를 고통스럽게 쏜다는 말과 같은 뜻이다. 하나님을 알지 못하는 자들이 이 땅에서 추구하는 것은 물질적 풍요와 부귀영화다. 이런 것들이 낳은 열매가 미움, 다툼, 시기, 질투, 전쟁, 경쟁, 분냄 등이다. 이것들이 바로 자기가 만들어낸 전갈에 쏘는 것이다. 그게 바로 사단이 무저갱에 갇혀 신음하는 현상과 똑같다.

이와 같이 사단을 들어 교회를 치게끔 허락하신 것도 하나님이요, 심판 받을 자들한테 도리어 그 심판을 행하라고 하신 분도 주님이시다. 그러나 그 기간이 다섯 달이다. 다섯 달은 노아의 홍수 때 비가 150일 동안 내렸다. 바로 하나님의 심판의 기간의 상징이다. 심판의 기간 동안 세상을 비로 다 쓸어버려 죽었지만 하나님의 백성들은 방주(십자가)에 의해 보호를 받고 살아난 기간이 바로 다섯 달이다. 그러기에 오직 이마에 인 맞지 않은 사람만 해하지 못하게 하신 것이다. 성도는 그만큼 하나님의 소유다. 그러므로 이 땅에서 해하게 할 권세를 가진 자가 하나님이 부리는 천사(영)들임을 알아야 한다.

> 그 날에는 사람들이 죽기를 구하여도 얻지 못하고 죽고 싶으나 죽음이 저희를 피하리로다(계9;6)

이 뜻은 사람들이 죽기를 구하여도 죽지 못하는 곳이 바로 영원한 지옥이다. 세상의 가치를 추구하는 죄인들한테는 이 땅 자체가 바로 지옥이란 뜻이다.

이 땅에서 일어나는 모든 일들은 즉 전쟁과 다툼과 시기와 질투와 살인과 성냄과 미움 이런 것들이 알고 보면 탐심 때문에 일어나는 일들이다. 그게 지옥이다.

그러나 하나님께서 우리한테는 전갈을 밟을 수 있는 권세를 주셨다. 그러므로 우리의 마음속에 욕심과 탐욕이 솟구칠 때 하나님의 말씀에 의지해서 그것들을 물리칠 수 있는 힘을 주셨다. 믿음에 의해 탐심들을 물리 칠 때 비로소 진짜 하나님의 인을 받은 사람들이 된다. 따라서 메뚜기와 전갈의 독에 중독되지 않고 살아갈 때 비로소 하늘 소망만을 바라보고 살아가는 성도가 된다.

모든 교회가 우상(탐심)만 숭배하다보니 사단의 회들로 가득 차다. 따라서 오늘날의 교회가 예수를 입으로만 믿지 실제로는 믿지 않는다. 믿으면 성령(성경)의 소리(말씀)를 들을 수 있게 된다. 교회가 성령의 소리를 듣지 못하다 보니 전부 육신의 생각으로 떨어졌다. 그러니까 설교 단상에서 거의 대부분의 목사들이 탐심이 가득한 짐승(개)의 소리만 짖어댄다.

따라서 육신의 생각을 버리고 주님의 생각으로 바뀌어야 신령과 진정으로 온전한 예배를 드릴 수 있다. 그런 자들만이 이 땅에서 천국을 미리 맛보며 살 수 있다. 그렇지 않고 교회가 성경 말씀에 세상 것을 섞어 전하면 그로 인해 황충이나 전갈한테 쏘임을 받게 된다.

2. 철흉갑으로 무장한 신천지의 활약

예수 그리스도께서 이 땅에 오신 목적이 의롭게 된 자를 부르러 오신 게 아니라 죄인을 구하러 오셨다. 그러므로 자기가 하나님 앞에 죄인이라는 것을 깨달은 자만이 죄를 뉘우쳐 회개할 수 있고 그런 자들만이 예수님을 따라간다. 즉 죄를 뉘우쳐 고치면 그게 바로 의롭게 된 자다.

그런데 교회가 육신의 생각에 사로잡히다 보면 장자의 상속권을 경홀히 여기게 되므로 세상(탐심)으로 떨어져서 복(영생)을 받지 못한다. 하나님께서는 영생의 복을 주시기를 원하는데 이 땅의 교회들은 물질의 복만을 추구하며 목사한테 그 복 달라는 기도만 한다. 그러나 교회한테는 축복권이 없다. 축복이란 복을 비는 것인데 아론(제사장)한테만 있다. 따라서 하나님이 축복을 준 사람은 아론뿐이다. 그러니 이 땅에서 물질의 복을 달라고 기도하는 사람들은 전부 사단한테 미혹당할 수밖에 없다. 왜냐? 그들은 하나님께서 기도하면 쌓을 곳이 없도록 복을 주신다는 목사의 말에 쉽게 넘어가기 때문이다. 교회가 십일조의 중요성과 헌신, 구제, 봉사만을 부추기면 그게 바로 사단이고 황충이다.

황충들의 모양은 전쟁을 위하여 예비한 말들 같고 그 머리에 금

> 같은 면류관 비슷한 것을 썼으며 그 얼굴은 사람의 얼굴 같고
> (계9;7)

황충에 대한 묘사가 무엇을 상징하느냐 하면 바로 전쟁을 예비한 말들 같다. 그리고 그 머리에 금 같은 면류관 비슷한 것을 썼다. 이게 바로 하나님을 흉내 낸 사단의 대표 격인 신천지를 표현한 거다.

성경을 읽다보면 몇천년 전에 쓰여진 말씀임에도 어쩜 그렇게 오늘날의 한국교회와 그렇게 맞아 떨어질 수 있는지 정말 놀랄 때가 많다. 그럴 적마다 전능하신 하나님께 경배의 찬송을 드리게 되고 간혹 그러한 하나님의 계획과 섭리에 정신이 번쩍 들 때가 있다. 어찌 오늘날의 신천지의 활약상과 그리 똑같이 딱 맞아 떨어지는지 계시록을 연구하면 할수록 그저 놀라울 따름이다.

금 면류관 비슷한 그것이 바로 신천지의 교주인 이만희의 직분이다. 이만희 교주가 유독 계시록을 인용해 자기가 자칭 보혜사라 하는 이유가 금 같은 면류관을 썼기 때문이다. 예수님을 흉내 내면서 자기를 믿어야 죽어서 천국 간다는 헛소리를 하고 있다. 어떻게 그렇게 형편없는 미친개가 짖어 대는데도 소위 지식층의 사람들까지도 넘어가는지 정말 알다가도 모를 일이다.

> 그러나 나를 잃은 자는 자기의 영혼을 해하는 자라 무릇 나를 미워하는 자는 사망을 사랑하느니라(잠8;36)

그리스도의 말씀을 잃어버리면 곧 자기의 영혼을 스스로 해하게 되는 것이나 마찬가지다. 따라서 그리스도의 영이 내 심령 안으로 들어가야 온전히 깨닫고 십자가의 도를 좇을 수 있다. 아울러 그리스도의 말씀이 심령 안에 거하면 자기 영혼에 기름칠 한

거나 똑같다. 그러므로 영혼의 가르침은 오직 그리스도 예수뿐으로 목사한테 달리 받을 필요가 없다. 또한 목사는 성경 말씀에 자기 생각을 넣어 가르칠 게 아니라 그리스도의 말씀 그대로만 대언하면 된다.

따라서 우리의 지도자는 예수 그리스도 한 분뿐으로, 그리스도의 영이 심령 안에 거한 사람들은 다섯 달 동안 사단이 괴롭게 하는 것을 피해서 온 성도의 반열에 낄 수 있다. 의인이었던 욥조차도 사단에 의해 괴로움을 당했던 사람이다.

따라서 성도는 그런 괴로움에서 벗어난 자들이기에 그들의 영혼 자체가 그리스도 안에 있다. 아울러 이러한 진리를 깨달은 자들만이 교회(거짓선지자)나 신천지로 부터 미혹을 받지 않게 된다. 그들이 바로 주님의 말씀으로 이긴 자들이고, 또한 그들의 주인이 그리스도시기에 성령(말씀)의 인도로 내 영혼이 하늘로 올라간 자들로 이 땅에서 가장 행복한 사람들이다.

계시록의 진위는, 하나님을 배반한 교회들을 잡아먹도록 주님이 사단들을 방치시켜 놓으셨고 그로인해 용한테 권세 받은 짐승(사단)이 첫 장막 안에 있는 교회들을 다섯달(심판의 기간) 동안 괴롭게 한다. 그러기에 '사람(선민)의 얼굴 같고' 성경에서 선민 외에는 다 짐승이라 했다. 그런데 짐승(사단)이 선민(백성)을 그대로 흉내 내고 있다. 철저하게 철흉갑 같은 흉갑으로 단단하게 무장 해서 그들이 짐승임을 알아채지 못하도록 포장하고 있어 전부 이들한테 속고 있다.

> 사람은 존귀하나 장구치 못함이여 멸망하는 짐승같도다. 존귀에 처하나 깨닫지 못하는 사람은 멸망하는 짐승 같도다(시49;12,20)

이와 같이 깨닫지 못하면 짐승이라 했다. 성경에서의 짐승은

즉 개, 돼지, 말은 다 사람이다. 성경은 모든 인명, 지명, 동물들을 빌려다가 하나님의 나라를 가르치는 용어로 사용하고 있다. 그 이유가 사단들이 알까 봐서이다.

> 예수께서 이 모든 것을 무리에게 비유로 말씀하시고 비유가 아니면 아무것도 말씀하지 아니하셨으니. 이는 선지자로 말씀하신 바 내가 입을 열어 비유로 말하고 창세부터 감추인 것들을 드러내리라 함을 이루려 하심이니라(마13;34-35)

그러므로 성경을 바로 깨달으려면 이 모든 말씀이 성경 어딘가에 답이 있다는 것을 꼭 찾아내야 한다. 그 일을 하는 것이 바로 사역자의 직분이다.

전쟁 또한 몇 가지가 있는 것을 알아야 한다. 계시록 9장은 거짓목자들이 전쟁을 위하여 군대처럼 위장하고 있는 상태다.

아울러 계시록 9장을 읽을 때는 먼저 계시록 13장의 바다에서 올라온 일곱 머리 열 뿔의 짐승인 조직체를 생각해야 하고, 계시록 17장 7절에 짐승의 비밀도 이해를 해야 한다. 동시성으로 9장과 13장과 17장의 세 군데를 보면 전쟁이 무엇을 의미하는지에 대한 해석이 빠르게 이해된다.

또한 황충은 앞서도 잠깐 언급했지만 사단의 세력이며 심판의 상징이다. 그러므로 짐승을 때로는 악어나 황충이나 이족으로 표현 한다. 이 모든 것이 결국엔 교회에 짐승이 들어왔으니 이들과 싸워 이기라는 결론이다.

> 여호와께서 말씀하신즉 황충과 무수한 메뚜기가 이르러. 저희 땅에 모든 채소를 먹으며 그 밭에 열매를 먹었도다(시105;34-35)

채소가 또한 사람이다. 사람 자체가 풀을 먹는 초로인생이다. 그러므로 메뚜기나 황충 전부가 이족이니 이들한테 뜯어 먹히지 말고 하나님의 말씀만 꼭 붙잡으라는 뜻이다. 그러므로 애굽(육체) 자체가 세상 사람을 뜻한다.

> 애굽의 소리가 뱀의 소리 같으리니 이는 그들의 군대가 벌목하는 자같이 도끼를 가지고 올 것임이니라. 나 여호와가 말하노라 그들이 황충보다 많고 계수할 수 없으므로 조사할 수 없는 그의 수풀을 찍을 것이라(렘46;22-23)

이와 같이 애굽이 육체인 세상이다. 애굽 군대를 세상적인 것으로 황충으로 비유했다. 큰 군대 곧 메뚜기라 했다. 따라서 금 같은 면류관 자체가 하나님의 면류관을 흉내 낸 일곱 머리 열 뿔인 조직체로 신천지를 명칭 한다.

그러나 그에 앞서 하나님 앞으로 올라간 보좌에도 면류관이 있다. 즉 예수님을 따라 올라간 영계의 세계에도 질서 정연한 직분들이 다 있다. 우선 보좌가 있고, 보좌에 어린양이 계시고, 이십사 장로가 있으며, 이십사 장로들이 흰 옷을 입고 머리에 금 면류관을 쓰고 있다. 여기에 일곱 영이 있고 네 생물이 있는데 네 생물에 각각 여섯 날개가 있다. 그게 면류관이다. 그러니까 영계의 직책 즉 귀한 면류관을 쓰고 있다.

이러한 하늘의 보좌도를 신천지가 똑같이 흉내 내고 있는 거다. 그러나 사단은 열두 보석이 아닌 열 보석이다.

> 네가 옛적에 하나님의 동산 에덴에 있어서 각종 보석 곧 홍보석과 황보석과 금강석과 황옥과 홍마노와 창옥과 청보석과 남보석과 홍옥과 황금으로 단장하였었음이여 네가 지음을 받던 날에 너를 위

하여 소고와 비파가 예비되었었도다. 네 무역이 풍성하므로 네 가운데 강포가 가득하여 네가 범죄하였도다 너 덮은 그룹아 그러므로 내가 너를 더럽게 여겨 하나님의 산에서 쫓아내었고 화광석 사이에서 멸하였도다.(겔28;13.16)

하나님의 보석은 '이 보석들은 이스라엘 아들들의 이름대로 열둘이라 매 보석에 열두 지파의 한 이름씩 인을 새기는 법으로 새기고(출28;21)' 이와 같이 열둘이나 사단의 보석은 위의 구절처럼 열 개로 되어 있다.

> 또 여자의 머리털 같은 머리털이 있고 그 이는 사자의 이 같으며.(계9;8)

그들이 이가 '사자의 이' 같기 때문에 사단들은 하나님의 백성들을 삼키는 능력이 엄청나다. '사자'라는 것은 악한 자를 나타내는데 바다에서 올라온 짐승들이다. 이들은 한번 물었다하면 통째로 잡아먹는다. 그야말로 사단(뱀)이 물면 통째로 삼켜 버린다. 그 이유가 용한테 큰 권세를 받았기 때문이다.

> 내가 본 짐승은 표범과 비슷하고 그 발은 곰의 발 같고 그 입은 사자의 입 같은데 용이 자기의 능력과 보좌와 큰 권세를 그에게 주었더라(계13;2)

일곱 머리 열 뿔의 조직한테 용이 능력을 주었다. 용이 귀신(사단)의 우두머리 영이다. 따라서 하나님은 거룩한 성령이고 용은 악한 악령이다. 그러므로 용, 뱀, 사탄, 마귀는 다 같은 말로 이들이 교회를 꾀는 사단의 영들이다. 사단의 사역은 꾀어서 하나님 앞에 가지 못하게 하는 것이 그들의 임무다. 무엇보다 하와를 꾀어 범죄케 만든 것이 창세기 때는 사탄(뱀)이고, 이 사탄(뱀)이 초림 때는 위장의 천재인 서기관과 바리새인들로 등장했다.

그러므로 계시록 때의 사탄을 정확하게 이해하려면 계시록 9장과 13장과 17장에 잘 나타나 있으므로 이들의 사단의 정체만 정확하게 파악해도 교회가 그들한테 잡혀가지 않고 또한 회개하여 말씀 안으로 돌아올 수 있다.

> 또 철흉갑 같은 흉갑이 있고 그 날개들의 소리는 병거와 많은 말들이 전장으로 달려 들어가는 소리 같으며(계9;9)

철흉갑은 쇠로 만든 갑옷인데 그만큼 단단한 것으로 무장한 사단의 병거가 과천에 있는 증거 장막의 신천지다. 이 장막(신천지의 조직)에는 사전에 교육을 받지 않은 사람들은 그 안에 들어가지 못하도록 방어막을 철저하게 쳐 놓은 황충(이단)들의 조직체다. 따라서 사단(용)의 세력인 악령들의 숫자가 이만만의 마병대다. 그러나 하나님의 군대는 천천만만이다.

초림 때도 '이에 물으시니 네 이름이 무엇이냐 가로되 내 이름은 군대니 우리가 많음이니이다(막5;9)' 이와 같이 군대 귀신이 많았다. 귀신들린 자 하나(이만희교주)한테 많은(십이지파의 조직체) 귀신들이 들어갔다.

뿐만 아니라 오늘날의 교회에도 바다에서 올라온 일곱 머리 열 뿔의 조직체들한테 많은 군대귀신의 영들이 들어가 있다. 그러므로 교회라면 이걸 알아야 한다. 하나님의 군대는 빛이지만 사단의 군대는 어둠이다. 빛이 조금만 비쳐도 어둠은 꼼짝 못한다. 그러려면 구원의 투구와 성령의 검인 하나님의 말씀을 지니고 있어야 빛이 비취므로 어둠이 물러간다.

성경 전체의 모든 전쟁은 구약 때부터 지금까지 처음하늘(교회)인 장막에 사단(뱀)이 들어 와서, 하나님의 영들과 사단의 영들이 서로 대적하여 싸우는 전투의 현장이다. 따라서 어둠(사단)의 영들이 오늘날 교회 안에 침투해 들어와 이들과 각개 전투를 벌이는 것이 바로 아마겟돈 전쟁인 영적 전쟁이다. 그러므로 주님께서 이들과 끝까지 싸워 이기라고 독려하신 것이다. 그렇지만 둘째하늘인 지성소에는 영광의 그룹들이 지키고 보호하고 있으므로 사단들이 들어오지 못한다.

무엇보다 악인들은 그리스도의 사도가 아님에도 불구하고 하나님의 일꾼으로 가장하여 성경 말씀을 갖고 거짓으로 교회에 전한다. 그들이 바로 사단의 종이다. 사단의 종이 되면 영원한 불 못의 심판에 떨어지게 된다.

아울러 병거도 하나님의 병거기 있고 사단의 병거가 있다. 그러나 하나님은 우리를 위하여 구원의 병거를 타고 오신다.

> 하나님의 병거가 천천이요 만만이라 주께서 그 중에 계심이 시내 산 성소에 거하시리로다(시68;17)

이와 같이 하나님의 병거는 천천이요 만만이다. 그러므로 출애굽(세상)에서 나가면 하나님의 백성들은 전부 통과가 되나, 애굽 병거는 홍해에서 다 수장된다. 출애굽 할 때, 애굽(세상)사람들은 홍해에 다 빠져 죽었지만 하나님의 병거는 전부 통과 되었다.

아울러 사단의 소속은 처음부터 심판의 도구로 사용될 지옥의 땔감용 들이었다. 천년시대 중에도 사단들을 무저갱에 가둬 죽여 버리지만 백 보좌 심판 때도 그들의 영혼은 영원히 유황 불못에 던져진다.

> 그러나 두려워하는 자들과 믿지 아니하는 자들과 흉악한 자들과 살인자들과 행음자들과 술객들과 우상 숭배자들과 모든 거짓말하는 자들은 불과 유황으로 타는 못에 참예하리니 이것이 둘째 사망이라(계21;8)

각 개인의 종말을 나타내는 사망이 있지만 천년세계 뒤에도 사망이 한 번 더 있다. 그러므로 이 구절은 참으로 중요한 귀한 메시지다. 이를 쉽게 표현하면 우리의 영이 한번 죽어버리면 그 영은 지옥에서도 영원히 있게 된다는 뜻이다.

그러므로 교회가 먹고 살기 위해 성경말씀을 이용해 자기의 소욕을 채우려고 하면 그게 바로 사망이다. 따라서 목사들도 자기한테 성령이 함께 하는 것을 모르면 성경말씀에 있는 그대로만 증거 하면 아무런 문제가 없다. 그러면 그 말씀들로 인해 하나님의 아들들로 인(소유권)쳐 주신다. 따라서 사역자들이야말로 세상의 지식으로 성경을 전하면 심판의 대상이 됨을 깨닫고, 오직 그리스도의 말씀만 그대로 대언하도록 훈련해야 한다.

> 또 전갈과 같은 꼬리와 쏘는 살이 있어 그 꼬리에는 다섯 달 동안 사람들을 해하는 권세가 있더라(계9;10)

꼬리가 거짓 선지자(목사)다. 그 꼬리(사단)가 다섯 달 동안 권세를 받아 하늘(교회)의 별 삼분의 일을 잘못되게 파멸시키고 있다. 그러므로 목자는 항상 그리스도의 머리가 되어야 한다. 쏘는 살도 사단들의 교리다. 화살(거짓교리)로 치는 거다.

그 꼬리가 하늘별 삼분의 일을 끌어다가 땅에 던지더라 용이 해산하려는 여자 앞에서 그가 해산하면 그 아이를 삼키고자 하더니

(계12;4)

이게 바로 가인의 계통과 이스마엘 계통들로 이어져 내려온 꼬리들의 실체다. 이들은 활 쏘는 자가 되어 애굽(세상) 땅(백성) 여인과 한 몸이 되어 하나님의 백성들을 해하려고 호시탐탐 노리고 있다.

하나님이 그 아이와 함께 계시매 그가 장성하여 광야에 거하며 활 쏘는 자가 되었더니. 그가 바란 광야에 거할 때에 그 어미가 그를 위하여 애굽 땅 여인을 취하여 아내를 삼게 하였더라
(창21;20-21)

이스마엘의 계통이 활 쏘는 자다. '악인의 활을 당기고 살을 시위에 먹임이여 마음이 바른 자를 어두운 데서 쏘려 하는도다(시 11;2)' 이와 같이 악인들은 어두운데 숨어 언제든 활(거짓교리)을 당기려고 준비하고 있다.

그러므로 악한 자의 교리가 들어가면 영혼이 죽는다. 따라서 바벨론의 교회로 가면 항상 성경말씀을 인용해 세상 복 얘기만 들려준다. 그래야 십일조와 헌금을 많이 내기 때문이다. 그러나 성경에서 말하는 복(영생)을 받으려면 헐몬의 이슬이 내려와야 한다. 이게 복 받은 자다. 성경에서의 복은 영생의 복밖에 없다. 따라서 복 받은 자는 예수님의 말씀만 따라간다. 그 말씀을 따라가는 것 자체가 자기가 날마다 죽는 일이다. 즉 자기를 부인하고 자기 십자가를 지고 예수님을 좇으면 그 심령 안에 그리스도의 말씀으로만 가득 채워진다. 그들이 바로 그리스도의 옷으로 갈아 입은 주님의 제자들이다.

따라서 성도는 진정으로 회개하고, 예수 그리스도의 이름으로

세례를 받고 죄사함을 얻어야 성령을 선물로 받아 지극히 거룩한 백성으로 살아가게 된다.

> 저희에게 임금이 있으니 무저갱의 사자라 히브리 음으로 이름은 아바돈이요 헬라 음으로 이름은 아볼루온이더라(계9;11)

사단한테도 임금이 있는데 그들이 무저갱의 사자다. 무저갱은 밑 빠진 독이라 아무리 말씀을 주어도 들어가지 않는다. 아바돈은 멸망자요, 아불론은 파멸자다. 따라서 사단은 파멸, 파괴, 이간, 분리 등의 패역한 일들만 골라서 한다.

성경말씀을 갖고 육신의 생각으로 전하면 그들이 사단이요 더러운 영들이다. 그러나 하나님의 영이 들어간 자들은 생명의 말씀(성경)만 전하게 되고 사람을 복되게 한다. 사람 자체가 거짓된 것이기에 부패한 것이 마음이다.

그러므로 그리스도의 영(말씀)이 거한 사람들은 사도바울처럼 날마다 자기 생각을 분초마다 죽여야 한다. 진짜 복 있는 사람들은 남들이 보기에 보잘 것 없어 보여도 그 심령 안에 생명수 샘인 그리스도의 말씀만 가득 채워진 사람들이다. 그런 자들만이 주님의 길(십자가의 도) 따라 간다. 따라서 주님의 말씀이 없으면 개, 돼지나 마찬가지다. 이 땅(교회)에 짐승(탐심)들만 잔뜩 키워 무엇 하겠는가? 짐승들을 키우는 곳이 바로 바벨론(교회)이다.

> 여자 같은 멸망할 바벨론아 네가 우리에게 행한 대로 네게 갚는 자가 유복하리로다(시137;8)

바벨론이 교회인 여자다. 여기서 '여자 같은'이라 한 것은 많은 물위에 앉은 음녀를 나타낸 거다. 음녀가 하나님의 말씀을 받아야 하는데 다른 신을 받은 게 바로 오늘날의 거짓선지자인 음녀다.

> 그러나 민간에 또한 거짓 선지자들이 일어 났었나니 이와 같이 너희 중에도 거짓 선생들이 있으리라 저희는 멸망케 할 이단을 가만히 끌어들여 자기들을 사신 주를 부인하고 임박한 멸망을 스스로 취하는 자들이라. 여럿이 저희 호색하는 것을 좇으리니 이로 인하여 진리의 도가 훼방을 받을 것이요(벧후2;2-3)

말씀을 받고 육신으로 떨어지면 이들이 개, 돼지들이다. 여기가 멸망케 하는 이방인들이다. 사단들은 하나님의 백성이 아닌데 이들이 하나님을 가장하여 교회를 파멸시키는 이단들의 세계다.

종교세계가 70년 동안 사단들한테 사로잡혀 있었다. 따라서 중동의 예루살렘은 1948. 5. 14일 재건된 후로 70년이 도래한 2018. 5.14 미국 대시관이 에루살렘에 들어가 있다. 그때부터 육적 이스라엘의 회복기간이다.

계시록에서 반복해서 나오는 한때, 두 때, 반 때, 1260일, 삼년 반으로 표현해 놓은 것은 7의 반은 3의 반이기 때문이다. 마지막 때 주님이 재림하여 추수를 하고 나면 영적인 구원자들은 더 이상의 구원할 수 없기 때문에 그래서 그걸 3년 반으로 감해 놓으신 거다.

> 그날들을 감하지 아니할 것이면 모든 육체가 구원을 얻지 못할 것이나 그러나 택하신 자들을 위하여 그날들을 감하시리라 (마24;22)

이와 같이 70년을 삼년 반으로 감해 놓으셨다. 마태 24장은 소

제3부 심판하는 한국교회 **297**

계시록이다. 마지막 때 이루어질 사건이다. 밖 마당은 이방인한테 주어서 그들은 기도해도 중언부언한다. 이방인들의 기도가 바로 중언부언이다.

>첫째 화는 지나갔으나 보라 아직도 이에 화 둘이 이르리로다. 여섯째 천사가 나팔을 불매 내가 들으니 하나님 앞 금단 네 뿔에서 한 음성이 나서.(계9;12-13)

여섯 번째 나팔로 넘어간다. 그 전에 12절을 보면 다섯 번째 나팔 재앙이 끝나고 '첫째 화가 지나갔다'고 나온다. 이 재앙들은 시간적인 순서가 아니라 요한에게 보인 환상이 지나갔다는 뜻이다. 여기에 나오는 화의 순서는 환상의 순서이지 역사적 사건의 순서가 아니다. 그리고 13절에서 한 음성이 난다. 뿔은 힘과 권세를 상징한다. 따라서 하나님 앞의 제단에 있는 네 뿔은 하나님의 능력과 권세의 상징이다. 거기서 한 음성이 나온다.

>나팔 가진 여섯째 천사에게 말하기를 큰 강 유브라데에 결박한 네 천사를 놓아 주라하매(계9;14)

큰 강 유브라데에 결박한 네 천사를 놓아주라고 하셨다. 이 유브라데 강은 이스라엘의 북동쪽 경계를 긋는 강이다. 그 위로는 앗수르, 바벨론, 페르시아 같은 이스라엘 대적 국가가 존재하고 있다. 그래서 구약에서 바벨론이나 앗수르를 가리켜 유브라데 강이라 부른다. 그러니까 이 큰 강 유브라데는 구약에서 악한 세력을 상징할 때 쓰였다. 그리고 큰 강 유브라데는 요한이 계시록을 기록할 당시에 로마와 파르티안 기마민족의 경계이기도 했다. 당시에는 죽은 네로가 사실은 죽은 것이 아니라 그 무서운 파르티

안으로 넘어 갔다가 다시 그 파르티안을 이끌고 로마를 공격할 것이라는 소문이 파다했다. 요한은 그러한 유브라데 강의 이미지를 차용해서 이 여섯 번째 나팔 재앙이 하나님의 대적이자 하나님의 백성들의 대적인 마귀의 세력의 공격을 의미한다는 것을 기록했다.

> 예레미야가 바벨론에 임할 모든 재앙 곧 바벨론에 대하여 기록한 이 모든 말씀을 한 책에 기록하고. 예레미야가 스라야에게 이르되 너는 바벨론에 이르거든 삼가 이 모든 말씀을 읽고. 말하기를 여호와여 주께서 이곳에 대하여 말씀하시기를 이 땅을 멸하여 사람이나 짐승이 거기 거하지 못하게 하고 영영히 황폐케 하리라 하셨나이다 하라. 너는 이 책 읽기를 다한 후에 책에 돌을 메어 유브라데 하수 속에 던지며. 말하기를 바벨론이 나의 재앙 내림을 인하여 이같이 침륜하고 다시 일어나지 못하리니 그들이 쇠폐하리라 하라 하니라 예레미야의 말이 이에 미치니라(렘51;60-64)

이와 같이 바벨론이 큰 강 유브라데에 가라앉아 멸망할 것이라고 예언했다.

> 이 백성이 천천히 흐르는 실로아 물을 버리고 르신과 르말리야의 아들을 기뻐하나니. 그러므로 주 내가 흉융하고 창일한 큰 하수 곧 앗수르 왕과 그의 모든 위력으로 그들 위에 덮을 것이라 그 모든 위력으로 차고 모든 언덕에 넘쳐. 흘러 유다에 들어와서 창일하고 목에까지 미치리라 임마누엘이여 그의 펴는 날개가 네 땅에 편만하리라 하셨느니라. 너희 민족들아 훤화하라 필경 패망하리라 너희 먼 나라 백성들아 들을지니라 너희 허리를 동이라 필경 패망하리라 너희 허리에 띠를 따라 필경 패망하리라(사8;6-9)

앗수르 왕과 그 왕의 힘을 큰 강 유브라데 라고 한다. 그 큰 강 유브라데가 세차게 넘쳐흘러서 죄 속에 빠져 있는 이스라엘을 칠 것이라는 것이다. 그러나 그 세력은 스스로 멸망하게 될 것이고 이스라엘은 그 세력에게 매를 맞기는 하지만 그 매를 맞고 다시 하나님께로 돌아오게 된다. 그러나 그렇게 하나님께 쓰인 마귀의 세력은 결국 스스로 그 죄 때문에 멸망하게 된다. 요한은 구약의 이러한 구절을 인용하여 사람의 삼분의 일을 죽이는데 네 천사가 큰 강 유브라데에 결박되어 있다고 표현한 것이다.

> 네 천사가 놓였으니 그들은 그 연월일시에 이르러 사람 삼분의 일을 죽이기로 예비한 자들이더라.(계9;15)

그 마귀의 세력들이 사람(하나님의 백성)들을 죽이게 되는데 거기에 그 연월일시에 죽이기로 준비된 자들이다. 이 모든 것은 하나님의 정한 때가 있다는 뜻이다. 인류의 역사를 포함한 이 우주 속에 일어나는 모든 것들은 어떤 법칙에 의해 운행되는 것이 아니라 철저한 하나님의 계획과 섭리 속에 움직여진다는 사실이다.

3. 사단의 총칭인 이만만의 세력들

이만만의 마병대가 사단의 세력들이다. 따라서 사단 마귀가 있는 곳이 귀신의 처소다. 참 하나님과 성령 외에는 전부 귀신들이다. 이 교회의 교파마다 다 저마다의 다른 신들을 섬기고 있다. 그러나 참은, 예수님을 십자가에 달리시게 하므로 하나님의 사랑을 확증시키신 참 하나님 한분 밖에 없다.

그러므로 참 성도라면 흑암의 권세에서 건져져 사랑의 아들의 나라로 내 영혼이 옮겨진 것을 느껴야 믿음이 있는 자다. 옮겨지지 않고 예배드리면 그 예배는 아무런 소용이 없다. 즉 가짜다. 예배란? 사랑이 하나님이시고, 하나님이 말씀이며, 말씀이 사랑의 실체이신 예수님이시다. 그러므로 말씀 따라 사랑을 실천하는 일이 곧 신령과 진정으로 드리는 온전한 예배가 된다.

따라서 온전케 된 자들이 십일조를 드리면 하늘에서 하늘의 창고 즉 하늘 문을 열고 영생의 말씀을 쌓을 곳이 없도록 부어주시는 거다. 이게 십일조다. 즉 내 영혼이 온전케 된 자들이 내는 십일조가 또한 진정한 예배이기도 하다.

복자체가 영생이다. 이들이 서 있는 곳이 하나님의 인침을 받은 십사만 사천들이다. 그러나 이와 반대로 짐승의 표를 받은 666의 사단의 세력들이 이만만의 마병대다.

> 마병대의 수는 이만만이니 내가 그들의 수를 들었노라.(계9;16)

마병대는 하나님을 대적하는 군대다. 사단들도 그들의 군대가 있는데 그 수가 이만만이다. 따라서 마병대가 바로 사단들의 군대장관들이다. 즉 악령들이다. 그러나 하나님의 군대는 천천만만의 영들이 포위하고 있다.

사람의 삼분의 일을 죽이기로 한 네 천사가 풀려났는데 그 네 천사가 바로 마병대(사단)의 리더이다. 이만만이란 악령이 네 천사의 지시를 받았는데, 그 네 천사(악령)가 인간의 삼분의 일을 죽일 마귀(사단)의 세력들이다. 성도는 이걸 알아야 한다. 마귀의 세력은 이만만이란 한정된 숫자지만 하나님의 영은, '내가 또 보고 들으매 보좌와 생물들과 장로들을 둘러 선 많은 천사의 음성이 있으니 그 수가 만만이요 천천이라(계5;11)' 이와 같이 천천이요, 만만으로 하나님의 부리는 영들이 우리를 영적 전투에서 지켜주고 보호하신다는 사실이다.

따라서 마귀의 세력을 이만만이라 표현한 것은 그 수가 중다함을 말하는 것이나 그 수가 아무리 많아도 한정된 수라는 거다.

> 이같이 이상한 가운데 그 말들과 그 탄자들들 보니 불빛과 자주 빛과 유황빛 흉갑이 있고 또 말들의 머리는 사자 머리 같고 그 입에서는 불과 연기와 유황이 나오더라.(계9;17)

그 말과 말 탄자들 마병대가 흉갑을 입었다. 그리고 그 머리가 사자 같고 뱀 같은 꼬리가 있다. 그리고 그 꼬리가 사람을 해하고 있다. 다섯 번째 나팔과 여섯 번째 나팔에 등장하는 메뚜기와 황충, 마병대 이만만은 공히 하나님의 심판의 도구로 쓰이는 마귀의 세력들이다. 그런데 그 말 탄자들이 불빛과 자주 빛과 유황빛 흉갑이고, 그 말들의 입에서 불과 연기와 유황이 나오고 있다. 여기에 등장한 불과 유황과 연기는 전부 지옥의 심판의 상징들이다.

> 여호와께서 하늘 곧 여호와에게로서 유황과 불을 비 같이 소돔과 고모라에 내리사. 소돔과 고모라의 그 온 들을 향하여 눈을 들어 연기가 옹기점 연기 같이 치밀음을 보았더라(창19;24;28)

> 그 온 땅이 유황이 되며 소금이 되며 또 불에 타서 심지도 못하며 결실함도 없으며 거기 아무 풀도 나지 아니함이 옛적에 여호와께서 진노와 분한으로 훼멸하신 소돔과 고모라와 아드마와 스보임의 무너짐과 같음을 보고 말할 것이요(신29;23)

이렇게 하나님의 심판에 등장하는 불과 유황과 연기가 그 말들의 입에서 나온다. 그러니까 그 말들과 탄자들은 모두 하나님의 심판의 도구로 쓰이는 자들이다. 따라서 그 네 천사와 마병대 또한 하나님의 심판의 도구로 쓰이는 마귀의 세력들이다.

그 마병대의 꼬리가 사람을 해한다고 한 그 구절은 당시 유브라데 강 건너에 진을 치고 있는 파르티안 기수들이 적들에게 겁을 주기 위해 말의 꼬리를 뱀처럼 보이도록 묶은 것에서 요한이 힌트를 얻어 표현했다. 그리고 그 파르티안은 달려오면서 사자 머리처럼 활을 쏘았는가하면 퇴각하면서도 뒤로 돌아 꼬리 뒤로 활을 쏘면서 갔다. 그만큼 엄청난 파괴력을 가진 군대였다.

요한은 당시 로마와 이스라엘 사람들이 두려워하고 있던 그 파르티안의 이미지를 인용해서 그 마귀 세력의 공격의 맹렬함을 나타내었다. 그래서 머리가 사자 같고 꼬리가 뱀 같다는 표현을 썼다. 아울러 꼬리 자체가 거짓선지자다.

그런데 그 네 천사와 마병대인 이만만에 의해 죽임을 당하는 사람들이 다섯 번째 나팔과 마찬가지로 전부 하나님의 인을 받지 않은 자들, 즉 믿지 않은 자들이다.

> 이 세 가지 재앙 곧 저희 입에서 나오는 불과 연기와 유황을 인하여 사람 삼분의 일이 죽임을 당하니라. 말들의 힘은 그 입과 그 꼬리에 있으니 그 꼬리는 뱀 같고 또 꼬리에 머리가 있어 이것으로 해하더라(계9;18-19)

이 땅에서 회개치 않은 사람들을 살펴보면 대부분 성경 말씀보다 교회 목사 말만 듣고 신앙 생활하는 사람들이다. 꼬리(뱀)는 거짓선지자요, 머리는 종교지도자들이다. 그 말들의 힘이 꼬리에 있고 머리에 있어 이것으로 해한다는 것은 오늘날의 목사들을 두고 한 예언의 말씀이다. 말씀(포도주)에 물(세상 것)을 섞어 만든 포도주(세상교리)가 작금의 교회의 실상이다.

네 은은 찌끼가 되었고 너의 포도주에는 물이 섞였도다. 네 방백들은 패역하여 도적과 짝하며 다 뇌물을 사랑하며 사례물을 구하며 고아를 위하여 신원치 아니하며 과부의 송사를 수리치 아니 하는도다(사1;22-23)

주님의 말씀만이 진리고 진짜 포도주다. 이 포도주에 세상물이 섞이면 도적과 짝하는 것이 된다. 고아는 부모(하나님 아버지)가 없는 것을 말하고, 과부는 신랑 예수가 없는 것을 말한다. 그렇게 되면 하나님께 버림 받는다. 즉 심판이다.

이 재앙에 죽지 않고 남은 사람들은 그 손으로 행하는 일을 회개치 아니하고 오히려 여러 귀신과 또는 보거나 듣거나 다니거나 하지 못하는 금, 은, 동과 목석의 우상에게 절하고. 또 살인과 복술과 음행과 도적질을 회개치 아니하더라(계9;20-21)

여기에서 보면 죽지 않고 남은 자들이 여전히 회개하지 않더라고 했다. 그 심판에 의해 죽은 자들은 전부 우상에게 절하고 살인과 음행과 복술과 도적질을 하던 자들이다. 이러한 죄의 항목이 십계명에 있다. 우상을 섬기지 마라, 거짓말 하지 마라, 간음하지 마라, 도적질 하지 마라. 그리고 복술은 주술이라는 뜻이다. 그러니까 하나님의 질서와 법을 어기는 세상의 무질서와 혼란과 무법을 일컫는 거다. 즉 우상을 섬기는 것과 일맥상통한다.

그러면 십계명이 우리에게 궁극적으로 요구하는 것이 무엇인지를 알게 되면, 그 네 천사와 마병대에 의해 죽임을 당할 자들이 누구인지를 알 수 있다.

두 번이나 반복하여 '탐내지 말지니라'는 이 감각 세계와 물질의 세계를 탐내지 말라 한 것이다. 또한 '안식일을 지키라'는 창세기 2장에서 하나님께서 안식일에 복을 부어 놓으셨다는 말의 의미가 담겨 있다. 이는 안식일이라는 시간에다가 초월적인 영역에 복을 부어 놓으셨다는 뜻이다. 그러니까 안식일을 지키라는 계명의 정확한 의미는 안식일에 감추어진 예수 그리스도로 인해 주어지게 될 영생을 사모하라는 뜻이다.

이것이 나머지 계명을 전부 포함하고 있다. 물질세계를 탐하는 자들이 도적질하고, 남의 아내를 탐하고, 살인하고 거짓말한다. 그리고 이 땅의 풍요를 약속하는 우상을 섬긴다. 이와 같이 하나님께서 성도에게 요구하는 것은 우리들의 세계관을 새 하늘과 새 땅으로 바꾸라는 것이다. 바꾸지 않으면 이들이 전부 메뚜기 떼와 이만만의 마병대한테 당하는 자들이 된다. 그러면 심판이고 사망이다.

> 주께서 주의 백성 야곱의 족속을 버리셨음은 그들에게 동방 풍속이 가득하며 그들이 블레셋 사람같이 술객이 되어 이방인으로 더불어 손을 잡아 언약하였음이라. 그 땅에는 은금이 가득하고 보화가 무한하며 그 땅에는 마필이 가득하고 병거가 무수하며.(사2;6-7)

이와 같이 점치는 종교지도자(목사들)를 버리시는 거다. 그러므로 성도라면 성경의 한 말씀이라도 세상 것과 손잡으면 안 된다. 거짓말하는 자들은 다 성 밖에 있고 하늘(지성소)로는 절대 들어가지 못한다.

계시록 9장의 총체적인 내용은 무저갱에서 나온 황충(사단)들로 인해 많은 사람들이 죽는데, 그 중 용(이만희)의 영을 받은 신천지가 특히 바벨론 교회의 영혼을 다 잡아 먹는다.

따라서 9장은 하늘에서 떨어진 거짓 목자와 황충들의 영이 마병대인 이만만이다. 그러나 하나님의 영은 천천만만의 군대가 있다. 하나님의 군대는 빛이고 생명을 살리는 군대나. 마병대의 이만만의 군대는 영혼을 죽이는 어두움의 세력이다. 성도라면 이걸 깨우쳐야 한다. 어두움은 가장 작은 빛조차 이기지 못한다는 사실이다. 즉 하나님의 말씀을 받은 자는 말씀 자체가 빛이기에 사단들이 잡아먹지 못한다. 어떤 사람들이 사단한테 잡아먹히느냐 하면 원래는 교회에 빛이 있었다. 즉 기름(성령) 부음이 있었는데 기름(말씀)이 떨어지니까 하나님이 신(성령)이 함께 하지 않으니까 사단들이 이들만 잡아먹는다.

세례요한도 하나님의 참 빛이 들어가 주님 따라가면 죽지 않는데 광야(세상)로 나가서 죽었다. 지금은 그리스도의 진리와 함께 하는 자들만이 하나님의 아들들로 그 어떤 장막보다도 더 크고 견고하다.

그러므로 내가 첫 사람(육신의 생각) 아담 안에 있으면 죽는다는 사실을 인식해야 한다. 그러나 그리스도 예수 안에 있으면 내 영혼의 삶이 쉼을 얻는다. 따라서 육신의 생각을 죽여야 내 영혼이 살고 영이 살아 있어야 성경이 보이고 깨달아 믿어진다.

10장
복음 사명자(요한)의 고백

1. 천사와 작은 책

여섯 번째 인의 재앙과 일곱 번째 인의 사이에 삽입이 들어 있었던 것처럼 이 나팔 재앙에서도 여섯 번째와 일곱 번째 나팔 사이에 10장이 삽입된 내용이다.

따라서 계시록 10장의 내용은 9장에서 여섯째 나팔이 불려 끝나고 10장에 바다와 땅을 밟고 있는 힘센 다른 천사가 펴 놓인 작은 책을 들고 사자가 부르짖는 것같이 큰 소리로 외치고 있다. 그리고 사도요한한테 일곱 우레가 발한 것을 인봉하고 기록하지 마라 했다. 그런 연후에 천사의 손에 펴 놓인 책을 가지라 해서 요한이 작은 책을 달라 했다. 아울러 계시록 10장과 에스겔 3장은 책 받아먹는 내용이다.

그가 또 내게 이르시되 인자야 너는 받는 것을 먹으라 너는 이 두 루마리를 먹고 가서 이스라엘 족속에게 고하라 하시기로. 내가 입

을 벌리니 그가 그 두루마리를 내게 먹이시며. 내게 이르시되 인자
야 내가 너를 이스라엘 자손 곧 패역한 백성, 나를 배반하는 자에게
보내라 그들과 그 열조가 내게 범죄하여 오늘날까지 이르렀나니
(겔3;1-3)

이와 같이 에스겔서 3장과 똑같이 계시록 10장에서도 복음이 적힌 작은 책이 등장한다.

하늘에서의 힘센 다른 천사가 구름을 입고 내려오는데 그게 강림이다. 계시록을 이해하려면 무엇보다 강림(영)이 자기한테 임해야 된다. 간혹 우리의 영 안에 하나님께서 가끔 오시는데 그러려면 마지막 나팔 소리를 듣고 홀연히 변화되어야 영의 강림하심을 느낄 수 있다.

요한은 천사의 손에서 책을 받아먹고 입에는 달았지만 배에서는 썼다고 했다. 먹으라는 것은 이스라엘 족속에게 증거하라는 것이다. 그리고 나서의 임무는 다시 예언하라는 명령이다. 즉 책을 깨달았으면 다시 증거해야 한다는 뜻이다.

따라서 복음은 받아들인 자들에게는 꿀같이 달고 은혜로운 것이지만 그 복음대로 살아내는 삶 자체가 죽는 것보다 힘들다는 뜻으로 요한은 입에는 달았으나 배에서 썼다고 표현했다. 그러기에 그 복음을 받고 이해한 자들은 두 증인처럼 세상 사람들한테 죽임을 당한다. 그리고 세상은 그들의 죽음에 환호하고 장사도 지내주지 않는다. 하나님의 뜻대로 살고자 하는 교회는 이와 같이 세상에서 모욕적인 대우를 받게 된다.

그리고 11장 말미에 일곱 번째 나팔이 울려 퍼진다. 그리고는 천상의 완성된 하나님 나라의 모습을 살짝 보여 준다. 그런 후에 12장부터 14장까지 하나님의 구속사를 완벽하게 요약해서 보여 주고 있다.

> 내가 또 보니 힘센 다른 천사가 구름을 입고 하늘에서 내려오는데 그 머리 위에 무지개가 있고 그 얼굴은 해 같고 그 발은 불기둥 같으며(계10;1)

여기서의 힘센 다른 천사는 예수 그리스도의 사역을 대표하고 있다. 계시록 7장에서 '해 돋는 곳으로부터 올라와서 땅과 바다를 해할 권세를 갖고 있는 네 천사에게 큰 소리로 외치신 그 천사가 바로 메시야적 모습을 보여주는 예수 그리스도의 사역을 나타낸 천사다. 그 천사가 구름을 입고 영계에서 내려온 영이다. 이는 즉 신이 내려오는 거다.

아울러 말씀을 받은 사람들은 영의 생각이 들어 있는 사람이고, 탐심(혼잡)이 있는 사람들은 육의 생각이 들어 있는 사람이다. 따라서 하나님의 영으로 인도함을 받은 사람만이 주의 천사장이 되는 것으로 내 정신에 강림하는 거다.

그러므로 계시록 10장의 내용은 천사가 구름을 입고 하늘에서 내려와서 책을 주는 내용이다. 그 힘센 천사가 하나님의 영광의 형상이고 무지개가 영광의 광채다.

> 그 사면 광체의 모양은 비오는 날 구름에 있는 무지개 같으니 이는 여호와의 영광의 형상의 모양이라 내가 보고 곧 엎드리어 그 말씀하시는 자의 음성을 들으니라(겔1;28)

따라서 힘센 천사는 영광의 광채이신 인자 같은 큰 영이시다. 그리스도의 영이 하늘에서 내려오는 게 강림이다. 성도들도 강림(그리스도의 영)이 자기한테 임해야 믿음의 소유자가 된다. 주님의 영 자체가 말씀이다. 성경 말씀을 따라가다 보면 주님께서 가끔 찾아오시는데 성도들이 그 주님(그리스도의 영)을 몰라본다.

구름을 입고 하늘에서 내려오는 영은 하나님의 영광을 상징한다. 그래서 계시록 1장 7절에서 '볼찌어다 구름을 타고 오시리라'와같이 예수 그리스도가 강림하실 때 구름을 타고 오신다고 하셨다. 그리고 그 힘센 천사의 머리 위에 하나님의 영광의 광채를 나타내는 무지개가 그 얼굴에 빛난 해 같다.

> 그 오른손에 일곱별이 있고 그 입에서 좌우에 날선 검이 나오고 그 얼굴은 해가 힘 있게 비취는 것 같더라(계1;16)

그리고 '발이 불기둥 같다'고 한 표현은 '그의 발은 풀무에 단련한 빛난 주석 같고(계1;15)' 이 또한 예수님을 나타낸 단어들이다. 그리고 그 천사가 오른발로 바다를 밟고 왼발은 땅을 밟고 있다.

여섯 번째 나팔 재앙이 끝나고, 10장 서두에 예수님을 구름, 불기둥, 무지개, 해 같은 얼굴로 표현을 했다. 이는 하나님께서 이스라엘 백성을 애굽에서 출애굽 시킬 때, 낮에는 구름기둥으로 밤에는 불기둥으로 지키고 보호하셨음 나타냄과 동시에 간혹 불기둥은 때로 애굽을 심판하는 도구로 쓰시기도 하셨다.

그리고 무지개는 노아의 홍수 이후에 하나님께서 인류의 재창조 장면에서 보여주셨다. 계시록은 이렇게 구름, 불기둥, 무지개, 해 같은 얼굴로 묘사된 힘센 다른 천사의 모습에서 요한은 세상에 횡행하는 재앙 속에서도 하나님의 백성들은 반드시 지켜주신다는 것을 확인시켜 주고 있다.

> 그 손에 펴 놓인 작은 책을 들고 그 오른발은 바다를 밟고 왼발은 땅을 밟고(계10;2)

그리고 그 천사가 오른발로 바다를 밟고 있고 왼발로는 땅을 밟고 있다는 표현에서 그 존재가 온 세상을 장악하고 관장하는 존재라는 것을 말하고 있다. 따라서 펴 놓인 책 자체가 열려진 말씀이다. 이 책은 이 세상의 지식으로는 절대 열 수가 없는 책이다.

> 내가 보매 보좌에 앉으신 이의 오른손에 책이 있으니 안팎으로 썼고 일곱 인으로 봉하였더라. 또 보매 힘 있는 천사가 큰 음성으로 외치기를 누가 책을 펴며 그 인을 떼기에 합당하냐 하니. 하늘 위에나 땅 위에나 땅 아래에 능히 책을 펴거나 보거나 할 이가 없더라. 이 책을 펴거나 보거나 하기에 합당한 자가 보이지 않기로 내가 크게 울었더니. 장로 중에 하나가 네게 말하되 울지 말라 유대 지파의 사자 다윗의 뿌리가 이기었으니 이 책과 그 일곱 인을 떼시리라 하더라(계5;1–5)

여기서의 힘 있는 천사가 바로 10장의 힘 있는 천사와 같은 영이다. 그러므로 이 계시를 어는데 이 세상 것으로는 절대 열수기 없고 그리스도의 영이 강림하셔야만 열수 있다. 또한 예수님이 가르쳐 주시는데 직접 가르쳐주시는 게 아니고 예수님의 부리는 천사(영)한테 주어서 그가 가르쳐 준다. 따라서 계시록을 열 때는 세상(육신의 생각) 것이 하나라도 들어가면 절대 열수가 없다.

따라서 인을 떼시고 6장에서 심판하시고 난 뒤에, 요한한테 천사가 사명을 준 것이 10장의 내용이다. 왜 펴 놓인 책이냐 하면 이 땅에 있는 사람들은 다 봉해진 책이다. 아울러 그리스도 밖의 사람들은 하나님께서 다 잠들게 하는 신을 불어 넣었기 때문에 봉해진 책밖에 될 수 없다.

> 대저 여호와께서 깊이 잠들게 하는 신을 너희에게 부어 주사 너희의 눈을 감기셨음이니 눈은 선지자요 너희 머리를 덮으셨음이니

머리는 선견자라. 그러므로 모든 묵시가 너희에게는 마치 봉한 책의 말이라 그것을 유식한 자에게 주며 이르기를 그대에게 청하노니 이를 읽으라 하면 대답하기를 봉하였으니 못하겠노라 할 것이요. 또 무식한 자에게 주며 이르기를 그대에게 청하노니 이를 읽으라 하면 대답하기를 나는 무식하다 할 것이니라(사29;10-12)

이와 같이 이 종교세계가 다 봉한 책의 말이다. 그러므로 열어주는 자, 즉 성령이 오셔야 열려진다. 이 땅의 교회들은 뱀(사단)이 가르쳐준 먹음직도 보암직도 탐스러운 이것들만 보게 하므로 책이 봉해져 있다.

따라서 최초의 종교세계가 아담이다. 지금 이 땅(교회)에서의 모든 것이 첫 장막인 아담의 세계에 대한 사건들이다. 아울러 일곱 우레는 영계가 있는 하늘인데 그 하늘에는 하나님의 성전과 하나님이 부리는 영들이 있다.

이에 하늘에 있는 하나님의 성전이 열리니 성전 안에 하나님의 언약궤가 보이며 또 번개와 음성들과 뇌성과 지진과 큰 우박이 있더라(계11;19)

언약궤는 언약의 말씀들인데 번개, 뇌성, 지진, 우박 등은 전부 진노의 말씀이다. 죄를 지었기 때문에 진노의 말씀으로 땅(백성)과 바다(세상)를 심판하신다는 뜻이다.

사자의 부르짖는 것같이 큰 소리로 외치니 외칠 때에 일곱 우레가 그 소리를 발하더라. 일곱 우레가 발할 때에 내가 기록하려고 하다가 곧 들으니 하늘에서 소리 나서 말하기를 일곱 우레가 발한 것을 인봉하고 기록하지 말라 하더라.(계10;3-4)

영계는 하나님 보좌가 있고 이십사 장로가 있고 일곱이 있다. 또한 하나님의 일곱 영이 있고 네 생물이 있다. 이 일곱 개의 영이 발하는 거다. 일곱 우레는 천사(영)들의 외치는 소리다. 이 천사의 손에 펴 놓인 작은 책이 열려져 있다.

요한이 그 우레 소리를 알아듣고 기록하려고 했다. 그런데 하늘에서 소리가 나기를 그 일곱 우레가 말한 것은 비밀로 인봉하고 기록하지 말라고 명령하셨다. 그래서 그 우레 소리가 무엇인지 아무도 모른다. 왜 인봉하지 말라 했느냐?

> 또 내게 말하되 이 책의 예언의 말씀을 인봉하지 말라 때가 가까우니라(계22;10)

인봉하라 한 것은 깨달은 사람만 알아야 하기 때문이다. 악인들이 하늘의 비밀을 알면 안된다. 그리고 22장에 가서는 백 보좌 심판 다음이기 때문에 인봉히지 말라했다.

> 또 너희가 악인을 밟을 것이니 그들이 나의 정한 날에 너희 발바닥 밑에 재와 같으리라 만군의 여호와의 말이니라(말4;3)

하나님께서는 이와 같이 악한 자를 밟는다고 하셨다. 악은 생수의 근원을 버린 것과 스스로 웅덩이 파는 것과 하나님을 믿지 않는 것이 악이다. 그들을 밟는 것이다. 그러나 지성소에는 악인이 없다. 그곳에는 악인이 들어가지 못할 뿐만 아니라 들어오더라도 그룹들이 지키고 있기 때문에 바로 쫓겨난다. 그러므로 지성소로 올라가려면 그리스도의 옷으로 갈아입어야 한다. 주님의 말씀으로 거듭난 사람만이 신령과 진정으로 예배드릴 수 있고 또한 그런 예배만 하나님께서 기뻐 받으신다.

내가 본 바 바다와 땅을 밟고 섰는 천사가 하늘을 향하여 오른손을 들고.(계10;5)

바다는 세상이고 땅은 백성이다. 그런데 천사가 '하늘을 향하여 오른손을 들고'는 고대 사회에서는 맹세를 할 때 오른손을 높이 들었다. 그러므로 그 힘센 다른 천사가 오른손을 하늘로 쳐들고 일곱 번째 나팔이 울리면 모든 것이 끝난다 하고 외친다. 이는 '이제 얼마 남지 않아 모든 것이 끝난다.' 라고 땅과 백성을 향해 외치는 그야말로 심판의 긴박성을 알리는 우레 소리이다. 아울러 땅을 밟는다는 것은 심판하신다는 뜻이다.

따라서 힘센 천사(영)가 이 세상 바다에서 올라온 일곱 머리 열 뿔의 짐승(사단)들의 머리를 밟고 있고, 흙에 속한 첫 사람 아담(교회)을 밟고 있다. 그리고는 요한한테 작은 책을 준다. 그 책은 5장에서 일곱 인으로 봉한 책이다.

그렇지만 10장에서는 책이 열려 있다. 요한은 계시록 5장의 인봉한 책에 관한 에스겔 2장의 내용과 10장의 작은 책의 내용을 에스겔 3장의 내용으로 나누어 표현했다.

내가보니 한 손이 나를 향하여 펴지고 그 손에 두루마리 책이 있더라. 그가 그것을 내 앞에 펴시니 그 안팎에 글이 있는데 애가와 애곡의 재앙의 말이 기록되었더라.(겔2;9-10)

이 부분을 5장 1절에서 인용을 했다.

그가 또 내게 이르시되 인자야 너는 받는 것을 먹으라 너는 이 두루마리를 먹고 가서 이스라엘 족속에게 고하라 하시기로. 내가 입을 벌리니 그가 그 두루마리를 내게 먹이시며. 내게 이르시되 인자야 내가 네게 주는 이 두루마리로 네 배에 넣으며 네 창자에 채우라 하시기에 내가 먹으니 그것이 내 입에서 달기가 꿀 같더라(겔3;1-3)

이 부분은 10장 부분이다. 즉 5장의 인봉한 책과 10장의 열려진 작은 책자는 이와 같이 한 가지 내용을 둘로 나눈 것이다. 5장에서 보좌에 앉으신 분의 손에서 어린양이 책을 취했다. 그리고 그 인봉을 떼시고 그 책을 펼치셨다. 그리고 그 책은 힘센 다른 천사에 의해 땅으로 취해져서 요한에게 주어지고 요한이 그것을 받아먹게 된다. 그 인봉한 책에는 하나님 나라에 관한 비밀, 즉 복음이 기록된 책이다. 그런데 그것을 요한이 여섯째 나팔 환상이 지난 후에 받아먹었다. 왜 회개를 촉구하는 심판의 나팔 중간에 이 복음이 적힌 책이 등장하고 그것을 요한이 받아먹는 장면으로 등장했을까?

이는 인간은 심판으로는 회개하지 않는다는 것을 웅변적으로 보여주기 위해서다. 인간을 바꿀 수 있는 것은 심판이나 재앙이 아니라 이미 창세기에서부터 계획되었듯이 하나님의 전적인 은혜의 복음으로만 구원하시겠다는 하나님의 의지를 확인시켜준 것이다.

> 노아가 여호와를 위하여 단을 쌓고 정결한 짐승 중에서와 모든 정결한 새 중에서 취하여 번제로 단에 드렸더니. 여호와께서 그 향기를 흠향하시고 그 중심에 이르시되 내가 다시는 사람으로 인하여 땅을 저주하지 아니하리니 이는 사람의 마음의 계획하는 바가 어려서부터 악함이라 내가 전에 행한 것같이 모든 생물을 멸하지 아니하리니.(창8;20-21)

하나님께서 홍수로 이 땅에 기식하는 모든 것을 다 죽이셨다.

그리고 노아가 번제를 드리니까 '이제 다시는 이렇게 생물을 멸하시지 않겠다.'고 하셨다. 그 이유가 홍수로 사람들이 뉘우쳤기 때문이 아니라 사람의 마음이 계획하는 바가 어려서부터 악하기 때문에, 재앙으로는 뉘우칠 수 없을 만큼 엄청나게 타락했기에 이제 다시는 재앙으로 멸하시지 않겠다고 말씀하신 것이다. 즉 타락한 죄인들을 바꿀 수 있는 것은 하나님의 은혜의 복음뿐임을 보여주신 거다.

> 세세토록 살아 계신 자 곧 하늘과 그 가운데 있는 물건이며 땅과 그 가운데 있는 물건이며 바다와 그 가운데 있는 물건을 창조하신 이를 가리켜 맹세하여 가로되 지체하지 아니하리니.(계10;6)

하나님은 창조주시다. 즉 그리스도가 창조자시다. 창조주신 하나님께서는 그 앞에 온전한 것만 찾고 계신다. 따라서 하나님의 온전하심 안에 들어가려면 그리스도 예수 안에서 온전케 하시는 이의 영(말씀)과 항상 동행해야 한다. 이들이 바로 그의 나라와 그의 의만 구하는 자들이다. 우리는 스스로 온전케 할 수가 없기 때문에 예수 그리스도 안으로 들어가야 한다. 노아 때도 심판하므로 다 죽었으나 방주 안에 들어간 사람만 살았다.

2. 예언 사역자의 고독

> 일곱째 천사가 소리 내는 날 그 나팔을 불게 될 때에 하나님의 비밀이 그 종 선지자에게 전하신 복음과 같이 이루리라(계10;7)

일곱째 나팔이 불리울 때, 하나님의 비밀이 그 종 요한한테 전해지고 있다. 전하는 복음의 마지막 나팔이 불면 '세상 나라가 우리 주와 그 그리스도의 나라가 되어 그가 세세토록 왕 노릇하시리로다(계11;15)' 이와 같이 세상 나라가 우리 주와 그리스도의 나라가 된다.

그리스도가 함께 하시니까 하나님의 비밀과 지혜와 지식과 하나님의 능력의 모든 것들 안에서 예배를 드리게 되는 거다. 따라서 이 귀가 열려져야 천사장의 소리와 함께 우리가 휴거가 되는 거다. 휴거는 끌어 올리는 것인데, 육(육체)이 아니라 내 정신(영)이 변화되는 거다. 이들이 바로 예수님의 말씀으로 지성소로 올라온 자들로 구름(영) 속(안)으로 끌어 올려진 이들이다. 즉 심령의 변화를 얻어 영이 올라간 거다. 그에 대한 예표가 감람산에서 베드로, 요한, 야고보가 변화를 받던 그것이다. 예수님과 함께 있으면 예수님에 의해 변화를 받게 된다. 그러므로 변화를 받은 사람은 그리스도의 말씀이 늘 함께 한다. 이는 말씀이 들어와야 변화가 되고 변형이 되어야 천사장의 소리를 깨달아 알아듣게 된다.

따라서 하늘(성령)의 소리를 듣는 자들은 사람의 소리를 듣지 않는다. 성도라면 하나님의 경고의 나팔 소리를 들을 줄 알아야 한다. 그 나팔은 분명한 나팔인데 그 나팔 소리를 들을 수 있는 자만이 복음을 온전히 깨닫고 그리고 확실하게 전할 수 있다.

> 세상의 모든 거민, 지상에 거하는 너희여 산들 위에 기호를 세우거든 너희는 보고 나팔을 불거든 너희는 들을찌어다(사18;3)

> 시온에서 나팔을 불며 나의 성산에서 호각을 불며 이 땅 거민으로 다 떨게 할찌니 이는 여호와의 날이 이르게 됨이니라 이제 임박하였으니(욜2;1)

따라서 나팔은 모두 일곱 개다. 아울러 마지막 나팔이 언제 불리워지냐 하면, 세상 나라가 주와 함께 있을 때다.

> 주께서 호령과 천사장의 소리와 하나님의 나팔로 친히 하늘로 좇아 강림하시리니 그리스도 안에서 죽은 자들이 먼저 일어나고, 그 후에 우리 살아남은 자도 저희와 함께 구름 속으로 끌어 올려 공중에서 주를 영접하게 하시리니 그리하여 우리가 항상 주와 함께 있으리라(살전4;16-17)

천사장이 소리 내는 날이 아니면, 계시록 10장에서 일곱 나팔을 부는 날이다. 이와 같이 마지막 때에는 나팔을 불어서 택하신 자들을 사방에서 모은다.

> 저가 큰 나팔 소리와 함께 천사들을 보내리니 저희가 그 택하신 자들을 하늘 이 끝에서 저 끝까지 사방에서 모으리라(마24;31)

교회가 하나님의 신이 함께 하기 때문에 처음 하늘이다. 따라서 계시록 10장의 증거의 나팔을 불면 이 끝에서 저 끝까지 모아지는 거다. 하나님의 일은 처음은 미약하나 창대케 되어 있다. 예수님 한분으로 보리떡 5개와 물고기 두 마리로 오천 명을 먹이는 천국의 풍요로 역사를 하셨다. 또한 예수님이 십자가에 달리시고 부활하셨을 때 약 150명가량만 주님을 알았다. 그러나 지금은 온 만방이 예수님을 부르고 있다.

그럼에도 작금의 교회는 귀신(사단)들이 득세를 하고 있어서 교회 안에서 생명을 찾을 수가 없다. 그러기에 천사가 증거의 일곱 번째 나팔을 불게 되면 이때부터 추수를 하는 거다. 추수꾼들이 천사들이다.

하나님은 영이시다. 그러므로 하나님의 아들들한테 천사(영)가 탔다. 따라서 사람이 추수하는 게 아니고 거기에 탄자(영)가 추수한다. 계시록에서의 모든 심판의 진위는 천사(영)가 사람한테 임해 역사하는 거다.

> 가라지를 심은 원수는 마귀요 추수 때는 세상 끝이요 추수군은 천사들이니(마13;39)

세상 끝이라는 것은, 세상 나라가 우리 주와 함께 그의(지성소) 나라로 전부 옮겨지는 때를 말함이다. 이때는 인간 교리는 전부 끝이 난다. 추수꾼들이 천사(영)들이다. 그러므로 우리의 영이 하늘(하나님)에서 주는 말씀을 통과하지 못하면 성경을 절대 이해할 수 없다. 그러기 때문에 나팔을 분명하게 불어야 한다.

> 크게 외치라 아끼지 말라 네 목소리를 나팔같이 날려 내 백성에게 그 허물을, 야곱 집에 그 죄를 고하라.(사58;2)

나팔을 날려 종교세계(교회)에 큰 소리로 알려야 한다. 이 땅의 있는 자들은 돼지니까 먹고 입을 것만 '주옵소서.' 하기 때문에 그들이 복음을 알아들을 수 있도록 분명하게 외쳐야 한다.

하나님께서 택하신 백성은 그의 나라와 그의 의를 구하고, 아버지의 뜻대로 살기를 원한다. 아버지의 뜻은 인간들이 바치는 제물(돈, 시간, 선교, 구제, 희생, 봉사, 노력 등)을 원하시는 것이 아니고, 주님을 온전히 아는(믿는) 것을 원하신다. 그러므로 그리스도의 말씀 안에 있는 자들이야말로 아버지가 원하시는 것을 온전히 따르는 자들이다.

하늘에서 나서 내게 들리던 음성이 또 내게 말하여 가로되 네가 가서 바다와 땅을 밟고 섰는 천사의 손에 펴 놓인 책을 가지라 하기로. 내가 천사에게 나아가 작은 책을 달라 한즉 천사가 가로되 갖다 먹어버리라 네 배에는 쓰나 네 입에는 꿀같이 달리라 하거늘. 내가 천사의 손에서 작은 책을 갖다 먹어 버리니 내 입에는 꿀같이 다나 먹은 후에 내 배에서는 쓰게 되더라.(계10;8-10)

요한에게 작은 책을 준다. 이 작은 책이 5장에서 일곱 인으로 봉인된 책이다. 5장에서는 봉인되어 있지만 10장에서는 열려 있다. 그러므로 성도라면 작은 책을 소유해야 한다. 그 안에는 복음인 지혜의 말씀이 가득 담겨 있어 그 책을 지니게 되면 꿀같이 달다.

내 아들아 꿀을 먹으라 이것이 좋으니라 송이 꿀을 먹으라 이것이 네 입에 다니라(잠24;13)

지혜(그리스도)가 송이 꿀처럼 다니 먹으라는 거다. 요한은 5장의 인봉한 책과 10장의 작은 책의 내용을 에스겔서를 인용해 심판(애가, 애곡, 재앙)과 복음(영생)에 관련하여 설명했다.

내가 보니 한 손이 나를 향하여 펴지고 그 손에 두루마리 책이 있더라. 그가 그것을 내 앞에 펴시니 그 안팎에 글이 있는데 애가와 애곡과 재앙의 말이 기록되었더라(겔2;9-10)

에스겔 선지자 앞에 두루마리(하나님의 말씀)책이 있는데 그 안팎에 애가와 애곡과 재앙의 말이 가득 들어 있다. 이 부분을 '내가 보매 보좌에 앉으신 이의 오른손에 책이 있으니 안팎으로 썼고 일곱 인으로 봉하였더라(계5;1)' 계시록 5장에다 인용을 했다. 따라서 에스겔서에 펴 놓인 책에 애가와 애곡과 재앙의 말씀이 기록되었다는 것은, 즉 순종치 않은 자들한테 준 것이다.

땅(종교세계)과 이 바다(세상)에 짐승(이단과 거짓선지자)들이 올라왔다. 그러므로 땅과 바다에 있는 자들한테는 재앙이 따르기 때문에 하나님의 백성들은 그걸 깨닫고 기록된 말씀대로 지키라는 것이다. 땅 자체가 지옥에 갇히는 형국으로 육신의 생각에서 벗어나라는 뜻이다. 그러므로 기록한 말씀대로 사는 자들이 복이 있는 자들이고, 그걸 지키는 자들이 바로 예수님 말씀 따라 인도함을 받는 자들이다. 그러므로 그 말씀만 따라가면 영생의 복이 주어진다.

하나님은 영이니까 그 영(말씀)을 먹으면 산다.

그러니까 5장의 인봉한 책과 10장의 열려진 작은 책은 같은 책이지만 요한이 그 책을 여섯째 나팔 환상이 지난 후에 받아먹는다. 왜 회개를 촉구히는 심판의 나팔 중간에 이 복음이 적힌 책이 등장했느냐 하면 앞서도 잠깐 언급했지만 인간을 바꿀 수 있는 것은 심판이나 재앙이 아니라 하나님의 전적인 은혜의 복음뿐이라는 것을 확인시켜주기 위해서다.

따라서 계시록 10장은 복음을 구하는 사건으로, 이 책의 기록한 사건을 다시 예언해야 하는 사명을 요한이 전달받은 거다.

> 저가 내게 말하기를 네가 많은 백성과 나라와 방언과 임금에게 다시 예언하여야 하리라 하더라(계10;11)

두루마리가 성경이다. 요한이 이 작은 책자를 받아먹고 나니까 사명이 생긴다. 즉 말씀을 소화하였다면 네 마음 판에 기록하고 예언의 말씀들을 촛대한테 다시 고하라는 거다. 말씀을 창자에 넣으면 성령으로 꽉 채워진다.

그러므로 지금은 이스라엘(해달별)인 교회에 고해야 한다. 사도요한의 고백처럼 말씀을 깨닫고 나니까 그 말씀이 꿀같이 단데, 막상 복음을 전하는 사명을 감당하려니 매우 힘이 든다. 얼마나 힘이 드느냐 하면 한마디로 고난이다.

그러므로 예수님도 이 땅에 하나님의 아들로 오신 것 또한 시험 받고 고난 받기위해서 오셨다. 그러나 그 고난을 통과하고 나서 올라가면 영광이 있다. 그 영광을 위해서 촛대(교회)한테 고하는 거다. 육은 비록 환난과 고난에 처하지만 영은 그로인해 하늘(지성소)로 올라간다. 그런 사람만이 하나님(영)을 뵐 수 있다. 구약에는 애굽 왕이 세상 왕이다. 그러나 심령이 가난한 자가 되어야 천국이 저희 것이라 부자다. 우리는 주님 앞에서 가난한 심령이 되었을 때 말씀이 들어온다. 그러나 부자는 가진 것이 많아 말씀이 제대로 들어오지 않는다.

구름을 입고 오는 자들이 영들이다. 10장에서의 힘센 천사는 천사장이다. 천사는 전부 하나님이 부리는 영이다. 그러므로 바다와 땅을 밟고 있는 천사한테 그 백성들의 피로 사야하기 때문에 다시 선민들한테 가르치라는 거다. 바다는 이 세상이고 땅은 첫 장막에 속한 교회이다.

따라서 성경은 선민이 배도하므로 심판과 구원으로 갈리는 신앙의 여정들을 점진적으로 기록한 책이다. 무엇보다 아담이 최초의 배반자다. 그러한 아담을 하나님께서 손수 십자가에 달리시므로 다시 살려내시는 사랑의 하나님이심을 나타낸 것이 성경이다. 그러므로 우리의 사랑의 대상자는 오직 하나님뿐이시다. 우리가 말씀 안에서 성령 하나님을 간절히 만나기를 원할 때 하나님께서는 언제든 우리 심령 안으로 들어오신다.

11장
두 증인의 예언

1. 두 증인은 누구인가!

계시록 11장은 2장과 3장의 편지에서 회개한 백성에겐 천상의 복을, 회개치 못한 백성에겐 심판이 있다는 걸 나타내고, 4장에서는 요한이 영계로 끌어올라 간다. 거기서 천상의 보좌인 영계의 세계를 보여주고, 5장에서 안팎으로 봉인된 책을 보고 천상천하에 이 말씀을 떼거나 볼 자가 없어 울었는데 어린양의 오른손에 취한 책을 어린양께서 하나하나 떼시고, 6장에서 그 인을 떼심으로 심판과 구원의 역사가 있었다.

그리고 7장에서 다시 인치는 사명이 있고, 9장에서 무저갱에서 황충인 짐승들이 나오는 것을 보여준다. 무엇보다 사단들의 사역을 정확하게 알려면 계시록 9장, 13장, 17장을 잘 묶어서 보면 된다.

요한은 10장에 다시 책을 영계에서 받아먹고, 다시 예언해야 한다는 그 말씀을 받는다. 그리고 11장에 두 증인이 출현하는 사건이다. 따라서 여기서의 두 증인은 책을 분명히 깨달아 복음을 전하는 사명이지 특별한 것은 아니다. 그러므로 오늘날도 예수 그리스도를 증거하는 신실한 목자가 증인이 될 수 있다. 누구든지 참 감람나무에 접붙이면 그리스도의 영(말씀)이 인도하므로 그대로만 증거하면 증인의 삶이 된다. 따라서 10장에서 천사들이 열려진 책을 갖고 와서 다시 예언하라 하고 나서 11장이다.

> 또 내게 지팡이 같은 갈대를 주며 말하기를 일어나서 하나님의 선전과 계단과 그 안에서 경배하는 자들을 척량하되(계11;1)

예언 사역을 위탁받은 요한에게 성전 척량의 명령이 떨어졌다. 척량은 재는 건데 재는 곳이 여기 성전 한군데다. 아울러 성전 밖 마당은 척량하지 마라 했다. 즉 그 숫자를 재라는 거다. 에스겔도 똑같이 성전 척량의 명령을 받고 40장에서 42장까지 장대로 척량을 재는 장면이 나온다.

> 그가 안에 있는 전 척량하기를 마친 후에 나를 데리고 동향한 문 길로 나가서 사면 담을 척량하는데. 그가 척량하는 장대 곧 그 장대로 동편을 척량하니 오백 척이요.(겔42;15-16)

예언 사역이 일어난 후에 성전 척량이 왜 나오는가? 당시에는 어떤 건물이나 구조물을 파괴해 버릴 때 척량을 했고, 바깥 것들로부터 보호를 위해 울타리를 쌓는 개념으로의 척량이 있었다. 그러므로 파괴 또는 보호의 개념으로 생각하면 된다. 무엇을 척량하라 하면 하나님의 성전과 제단과 그 안에서 경배하는 자들이다.

계시록이 기록된 때가 AD 95년이다. 그런데 이스라엘 성전은

AD 70년에 로마의 타이터스에 의해 완전히 파괴되었다. 그렇다면 하늘의 성전인 교회, 즉 하나님의 백성을 말하는 것이다. 이는 주님께서 우리의 울타리가 되어 이 땅에서 우리의 삶이 끝나는 날까지 지키고 보호하시겠다는 하나님의 의지의 표명이시다.

또한 '성전 밖 마당은 척량하지 말고 그냥 두라 이것을 이방인에게 주었은즉 저희가 거룩한 성을 마흔 두달 동안 짓밟으리라' 하셨다. 이스라엘 성전은 맨 바깥에 이방인의 뜰이 있었다. 그 다음에 여인의 뜰, 이스라엘의 뜰, 제사장의 뜰, 성소 이렇게 되어 있다. 그리고 그 성소로 들어가는 문이 열 개 있다. 그 중에서 맨 바깥의 이방인의 뜰로 성전 바깥뜰이라 했고, 나머지 부분은 성전 안 뜰이라고 불렀다. 그 바깥뜰에서 이방인들이 안 뜰로 넘어 들어오면 즉시 사형이었다. 그러므로 성전 밖 마당은 예수를 믿지 않는 죄인들로 상징한다.

솔로몬이 지은 성전이 첫 장막(교회)이다. 하나님이 지은 성전은 지성소다. 이걸 분간만 해도 큰 복이다. 솔로몬이 지은 성전은 무너지는 성전이기에 예수께서 이 땅에 오실 때까지만 성전의 역할을 했다.

따라서 하나님께서 이 역사를 통과하며 살아가는 하나님의 백성들은 무슨 일이 있어도 끝까지 보호하시겠다는 은혜의 사랑을 엿볼 수 있다. 그와 반대로 죄인들은 심판과 저주에 그대로 노출시켜 버리실 뜻도 척량 재는 일에서 충분히 알 수 있다.

아울러 척량의 대상이 되는 성전 안마당은 하나님의 보호하심을 입게 되는 성도들의 감추어진 내적실체로 보고, 척량 대상에서 제외된 성전 바깥마당을 성도들의 외적인 문제로 본다. 그러니까 성도들의 영적인 부분은 절대적으로 보호하시고 지켜 주시지만 그들의 외적인 문제들에 대해서는 이방인들이 그들을 밟게 놔두신다는 뜻을 내포하고 있다.

그리고 그 기간은 42달이다. 이방인들에게 내어준 그 성전 바깥마당을 이방인들이 짓밟는데 그들이 거룩한 성을 42달동아 짓밟는다고 표현했다. 그러므로 성전 바깥마당도 우리 거룩한 성새 예루살렘인 교회의 외적인 삶으로 간주한다. 성전 바깥마당을 42달 동안 이방인에게 주었다는 표현은 이방인들이 스스로 성전 밖 마당을 짓밟는 것이 아니라 하나님의 허락하심에 의해서 그 짓밟힘이 일어난다는 뜻이다. 하나님께서 이방인들에게 내어 주셨기 때문에 성도들의 삶에 영적전투와 고난이 있는 거다.

우리는 수없이 많은 핍박과 고난을 겪으며 살게 되지만 그 기간은 42달인 1260이다. 그리고 이러한 고난을 때로는 사흘 반으로도 표현한다. 42달, 삼년 반, 한 때 두 때 반 때는 교회시대를 나타내는 기간이다.

지팡이는 의지하는 거다. 그런데 그 의지하는 것이 지팡이 같은 갈대. 또한 갈대는 '애굽의 모든 거민이 나를 여호와인줄 알리라 애굽은 본래 이스라엘 족속에게 갈대 지팡이라(겔29;6)' 이렇게 애굽(세상)을 나타낸다. 세상 모든 사람들이 이 우주를 창조하신 분이 하나님이신 것을 안다. 그러나 성도들조차도 이 세상 것이 더 좋아 거기에 마음을 빼앗기고 살아가고 있다.

> 보라 네가 애굽을 의뢰하도다 그것은 상한 갈대 지팡이와 일반이라 사람이 그것을 의지하면 손에 찔려 들어가리니 애굽 왕 바로는 그 의뢰하는 자에게 이와 같으니라(사36;6)

애굽 자체가 상한 갈대인데 이와 같이 육신의 것에 의뢰하고 있다. 상한 지팡이에 의지하면 찔린다.

애굽은 사람이요 신이 아니며 그 말들은 육체요 영이 아니라 여

> 호와께서 그 손을 드시면 돕는 자도 넘어지며 도움을 받는 자도 엎드러져서 다 함께 멸망하리라(사31;3)

이와 같이 애굽이 사람이고 이 땅의 삶 자체가 육신의 생각이다. 그러나 사람의 마음속에는 음란과 탐욕과 교만과 질투와 분냄과 성냄과 거짓과 훼방이 가득하다는 것을 알아야 한다. 이러한 마음들이 사단이 주는 생각들이다. 지팡이는 의지다. 애굽의 갈대 지팡이는 손에 찔리는 가시와 같다. 그러므로 주님의 지팡이만 의지해야 한다.

> 홀이 유다를 떠나지 아니하며 치리자의 지팡이가 그 발 사이에서 떠나지 아니하시기를 실로가 오시기까지 미치리니 그에게 모든 백성이 복종하리로다(창49;10)

실로는 메시아다. 치리자 한테는 의지할 지팡이가 있다. 출애굽에서 모세가 지팡이를 들고 있다. 이 세상(육신의 생각)에서 나오는 게 기적이고 출애굽 하는 거다. 즉 내 영혼이 육신의 생각에서 벗어나야 한다.

> 성전 밖 마당은 척량하지 말고 그냥 두라 이것을 이방인에게 주었은즉 저희가 거룩한 성을 마흔 두달 동안 짓밟으리라(계11;2)

그리스도의 영(말씀)안에 거한 자들의 영적장소가 지성소고, 구원받지 못하고 깨닫지 못한 자들이 머무는 곳이 첫 장막인 교회의 성전 밖 마당이다. 여기를 이방인한테 42달 동안 주었다. 오늘날의 대부분의 교회가 바벨이 되었다. 그러므로 일곱 머리 열 뿔인 조직체(이단)가 이 종교세계를 잡아먹고 있다. 즉 교회들이 말씀 갖고 천국장사를 하니까 이들을 심판하기 위해 바다에서 올라온 일곱 머리 열 뿔들한테 권세를 주어 교회가 짓밟히도록 그대로 방치시켜 놓으신 것이다.

그러므로 큰 성 바벨론(대형교회)이 용(이단)한테 잡혀 전부 끌려가고 있다. 초림 때 같으면 예루살렘 성전을 서기관과 바리새인들이 짓밟고 있었고, 지금은 70년 동안 회교도가 짓밟고 있다.

교회가 하늘이다. 특히 한국교회는 예루살렘 성전을 으리으리하게 지어 놓고 짐승(뱀)한테 세를 주고 있다. 그랬더니 운영(말씀) 부실(부족)을 눈치 챈 사단(이단)들이 특히 신천지가 통째로 삼킬 계획을 갖고 있다. 그러나 그 계획도 42달이 지나면 하나님의 의도대로 지옥의 유황불 못의 땔감으로 내동댕이쳐진다. 그러기에 안마당만 재고 바깥마당은 이방인한테 주었으니 척량하지 마라 한 것이다.

> 너희 땅은 황무하였고 너희 성읍들은 불에 탔고 너희 토지는 너희 목전에 이방인에게 삼키웠으며 이방인에게 파괴됨같이 황무하였고(사1;7)

모든 성경은 사단마귀가 천국의 비밀을 눈치 채면 안되기에 육적인 것을 들어 비유로 설명했다. 즉 유다(하나님의 백성)와 예루살렘(교회)의 성읍들이 비 진리의 소속이 되어 이러한 교회를 심판하기 위해 육적인 불을 빌려다가 이방인한테 주어 성읍(교회)를 심판하시겠다는 내용이다.

이사야서의 수신자는 유다와 예루살렘이다. 치리자가 하늘이고 백성은 땅이다. 따라서 이사야는 유다와 예루살렘을 본 이상이고, 에스겔 6장과 계시록은 4장과 5장은 영계의 이상이다.

계시록 5장에서 책을 떼는 것을 보시고 6장의 심판장을 거쳐서

10장에서 책을 먹고 소화하여 11장의 두증인과 함께 증거 하게하는 내용이다. 여기서 두 증인이 삼년 반 동안 사역을 못할 때가 있다. 그러나 다시 생기를 받고 살아난다. 그랬더니 12장 말미에 용(신천지)이 그들과 싸우려고 바다 모래 위에 섰다. 그러므로 짐승과 싸워 이기려면 성경을 온전히 깨달아야 한다.

그러므로 너희가 선지자 다니엘의 말한바 멸망의 가중한 것이 거룩한 곳에 선 것을 보거든(읽는자는 깨달을찐저).(마24;15절)

다니엘에 말한바 멸망의 가중한 것이 여기 교회에 선 것을 보거든, 즉 교회에서 깨닫지 못하고 짐승 따라가면 멸망이란 뜻을 나타낸 말이다. 계시록 13장 내용이나 마태 24;15절의 내용이 같은 의미를 담고 있다. 성경을 읽는 자는 즉 다니엘서를 읽는 자는 깨닫는다는 뜻이다. 지금 교회가 깨닫지 못해 삼년 반 동안 성읍이 짓밟히고 있다.

주의 거룩한 성읍들이 광야가 되었으며 시온이 광야가 되었으며 예루살렘이 황폐하였나이다(사64;10)

이와 같이 첫 장막(교회)이 광야(사단)가 되었다. 예수님 때가 오기 직전까지 세례요한이 성전(등불)이다. 그런데 세례요한이 교회에서 광야로 도망갔다. 왜 도망갔느냐 하면 짐승 때문에 도망갔다. 초림 때, 세례요한이 등불의 역할이었다면 오늘날의 교회가 바로 하나의 등불 역할이다. 따라서 요한은 켜서 비취는 등불(교회)이다. 그런데 교회에 있는 사람들이 불이 켜졌다 꺼졌다 한다. 빛(말씀)을 받으면 켜지고 또 나가면 꺼진다. 그러나 지성소는 참 빛으로 오신 그리스도의 영(성령)이다.

오늘날 교회자체가 빛을 외면하고 어둠인 세상(육신의 생각) 것만 원하고 있다. 그러니까 교회가 온통 강도의 소굴이 되어 버렸다. 그러나 성도는 참 빛 되신 예수님만을 원해야 한다. 그러므로 성도라면 완전한 빛이 심령 안에 거해야 한다.

> 내가 나의 두 증인에게 권세를 주리니 저희가 굵은 베옷을 입고 일천이백육십일을 예언하리라(계11;3)

굵은 베옷은 회개다. 감람나무와 두 촛대는 하나님의 빛이 임해 하나님(말씀) 앞에 증거 하는 거다. 이 땅에는 가짜 감람나무가 너무 많다. 그러므로 예언하려면 노정이 말씀이 즉 신(말씀:성령)이 임하고 다시 기름부음이 있어야 한다. 예수께서 이 땅에 오신 목적은 하나님의 사랑을 이루려고 오셨고 십자가로 우리의 죄를 구원하시려고 오셨다. 왜냐하면 죄인들은 천국을 못가기 때문이다. 인간은 죄를 짓지 않고는 살수 없는 존재들이라 그래서 구약에서는 짐승이 대속 제물로 드려졌고, 신약에서는 예수께서 우리의 영원한 속죄 제물이 되셨다.

따라서 계시록 11장은 성도들의 장이다. 10장에 책을 받아먹고 깨달은 자 두 증인이 예언 사역을 받고 하늘 복음을 증거 하는 거다. 그러므로 성전 밖 마당은 이방인에게 주었으니 숫자조차 세지 마라했고 성전 안마당만 척량하라 했다.

회개한 두 증인한테 삼년 반 동안 예언 사역의 명령이 주어졌는데 그 사역을 마칠 즈음에서 결국엔 감당 못하고 죽었다. 그러다가 다시 생기를 받아 증거 하는 것이 두 증인의 예언 사역이다.

오늘날도 마찬가지다. 이와 같이 내 영혼이 은총을 입어야 구원 사역의 사명도 받고 그 일을 담대하게 수행해 낼 수 있다. 성도들도 죄와 더러움을 다윗 샘에서 깨끗이 씻어야 성전으로서의 소임을 다할 수 있다. 그런 자들이 하나님(영계)의 장막에서 일을 할 수 있다. 그러려면 먼저 받을 그릇이 되어야 한다. 그에 합당한 그릇이 되지 않으면 하나님(영)이 함께 하지 않으신다. 육체의 그릇(육신의 생각)을 완전히 비워야 빛(그리스도의 영)을 담을 수 있다. 사도바울이 빛을 만나니까 엎드려 죽은 자 같이 되었다. 그랬을 때 빛(성령)이 들어갔다.

이는 이 땅의 주 앞에 섰는 두 감람나무와 두 촛대니(계11;4)

나무가 사람이다. 따라서 감람나무와 촛대를 이해하려면 우선 나무에 대한 답을 찾아야 하는데 나무에도 네 가지가 있다. 포도나무, 무화과나무, 감람나무, 가시나무가 있다.

하루는 나무들이 나가서 기름을 부어 왕을 삼으려 하여 감람나무에게 이르되 너는 우리 왕이 되라 하매. 감람나무가 그들에게 이르되 나의 기름은 하나님과 사람을 영화롭게 하나니 내가 어찌 그것을 버리고 가서 나무들 위에 요동하리요 한지라. 나무들이 또 무화과나무에게 이르되 너는 와서 우리의 왕이 되라 하매. 무화과나무가 그들에게 이르되 나의 단 것, 나의 아름다운 실과를 내가 어찌 버리고 가서 나무들 위에 요동하리요 한지라. 나무들이 또 포도나무에게 이르되 너는 와서 우리의 왕이 되라 하매. 포도나무가 그들에게 이르되 하나님과 사람을 기쁘게 하는 나의 새 술을 내가 어찌 버리고 가서 나무들 위에 요동하리요 한지라. 이에 모든 나무가 가시나무에게 이르되 너는 와서 우리의 왕이 되라 하매. 가시나무가 나무들에게 이르되 너희가 참으로 내게 기름을 부어 너희 왕을 삼겠거든 와서 내 그늘에 피하라 그리하지 아니하면 불이 가시나무에서 나와서 레바논의 백향목을 사를 것이라 하였느니라(삿9;8-15)

여기는 세겜 사람들에게 와서 왕이 되라고 한 것이다. 감람나무는 영적이스라엘로 하나님과 사람을 영화롭게 하는 나무다. 그러나 단것과 아름다운 실과는 육적 이스라엘인 무화과나무다. 가시나무는 사단의 나무인데 이 나무만 왕이 되겠다고 허락했다. 포도나무는 하나님과 사람을 기쁘게 하는 나무다. '내가 참 포도나무요 내 아버지는 그 농부라(요15;1)' 즉 예수님은 하나님이 기뻐하시는 포도나무시다. 가시나무는 사단의 조직인데 감춰졌고, 무화과나무는 자기들만 좋아하는 거다. 따라서 두 감람나무와 촛대는 기름 발리운 두 증인이다.

네가 무엇을 보느냐 내가 대답하되 내가 보니 순금 등대가 있는데 그 꼭대기에 주발 같은 것이 있고 또 그 등대에 일곱 등잔이 있으며 그 등대 꼭대기 등잔에는 일곱 관이 있고. 내가 그에게 물어 가로되 금기름을 흘러내는 두 금관 옆에 있는 이 감람나무 두 가지는 무슨 뜻이니이까. 네가 이것이 무엇인지 알지 못하느냐 대답하되 내 주여 알지 못하나이다. 가로되 이는 기름 발리운 자 둘이니 온 세상의 주 앞에 모셔 섰는 자니라 하더라(슥4;2.11-14)

주님 앞에 모셔 섰는 자다. 촛대가 서 있는데 여기에 두 사람이 있다. 기름은 성령의 기름이다. 등대나 촛대가 같은 말이다. 이 기름이 감람나무와 연관이 되어 있다.

이스라엘 자손에게 명하여 감람을 찧어 낸 순결한 기름을 켜기 위하여 내게로 가져오게 하고 끊이지 말고 등잔불을 켤찌며. 아론은 회막 안 증거궤 장 밖에서 저녁부터 아침까지 여호와 앞에 항상 등잔불을 정리할찌니 너희 대대로 지킬 영원한 규례라.(레24;2-4)

아론이 등대도 된다. 성령의 기름이 항상 흘러내려야 한다. 예수님 자체가 하나님의 기름 부은 자다.

> 이에 보내어 그를 데려오매 그의 빛이 붉고 눈이 빼어나고 얼굴이 아름답더라 여호와께서 가라사대 이가 그니 일어나 기름을 부으라(삼상16;12)

성령의 말씀이 기름부음이다. 사울이 기름 부음을 받았는데 시원찮아 다윗한테 기름부음을 주었다. 신에 감동된 게 기름 부음이다. 기름부음을 받은 자들은 하나님의 영에 감동되었기 때문에 하나님의 사람들이다. 기름부음을 받으면 하나님의 비밀인 예수 그리스도의 제자가 되기에 하나님의 능력과 지혜를 소유한 것이 된다. 그러므로 그들은 거짓말을 할 수 없다, 예수님 또한 하나님을 증거 하는 증인이다. 성도도 마찬가지로 예수님을 증거 하는 자들이다. 아울러 순금등대는 금 촛대가 있는 일곱 교회다.

> 그러므로 네 본 것과 이제 있는 일과 장차 될 일을 기록하라. 네 본 것은 내 오른손의 일곱별의 비밀과 일곱 금 촛대라 일곱별은 일곱 교회의 사자요 일곱 촛대는 일곱 교회니라(계1;19-20)

교회에 두 사람이 있는데 이게 감람나무로 두 증인이다. 오늘날에 교회에 기름이 떨어지니까 하나님께서 등을 돌리셨다. 그래서 성령의 기름으로 발리운자 둘이 일곱 금 촛대에 다시 기름을 부어야 한다.

촛대(교회)는 사람들한테 길을 가르쳐 주는 불빛(등불)이다. 초림 때는 세례요한이 촛대 역할을 했고, 지금은 성령께서 하신다. 그러기에 일곱 교회한테 성령께서 회개하라, 싸워라, 이겨라 그러면 생명과실을 주시겠다고 하신 것이다. 교회가 회개하지 않으니까 한국교회에는 성령(말씀)이 떠났다. 하나님(말씀)이 안 계시니까 교회에 이세벨, 자칭 유대인, 자칭 선지자 등의 일곱 머리 열 뿔의 짐승들이 들어왔다. 그러므로 사단의 소굴에서 하루 속히 빠져나오라고 성령께서 천사를 통해 경고의 나팔을 불게 한 것이 계시록의 전체 요지다. 그러므로 교회한테 회개하면 생명나무 과실을 주시겠다고 하신 것이 첫 번째 약속이다. 실상은 생명나무 과실 자체가 그리스도의 말씀임을 깨달아야 한다.

> 만일 누구든지 저희를 해하고자 한즉 저희 입에서 불이 나서 그 원수를 소멸할찌니 누구든지 해하려 하면 반드시 이와 같이 죽임을 당하리라(계11;5)

교회의 입에서 불이 나와서 원수들을 소멸한다. 증인의 입에서 나오는 불이 하나님의 말씀이다.

> 그러므로 만군의 하나님 여호와가 이같이 말하노라 그들이 이 말을 하였은즉 볼지어다 내가 네 입에 있는 나의 말로 불이 되게 하고 이 백성으로 나무가 되게 하리니 그 불이 그들을 사르리라(렘5;14)

이와 같이 하나님의 말씀으로 심판을 받게 한다. 또한 교회가 하늘을 닫아서 비가 오지 못하게 하고 물을 피로 변하게 하는 권세도 갖고 있다.

저희 입에서 불(영)이 나온다는 것은 예수님의 입에서 불(성령)이 나온 것처럼 사단들도 불(거짓악령)을 입에 두고 있다. '큰 이적을 행하되 심지어 사람들 앞에서 불이 하늘로부터 땅에 내려오게 하고(계13;13)' 이와 같이 사단들 조직체에도 불(교리)이 있다.

불로 원수를 소멸하는 건데 원수는 사단이고 두증인의 입에서 나오는 불은 성령이다. 이 또한 예수님을 예표한 거로 그러려면 먼저 신(信)이 내려와야 한다. 성령(말씀)이 임한 거나 신(믿음)이 임한 것은 같은 내용이다. 그런 연후에 기름 부음이 있다. 기름부음이 있어야 예언 사역을 감당할 수 있다.

> 저희가 권세를 가지고 하늘을 닫아 그 예언을 하는 날 동안 비 오지 못하게 하고 또 권세를 가지고 물을 변하여 피 되게 하고 아무 때든지 원하는 대로 여러 가지 재앙으로 땅을 치리로다(계11;6)

이 구절은 엘리야와 모세의 이야기를 인용했다. 아합 왕 때 엘리야가 삼년 반 동안 비를 막아버렸다. 그리고 모세가 출애굽 할 때 강을 피로 변하게 하고 여러 가지 재앙으로 애굽을 쳤다. 왜 교회가 하나님의 말씀을 증거할 때 교회에게 주어지는 권세를 모세와 엘리야의 이야기를 인용해서 기술했느냐 하면, 교회는 강력한 이방 통치자로 상징되는 사탄과 그 사탄의 세력들의 종교와 적대적 관계가 있다는 것을 강조하기 위해서다. 모세는 애굽 왕 바로와 바로의 술객들과 대치했고, 엘리야는 바알을 섬기는 아합 왕과 그의 부인 이세벨과 그 바알과 아세라 선지자들과 대치했다. 구약에서 이 두 사건은 하나님의 사람들과 사탄의 세력과의 적대 관계를 가장 대표적으로 보여주는 장면이다.

무엇보다 기름부음이 증인들한테 있기 때문에 이들이 말을 하지 않으면 성경이 풀어지지 않는다. 그러므로 비를 구하라는 거다. 비는 말씀이고 교훈이다.

물을 변하여 피되게 하는 것이 죽음이다. 피는 '둘째가 그 대접을 바다에 쏟으매 바다가 곧 죽은 자의 피같이 되니 바다 가운데 모든 생물이 죽더라(계16;3)' 이와 같이 짐승의 피를 먹으면 사망이다. 왜 비오지 말라고 했냐하면 비는 교훈이고 말씀이다. 바다는 세상이다. 세상에 있는 것들이 피같이 되어 죽어야 경고의 나팔을 듣고 하나님께로 돌아올 수 있기 때문이다.

>하늘이여 귀를 기울이라 내가 말하리라 땅은 내 입의 말을 들을찌어다. 나의 교훈은 내리는 비요 나의 말은 맺히는 이슬이요 연한 풀 위에 가는 비요 채소 위에 단비로다(신32;1-2)

채소도 사람이고 풀도 육체다. 그러므로 사람은 초로인생이다. 배도한 그들한테 구름을 명하여 비를 내리지 말게 했다. 하나님을 거역했기 때문에 진리와 형극은 죄악 세상에 있는 거라 거기에 비를 내리지 못하게 한 거다. 물을 변하여 피 되게 한 것은 모세 때 하수(비진리)를 치니까 피(사망)가 되었다. 즉 죽인다는 것이다. 땅은 사람이고 첫 장막이고 교회인데 이들의 깨닫지 못하니까 죽인다는 뜻이다.

2. 사명자의 죽음

>저희가 그 증거를 마칠 때에 무저갱으로부터 올라오는 짐승이 저희로 더불어 전쟁을 일으켜 저희를 이기고 저희를 죽일 터인즉(계11;7)

두 증인이 그 증거를 마칠 때에 무저갱으로부터 올라오는 짐승이 두 증인과 더불어 전쟁을 일으키고 그 두 증인을 죽인다. 무저갱이 사단(뱀)의 세계다. 그러니까 그 짐승이 마귀의 처소인 무저갱에서 올라온다는 것은 마지막 때에 더욱 잔인하게 기승을 부리는 사단(이단)의 세력이다.

거기(신천지)에도 용(이만희 교주)이 있고 지도자(지파장)가 있다. 이 짐승들이 사탄이라 교회를 꾀고 미혹시켜 파멸시키고 있다. 무저갱은 밑이 터진 웅덩이로 파멸자며 파괴자고 이간자다. 또한 무저갱의 사자가 바벨론의 왕으로 이들은 예수를 제대로 믿지 않기 때문에 물질의 복으로 교회를 유혹한다. 그러므로 무저갱에 속해 있는 자들은 아무리 말씀을 주어도 터진 웅덩이라 그냥 흘러 듣고 만다.

성경을 주어도 깨닫지 못하는 무저갱의 짐승들과 두 증인이 전쟁을 일으키는데 짐승이 두 증인을 이기는 것 같으나 결국은 마지막 때가 되면 유황 불못의 지옥의 불쏘시개로 사용되고 만다. 즉 나중에 무저갱에 던져 잠그는 사건이 있는데 그때가 백 보좌 심판 때다.

> 또 내가 보매 천사가 무저갱 열쇠와 큰 쇠사슬을 그 손에 가지고 하늘로서 내려와서. 용을 잡으니 곧 옛 뱀이요 마귀요 사단이라 잡아 일천 년 동안 결박하여. 무저갱에 던져 잠그고 그 위에 인봉하여 천 년이 차도록 다시는 만국을 미혹하지 못하게 하였다가 그 후에는 반드시 잠간 놓이리라(계20;1-3)

무저갱에서 올라오는 짐승(이단)들이 한국 교회에 수없이 많지만 그중의 대표적인 것이 바로 신천지다. 교회는 이걸 알아야 한다. 사단도 하나님이 만든 피조물이란 사실이다. 교회가 하나님을 배반하니까 이들을 시켜 교회를 심판하시고 있다는 것을 깨우쳐 빨리 십승지(십자가)로 돌아와야 한다.

> 저희 시체가 큰 성 길에 있으리니 그 성은 영적으로 하면 소돔이

라고도 하고 애굽이라고도 하니 곧 저희 주께서 십자가에 못 박히신 곳이니라(계11;8)

두 증인의 시체가 큰 성 길에 놓인다. 그런데 그 성이 소돔이라 하고 애굽이라 하며 십자가에 못 박히신 곳이라고도 한다. 큰 성이 계시록에 여러 번 등장한다. 따라서 소돔과 고모라를 멸한다는 것이다. 거기 들어가면 죄가 되어 결국엔 심판받게 된다는 내용들이다.

또 다른 천사 곧 둘째가 그 뒤를 따라 말하되 무너졌더다 무너졌도다 큰 성 바벨론이여 모든 나라를 그 음행으로 인하여 진노의 포도주로 먹이던 자로다 하더라(계14;8)

큰 성이 세 갈래로 갈라지고 만국의 성들도 무너지니 큰 성 바벨론이 하나님 앞에 기억하신바 되어 그의 맹렬한 진노의 포도주 잔을 받으매(계16;19)

힘센 음성으로 외쳐 가로되 무너졌도다 무너졌도다 큰 성 바벨론이여 귀신의 처소와 각종 더러운 영의 모이는 곳과 더럽고 가증한 새의 모이는 곳이 되었도다(계18;2)

이와 같이 그 큰 성 바벨론(대형교회)은 하나님을 대적하며 하나님의 백성들을 대적하는 마귀의 손아래 놓여 있는 세상(교회)을 예표한 것이다. 이는 또한 두 증인이 죽어 큰 성 길에 내버려졌다는 것은 교회가 이 세상에서 그렇게 죽은 시체처럼 버려질 정도로 고난을 당하게 될 것이라는 암시이다.

소돔과 고모라 성을 멸망하기로 정하여 재가 되게 하사 후세에 경건치 아니한 자들에게 본을 삼으셨으며(벧후2:6)

애굽은 육체고 세상이다. 종교세계에서 그렇다는 거다. 따라서 이 무덤은 회칠한 무덤이다. 거기를 즉 종교세계를 못 들어가게 하는 거다.

예수께서 네 이름이 무엇이냐 물으신즉 가로되 군대라 하니 이는 많은 귀신이 들렸음이라. 무저갱으로 들어가라 하지 마시기를 간구하더라(눅8:31-32)

귀신이 이와 같이 예수님한테 무저갱으로 들어가라 하지 말기를 간구했다. 거기는 계시록 20장 3절에서 '무저갱에 던져 잠그고 그 위에 인봉하여 천년이 차도록 다시는 만국을 미혹하지 못하게 하였다가 그 후에는 반드시 잠간 놓이리라' 이와 같이 못나오게 잠그기 때문이다. 그래서 조금 더 살기위해 돼지한테 들어간 것이다. 그게 귀신들이다. 하나님의 말씀에서 떨어지면 개, 돼지들이 된다. 거기에 바로 귀신이 들어가는 거다.

참 속담에 이르기를 개가 그 토하였던 것에 돌아가고 돼지가 씻었다가 더러운 구덩이에 도로 누웠다 하는 말이 저희에게 응하였도다(벧후2:22)

귀신은 전부 마귀의 영이다. 그러므로 아담의 범죄로 사람들 마음 안에 마귀가 들어갔다.

만물보다 거짓되고 심히 부패한 것은 마음이라 누가 능히 이를

알리오마는(렘17:9)

악한 생각이 처음 들어간 것은 하나님처럼 되려고 하는 마음 때문이다. 이는 즉 하늘에서 떨어진 계명성 하나가 하나님처럼 되려고 하는 것과 같다. 시날 땅의 가인이 쌓은 바벨탑도 이와 마찬가지다.

따라서 두증인하고 전쟁을 하는데 두 증인의 죽음으로 더 이상 사명을 못하게 된다. 그러나 영이 죽은 자들이 예수님의 영(말씀)을 받으면 다시 살아난다. 다시 표현하면 애굽(육신의 생각)에 있으면 영이 죽는다. 그러나 하나님으로부터 생기(말씀)를 받으면 다시 살아난다. 영이 죽은 두 증인이 삼년 반 후에 생기(말씀)가 다시 들어가므로 생령(영)이 된다. 생기가 살아나면 에스겔처럼 누구나 대언자가 된다.

> 그가 내게 이르시되 인자야 이 뼈들이 능히 살겠느냐 하시기로 내가 대답하되 주 여호와여 주께서 아시나이다. 그러므로 너는 대언하여 그들에게 이르기를 주 여호와의 말씀에 내 백성들아 내가 너희 무덤을 열고 너희로 거기서 나오게 하고 이스라엘 땅으로 돌아가게 하리라(겔37:3.12)

이 뼈가 이스라엘 족속인 교회다. 에스겔서는 전체 유다와 예루살렘을 본 이상이다. 구약은 육적 이스라엘이다. 그리고 초림 이후에는 예수님께서 영적 이스라엘이다. 그러나 지금은 영적 새 이스라엘이다.

해달별은 하늘에 소속된 것을 말함이다. 이는 즉 교회에 생기(말씀)를 주어 살리는 것을 뜻한다. 생기를 받으면 이 사람들이 대언자가 된다. 지금 계시록 때는 그리스도의 대언이다. 그들이 바로 두 감람나무와 두 촛대다. 감람유인 사람이 성령을 받고 증거 하는 내용이 감람나무임을 앞서도 잠깐 언급했지만 레위기 24장 2절에 '이스라엘 자손에게 명하여 감람을 찧어 낸 순결한 기름을 켜기 위하여 네게로 가져오게 하고 끊이지 말고 등잔불을 켤지며' 이와 같이 증거궤 장 밖에서 저녁부터 아침까지 여호와 앞에 항상 등잔불을 정리하라 한 이것이다.

아울러 두 증인이 죽임을 당하는 것은 사명을 감당 못하게 하는 것으로 이 또한 죽는 거다. 죽음에도 두 가지가 있는데 영이 죽는 것과 육이 죽은 거다.

> 백성들과 족속과 방언과 나라 중에서 사람들이 그 시체를 사흘 반 동안을 목도하며 무덤에 장사하지 못하게 하리로다(계11;9)

죽은 시체를 길바닥에 던져 놓고 장사도 지내주지 않을 정도로 교회가 세상에게 모독당하고 멸시 당하게 될 것을 암시했다. 백성과 나라와 방언은 음녀들한테 소속된 백성들이다.

> 이 두 선지자가 땅에 거하는 자들을 괴롭게 한 고로 땅에 거하는 자들이 저희의 죽음을 즐거워하고 기뻐하여 서로 예물을 보내리라 하더라(계11;10)

교회가 땅에 거하는 자들을 괴롭게 했기 때문에 세상이 교회의 고난을 보며 즐거워하고 기뻐한다는 뜻이다. 죄는 늘 공범을 만들어 전염시키는 경향이 있다. 그런데 어떤 한 무리는 전혀 그 죄의 유혹에 흔들리지 않고 있다. 그러니까 세상이 그 무리를 미워하게 되고 심지어 죽이게 된다.

삼일 반 후에 하나님께로부터 생기가 저희 속에 들어가매 저희가 발로 일어서니 구경하는 자들이 크게 두려워하더라(계11;11)

이와 같이 두 증인이 죽는 사건이 나오는데 즉 사명을 못하는 거다. 하나님의 신(말씀)이 없으면 더 이상 영(믿음)에 거하지 못한다. 그러면 그 사역을 감당할 수 없게 된다. 그러나 하나님의 생기가 우리 심령 안에 들어가면 나한테 함께 했던 그 영이 다시 올라가는 거다. 부활 때, 영이 하나님의 형상화 되는 것처럼 영이 다시 부활한다. 이 때가 바로 계시록 10장에서의 마지막 나팔이 불러질 때다. 그렇게 되면 세상나라가 우리 주와 그 그리스도의 나라가 되어 그가 세세토록 왕 노릇하시게 된다. 즉 마지막 나팔 때 순식간에 영이 다 변화된다.

보라 너희에게 비밀을 말하노니 우리가 다 잠잘 것이 아니요 마지막 나팔에 순식간에 홀연히 다 변화하리니(고전15;51)

이와 같이 마지막 나팔이 불리워질 때에 영들이 다시 살아난다. 지금도 영혼이 잠들어 있는 자들은 다 깨어나야 한다. 그래야 삼일 반 후에 하나님으로부터 생기(말씀)를 다시 받을 수 있다.
성도의 삶 자체가 주님의 십자가처럼 똑같이 살아내야 한다. 죽었다가 사흘 만에 부활해서 구름을 타고 올라가신 그 모습 그대로가 되어야 우리의 영(정신)도 살아서 지성소로 올라갈 수 있다.
하나님은 생기를 주시는 분이다. 최초의 아담한테 하나님이 먼저 생기를 주므로 그가 생령이 되었다. 생기(말씀)를 주니까 산 영이 된 것이다.

주 여호와께서 이 뼈들에게 말씀하시기를 내가 생기로 너희에게

들어가게 하리니 너희가 살리라(겔37;5)

생기는 생령을 '들어가게 하리니' 이와 똑같다. 생기가 마음속으로 들어가야 산 자가 된다. 예수님의 말씀이 생명의 말씀이다. 우리는 늘 생명의 말씀을 성경을 통해 읽고 보고 듣고 있다.

하늘로부터 큰 음성이 있어 이리로 올라오라 함을 저희가 듣고 구름을 타고 하늘로 올라가니 저희 원수들도 구경하더라(계11;12)

내 정신이 구름(영)을 타고 하늘로 올라가면 그 자체가 영생이므로 더 이상의 바랄 것이 없게 된다. 즉 모든 것이 영원한 복으로 끝나는 거다.

그 시에 큰 지진이 나서 성 십분의 일이 무너지고 지진에 죽은 사람이 칠천이라 그 남은 자들이 두려워하여 영광을 하늘의 하나님께 돌리더라. 둘째 화는 지나갔으니 보라 셋째 화가 속히 이르는도다 (계11;13-14)

여기서 십분의 일은 십일조의 개념이다. 십일조는 나에게 주어진 모든 것은 전부 하나님이 주신 것이므로 내 것은 다 하나님의 것이라는 고백이 십일조다. 십일조는 십(10)의 일(1)이 아니라 십(10)은 완성의 숫자로 완전한 것 즉 온전한 것을 나타낸다. 따라서 성의 십분의 일이 무너졌다는 것은 모든 것이 다 그렇게 파괴될 것이라는 것을 보여준 거다.

그렇지만 아직 대접 재앙이 남아 있기 때문에 십분의 일이라는 숫자를 동원했다. 그리고 칠천이 죽는다는 것은 열왕기서에 나오는 엘리야의 칠천을 인용했다. 엘리야가 저 혼자만 남았다고 부르짖었을 때 하나님께서 남은 자 칠천이 있다고 하셨다. 이 말은 딱 칠 천 명이 남았다는 뜻이 아니라 하나님의 완전수인 7과 많은 수를 나타내는 완전수 1000이 곱해진 숫자로 이와 같이 상징적인 숫자를 나타낸 거다.

구약에서는 엘리야한테는 7000명이 남았다고 했지만 여기서는 7000명이 죽었다고 하셨다. 이는 마지막 때가 되면 하나님께서 멸망하기로 작정한 모든 자들은 하나도 빠짐없이 다 멸망한다.라는 것을 주지시켜 준 것이다. 이는 아직 대접 재앙이 남아 있어 전체가 아닌 7000이란 숫자를 동원한 것이다.

이렇게 두 증인들이 죽음을 무릅쓰고 입으로 삶으로 복음을 전할 때 성도는 깨닫고 돌아서야 하나님께 영광을 돌리게 된다.

3. 하나님의 성전이 열리고

> 일곱째 천사가 나팔을 불매 하늘에 큰 음성들이 나서 가로되 세상 나라가 우리 주와 그 그리스도의 나라가 되어 그가 세세토록 왕 노릇하시리로다 하니. 하나님 앞에 자기 보좌에 앉은 이십사 장로들이 엎드려 얼굴을 대고 하나님께 경배하여.(계11;15-16)

일곱 번째 나팔을 불자 재앙이 떨어지지 않고 또 천상의 완성된 하나님나라의 모습이 등장하고 있다. 일곱 번째 인이 떼어질 때도 하늘이 반시 동안 고요했었다. 그러므로 일곱 번째 재앙은 심판과 저주의 종결과 함께 하나님 나라의 완성으로 끝이 난다. 하나님의 재앙이 극에 달해 세상 권세 잡은 사단의 세력들이 완전히 멸망하고 하나님 나라가 회복되어 천지 창조의 궁극적인 목적이 성취되는 장면이다.

> 가로되 감사하옵나니 옛적에도 계셨고 시방도 계신 주 하나님 곧 전능하신 이여 친히 큰 권능을 잡으시고 왕 노릇 하시도다(계11;17)

이십사 장로가 하나님을 묘사하는데 계시록 1장 서두에 있던 '장차 오실이'가 빠져 있다. 이는 일곱 번째 나팔이 우주의 최후의 종말이란 것을 보여 주는 것이다. 인의 재앙, 대접재앙, 나팔재앙 등을 통해 세 번 반복하고 있다. 이러한 재앙들의 목표지점이 바로 마지막 때가 되면 세상 나라가 우리 주와 예수 그리스도의 나라가 되고 하나님께서 왕 노릇하실 거라 찬양하고 있다. 여기서의 세상나라가 마태복음에도 등장한다.

> 마귀가 또 그를 데리고 지극히 높은 산으로 가서 천하만국과 그 영광을 보여. 가로되 만일 내게 엎드려 경배하면 이 모든 것을 네게 주리라(마4;8-9)

이와 같이 세상 나라가 바로 마귀의 것이다. 그러나 마지막 때는 세상 나라가 우리 하나님과 예수 그리스도의 것이 된다. 그러므로 지금은 하나님의 백성들과 사탄이 전쟁 중이지만 주님께서 이미 십자가로 승리를 하셨으니 거기서 싸워 이기고 돌아오라는 간곡한 복음의 메시지가 담겨 있다.
  무엇보다 사단과의 싸움에서 그대로 방치하고 계신 것은 성도들의 영적 성장을 위한 의도적인 계획이다. 이와 같이 하나님께서는 사탄마저도 우리의 영적 성장을 위해 존재케 하신 것을 믿어야 한다.

> 이방들이 분노하매 주의 진노가 임하여 죽은 자를 심판하시며 종 선지자들과 성도들과 또 무론 대소하고 주의 이름을 경외하는 자들

에게 상주시며 또 땅을 망하게 하는 자들을 멸망시키실 때로소이다 하더라(계11;18)

하나님을 대적하여 분을 내는 세상을 그분의 진노로 다 멸하시고 성도들에게 상을 주시는 그 결론이 반드시 오게 됨을 나타내 주고 있다. 죽은 자들을 심판하신다는 것은 최후의 심판을 나타내는 말이다.

또 저희를 미혹하는 마귀가 불과 유황 못에 던지우니 거기는 그 짐승과 거짓 선지자도 있어 세세토록 밤낮 괴로움을 받으리라. 사망과 음부도 불 못에 던지우니 이것은 둘째 사망 곧 불 못이라 (계20;10.14)

인간이 죽는 것으로 끝나고 만다면 죽음이 무엇이 두렵고 겁나겠는가? 그러나 그 죽음 뒤에는 반드시 심판이 있다는 사실을 명심해야 한다. 하나님의 모든 계획이 성취되고 나면 하나님을 대적한 사단들은 전부 멸망의 심판을 받게 되지만, 반대로 하나님께 순종하는 자들은 영생이란 복을 받게 된다. 이들한테는 첫째 생명나무 과실을 먹게 하고, 둘째 사망의 해를 받지 않게 되고, 셋째 감추어진 만나와 흰 돌을 받게 되며, 넷째 만국을 다스리는 권세를 얻고, 여섯째 그리스도의 보좌에 앉게 된다. 그러므로 살아서나 또는 육의 옷을 벗을 때나 똑같이 구원의 은혜인 예수 그리스도와 늘 함께해야 한다.

이에 하늘에 있는 하나님의 성전이 열리니 성전 안에 하나님의 언약궤가 보이며 또 번개와 음성들과 뇌성과 지진과 큰 우박이 있더라(계11;19)

이 세상은 구약에 계시되었던 하나님의 언약의 완성으로 완전히 멸망하고 새 하늘과 새 땅이 오는 것이라는 것을 이 구절에서 나타내고 있다. 그래서 언약궤의 등장과 함께 심판의 상징인 번개와 음성들과 뇌성과 지진과 큰 우박이 등장하는 것이다.

 언약궤는 지성소 안에 있다. 또한 그 지성소는 성막, 성전 안에 있는 거다. 지성소 안의 법궤는 그 성막 전체를 요약한 것이다. 성막에 들어가면 제일 먼저 번제단이 있다. 번제단에는 점도 없고 흠도 없는 제물이 죄인들 대신 죽임을 당하고 태워지는 곳이다. 그 번제단을 지나면 물두멍이 있다. 성소로 들어가기 위해서는 거기서 수족을 씻어야 한다.

 그리고 성소로 들어가면 왼쪽에 촛대가 있고 오른쪽에 진설병이 놓여있는 떡 상이 있다. 그리고 맞은편에 향단이 있다. 그리고 그 휘장을 열고 들어가면 하나님의 법궤가 놓여 있고 일 년에 한 번씩 속죄일에 대제사장이 그 법궤 위에 피를 뿌리면 이스라엘의 죄가 용서 받는다. 그 법궤 위를 '시은좌' 은혜가 베풀어지는 자리라고 부른다. 이 성막이 바로 이스라엘의 출애굽을 예표한 것이다.

 애굽의 모든 장자가 죽던 유월절에 무죄한 어린 양이 죽고 그 피가 문설주에 발려진 집 장자들은 다 살아난다. 그게 바로 번제단이다. 또한 하나님과 어린양 그 자체가 성전이다

> 성안에 성전을 내가 보지 못하였으니 이는 주 하나님 곧 전능하신 이와 및 어린양이 그 성전이심이라. 그 성은 해와 달이 비췸이 쓸데없으니 이는 하나님의 영광이 비취고 어린양이 그 등이 되심이라(계21;22-23)

 인간들이 지은 성전은 무너지는 예루살렘이고 예수님 자체가

성전이다. 그랬기에 초림 때, 예수께서 성전을 헐라고 하신 것이다. 우리 안에 하나님이 계시면 거기가 바로 성전이다.

> 너희가 하나님의 성전인 것과 하나님의 성령이 너희 안에 거하시는 것을 알지 못하느뇨. 누구든지 하나님의 성전을 더럽히면 하나님이 그 사람을 멸하시리라 하나님의 성전은 거룩하니 너희도 그러하리라(고전3;16-17)

계시록을 집필하는 과정에서

계시록을 탐구하면서 절실하게 느꼈던 것 중의 하나가 종교는 영혼을 절대 살리지 못한다는 거다. 그런데 오늘날의 모든 교회가 종교행위만을 일삼고 있다 보니 하나님의 백성들이 처처에 기근이 들어 영적 괴사로 죽어가고 있다.

교회는 일을 시키는 곳이 아니라 하나님의 말씀으로 생명을 살리는 곳이다. 오늘날 한국교회의 지도자(목사)들이 영적 실력을 갖추고 있지 못하다보니 너무나 많은 일들(선교, 구제, 봉사, 헌금)과 율법(윤리, 도덕, 선행 등)의 행위로 자신은 물론 교인들까지 종교적 학대로 인해 모두를 실족시키고 있다. 그러다보니 그 이상의 길이 없는 줄 알고 자포자기해 버리다가, 그 다음에는 서로 시기하고 질투하며 상대를 헐뜯고 비난하다가 그대로 사탄한테 끌려가고 만다.

자기가 죽고 영이 살아야 사탄을 이길 수 있는데 종교가 도리어 악마적 속성에 의해 자아를 부추기다보니 오늘날의 대부분의 교회들의 짐승(이단과 거짓 선지자)한테 헛되이 경배하고 있다.

이들의 거짓 교훈과 방만한 위선이 먹음직도 하고 탐스럽게 보여 그 달콤함의 유혹을 이기지 못해 결국 뱀(사단)한테 넘어가고 만다.

　아담과 하와는 죄를 지을 수밖에 없는 모든 인류를 대표하는 최초의 인물이었다. 그래서 우리는 그리스도 안에서 말씀으로 거듭나야 한다. 따라서 하나님은 이러한 우리의 절망적인 실존을 아시고 절대적인 희망의 그리스도 안에서 거듭남의 삶을 창세전부터 미리 계획해 놓으셨다.

　그러므로 베드로 또한 그의 서신서에, '너희가 알거니와 너희 조상의 유전한 망령된 행실에서 구속된 것은 은이나 금같이 없어질 것으로 한 것이 아니요. 오직 흠 없고 점 없는 어린양 같은 그리스도의 보배로운 피로 한 것이니라. 그는 창세전부터 미리 알리신바 된 자나 이 말세에 너희를 위하여 나타내신 바 되었으니(벧전1;18-20)' 이렇게 분명하게 밝혀 놓은 것이다.

　성경은 잘못된 것을 교정하는 교훈인데 작금의 교회 종교가들은 생명을 살리는 데는 관심이 없고 대부분이 종교를 목적으로 허상과 망상에 사로잡혀 영혼들을 무작위로 착취하고 있다. 그러므로 성도들은 교회의 개념을 정확하게 깨달아야 이러한 짐승(거짓)한테 내 영혼이 저당 잡히지 않는다.

　구약에서의 교회개념은 장소고 건물이지만, 신약에서의 교회는 그리스도의 말씀이 내 심령 안에 거할 때 그 지체들이 바로 교회가 된다. 따라서 눈에 보이는 성전은 율법의 개념이고, 눈에 보이지 않는 내면의 성전은 진리고, 생명이며 말씀 그 자체이다.

　그러므로 교회는 하나님이 세우는 곳이고, 예배당은 사람이 만드는 곳이다. 따라서 교회는 하나님의 손에 의해 만들어지는 것이지, 건물로 만들어지는 것이 아니다.

　그러기 때문에 교회의 일이야말로 하나님께 맡기면 모든 것이 끝나게 되니 이것처럼 편하고 쉬운 일이 없다. 그러므로 성도라면 일하는 종이 되지 말고, 아버지의 보좌 옆에서 대접받고 누리는 아들들이 되어야 한다. 아들은 일하는 자가 아니라 '저희로 우리 하나님 앞에서 나라와 제사장을 삼으셨으니 저희가 땅에서 왕 노릇하리로다(계5;10)' 이와 같이 이 세상에서 하나님의 아들로 천국을 미리 맛보며 살아가는 자들인 것이다. 이것만 제대로 깨달아도 영혼의 쉼을 얻게 된다.

오늘날 거의 대부분의 종교인들은 영적인 막노동꾼이 되어 있기 때문에 그들의 삶은 늘 고달프고 힘들고 조직과 사람의 눈치만 보다가 결국 그들에 의해 배척당하여 끝나고 만다.

그러나 생명 안에 보호받고 있는 영적인 지도자는 하나님께서 직접 그를 특수 관리하시고 아무도 그를 해하지 못하도록 하나님이 부리는 천천만만의 영들로부터 지켜주신다. 그러기에 풍성한 가운데 넘치도록 성령(말씀)으로 인도함을 받는다. 이는 하나님의 아들들만이 누릴 수 있는 이 땅에서의 특권일 뿐만 아니라, 새 하늘과 새 땅의 주인들로 복 받은 자들이다.

성경전체의 메시지가 그러하지만 결론이라 할 수 있는 계시록의 진위 자체가 바로 예수 그리스도의 말씀만이 천국 문이란 사실이다. 교회들이 이 진리만 온전히 깨달아도 짐승들한테 절대 잡혀가지 않는다.